Ludwig Meindl
Die nackte Wahrheit

Ludwig Meindl

Die nackte Wahrheit

Geistige und philosophische Annäherung an den Begriff der Wahrheit

Bibliografische Information der Deutschen Nationalbibliothek:
Die Deutsche Nationalbibliothek verzeichnet diese Publikation in der Deutschen Nationalbibliografie; detaillierte bibliografische Daten sind im Internet über *http://dnb.d-nb.de* abrufbar.

Stephan Wunderlich Verlag
Gorheimer Straße 16
D-72488 Sigmaringen

Tel : +49 (0)7571-725736
Internet : https://stw-verlag.de

ISBN 978-3-948803-15-5

Druck: FINIDR s.r.o., Český Těšín

Inhalt

I. Zum Geleit

„Im Namen der Wahrheit“ sprechen heute nur noch wenige. Im Familienkreis, auf freundschaftlicher Ebene, ja – in der Öffentlichkeit? Da gilt es vielfach Fassade zu bewahren, nicht ungeschminkt Unangenehmes, Unzeitgemäßes, Unpassendes preiszugeben. Damit findet man sich in „bester“ Gesellschaft, da es diejenigen, die uns vorsagen, wie die Lage ist, Medien, Politiker, Kirchen, Behörden, mit der Wahrheit heute überhaupt nicht mehr genau nehmen.

Wir sind im „postfaktischen Zeitalter“ angekommen. Zuerst also zählt das, was wir aus dem Gefühl, „dem Bauch raus“, emotional loswerden möchten, nachher (post) die Tatsache (factum). Gemäß diesem Motto dürfen Politiker, Beamte, Medien alles sagen, was sie propagandistisch[1] unters Volk streuen wollen, denn, ob dies der Wahrheit entspricht, das schaut man – wenn überhaupt – nachher einmal nach.

Absicht dieser Abhandlung soll es jedoch nicht sein, die öffentliche Schieflage in puncto Wahrheit zu geißeln. Darüber könnte man mehrere Bände verfassen. Wir wollen vielmehr nachspüren, wo wir denn die Wahrheit finden können und was sie uns zu sagen hat. Generationen grübelten darüber nach. Gerade heute, wo via Internet alle Information erfahrbar scheint, ist sie auch nicht immer so schnell und so leicht aufzufinden.

Gegenüber der Propaganda aus Fernseher, PCs, Smartphones und Demagogenmund spüren noch viele im Innersten ein stilles, aber warm und zart flammendes Wahrheitslicht, viele hören auch noch ihre Gewissensstimme. Und dieses Empfinden meldet sich, wenn auch leiser als die Verlautbarungen von außen. Dann tauchen, neben vielen anderen, Zweifel auf, wie: Ist es richtig, wenn den Menschen vorgemacht wird, dass sie nur deshalb auf Erden sind, um etwas vom Wohlstand abzukriegen, Spaß und Vergnügen zu haben? Wenn alle im Kollektivdenken die gleiche von „oben" suggerierte Meinung vertreten? Wenn immer mehr Bürokratismus und Formalität Abstand statt Miteinander fördert? Wenn man heute Homosexuelle heiraten und Kinder adoptieren lässt, wenn die Kirchen sie segnen? Wenn Kinder, nur um ungehemmt Disco-, Skifahr- und Urlaubsvergnügen nachgehen zu können, das Risiko einer genbasierten Impfung auf sich nehmen? Wenn Flüchtlinge mit Steuergeldern bestens ausstaffiert und versorgt werden, während einheimische Bürger nicht mehr wissen, wie sie ihre Notlage beheben können? Wenn die Quotenfrau in die Seile springen muss, nur weil man sie heute vorschreibt, und damit Fragen nach Qualifikation und Eignung zurückgestellt werden? Wenn Menschen in Dritte-Welt-Ländern wegen ihrer Bodenschätze ausgebeutet und ins Elend gestürzt werden? Wenn aus Gewinnsucht quadratkilometerweise wertvolle Wälder von Maschinenmonstern gerodet werden, dadurch das Klima gefährdet und den Einheimischen die Lebensgrundlage geraubt wird? Wenn in der Unterhaltungsbranche Blödsinn und Schwachsinn dominieren? Wenn Kinder bereits mit Smartphones „beglückt" werden und in einer von Abhängigkeit gezeichnete Sackgasse ihr Leben starten?

Vieles von dem, was uns unter dem Siegel der Wahrheit vorgesetzt wird, zweifeln wir im Innersten an, widerspricht unserem Grundempfinden. Wer hat nun recht? Das Grundempfinden kommt nicht von ungefähr, das werden wir am Ende des Buches lesen.[2]

Erstaunlicherweise gibt es auch Wahrheiten, die nicht gesagt werden dürfen – und das in unserer von Meinungsfreiheit angeblich getragenen modernen Demokratie! Nur gewisse Fragen aufzuwerfen, bedrohen den Fragesteller, dass seine Veröffentlichung eingestampft wird, dass er mit einer hohen Geldstrafe belegt wird, dass er ins Eck gestellt, diskriminiert und ignoriert wird. Demgegenüber werden alle hofiert, die breitgetretene Trivialitäten herausposaunen. Das ist ein Signum, ein Charaktermerkmal unserer Tage, die wir alle hier gemeinsam verbringen. Müssen wir es hinnehmen, dass man uns über gewisse Tabuthemen den Mund verbietet, dass zu gewissen Kollektivmeinungen keine alternativen Argumente zugelassen werden? Das muss jeder für sich entscheiden. Es bleiben jedenfalls noch genügend andere Themen, die salonfähig debattiert werden dürfen.

Wenn wir uns nun gemeinsam auf die Spuren der Wahrheit begeben, ist das gar nicht so einfach, fördert aber so manch interessante Aspekte zutage. Allein uns selber gegenüber sollten wir auf diese Wahrheit neugierig werden, unserer eigenen Wahrheit sollten wir nachspüren: Warum sind wir hier? Woher kommen wir? Wohin gehen wir?

Die Wahrheit zu erkennen, bildet einen Grundauftrag des Menschen, ein Bedürfnis. Mir klingen heute noch die Worte der Aufforderung eines Freundes, des Bürgermeisters Sebastian Linner, im Ohr: „Über die Wahrheit, da schreibst ein Buch, Ludwig!“[3]

II. Prolog

1. Die Grundsatzfrage von Pilatus

„Was ist die Wahrheit?“ (Quid est veritas? τί ἐστιν ἀλήθεια; – *ti estin aletheia*)[4]

Diese Grundsatzfrage stellte schon Pilatus[5] im Zuge der Befragung des Christus Jesus.

> *„Pilatus antwortete: … Dein Volk und die Priester haben dich mir übergeben. Was hast du getan? Jesus antwortete: Mein Reich ist nicht von dieser Welt. Wenn mein Reich von dieser Welt wäre, würden meine Diener um mich kämpfen, dass ich nicht den Juden ausgeliefert würde. So sagte ihm Pilatus: Also bist du ein König? Jesus antwortete: Du sagst, dass ich ein König bin. Ich bin dazu geboren und dazu auf die Welt gekommen, dass ich Zeugnis für die Wahrheit ablege. Jeder, der aus der Wahrheit ist, hört meine Stimme. Da sagt Pilatus zu ihm: Was ist die Wahrheit?“* (Joh 18, 28-38)

Diese Frage erfuhr viele Antworten. Keine scheint den Anspruch zu erfüllen und allen Fragenden zu genügen. Generationen von Philosophen waren ihr auf der Spur. Bis heute lässt sie sich kaum identifizieren. Gibt es gar mehrere Wahrheiten? Wo finden wir sie? Im Innersten verlangt der Mensch nach ihr. Doch die moderne Gesellschaft, an erster Stelle Politiker und Medien, ignorieren und meiden sie.

2. Die nackte Wahrheit aus dem Brunnen

Diese ungewöhnliche Geschichte scheint die Menschheit auf ihrem langen Entwicklungsweg zu begleiten. Der Mythos, der in Worten und Erzählungen das gemeinsam Erlebte verpackt und dafür auch einen Wahrheitsanspruch geltend macht, weiß mehrere Varianten, wie es der Wahrheit ergangen ist. Sie soll einer Version zufolge, die Christian Fürchtegott Gellert im 18. Jahrhundert in eine Fabel reimte, am Königshofe gewesen sein.[6]

Man forschte seit viel tausend Jahren,
Warum die Wahrheit nackend geht,
Und nie hat man's genau erfahren,
Weil nichts davon in Büchern steht;
Doch endlich deckt der Zeiten Lauf
Der Welt auch dieß Geheimniß auf.

An einem alten Königshofe
War einst die Wahrheit angestellt,
Drauf ward im Dienst als Ehrenzofe
Die schlaue Lüg' ihr beigesellt;
Doch konnten sie sich nicht versteh'n,
Wenn Diese bleibt, muß Jene geh'n.

Einst rangen sie im offnen Streite,
Doch war der Kampf lang ungewiß,
Bis daß die Lüg' als Siegesbeute
Der Wahrheit das Gewand entriß.
Sie blieb am Hof, und seit der Zeit,
Trägt sie daselbst der Wahrheit Kleid.

Die Wahrheit aber floh von hinnen,
Und irrt nun bloß von Land zu Land.
Sie kann nicht Achtung mehr gewinnen,
Und bleibt den Meisten unbekannt.
Dafür nun sieht fast Jedermann
Die Lüge für die Wahrheit an.

In einer nächsten Version steigt die nackte Wahrheit aus einem Brunnen. Diese Szene hielt der Maler Jean-Léon Gérôme 1896 auf einem Gemälde fest. Danach trafen sich Wahrheit und Lüge an einem heißen Tag. Die Wahrheit ließ sich von der Lüge überreden, zusammen mit ihr in einen Brunnen zum erfrischenden Bad zu steigen. Da sei die Lüge hinaus, habe die Kleider der Wahrheit an sich gerafft und sei davongelaufen. Die nackte Wahrheit ärgert sich, rennt ihr verzweifelt nach, holt sie nicht mehr ein und versteckt sich aus Scham. Seither reist die Lüge in den Kleidern der Wahrheit um die Welt und verzückt alle, denen sie begegnet – keiner hat Verlangen danach, die nackte Wahrheit zu sehen.

Der römische Dichter Horaz[7] verwandte zuerst den Ausdruck der „nackten Wahrheit", *nuda veritas*.[8] Ob es nun die Römer waren, der Bürger des Mittelalters oder der Mensch der Moderne, alle verspüren im Innersten das Verlangen nach der Wahrheit. Die wenigsten jedoch begeben sich auf die mühsame Suche nach der nackten Wahrheit, die meisten begnügen sich mit der Lüge im vertrauten Kleid der Oberflächlichkeit und Alltagswirklichkeit.

Der Weg des Menschen auf der Suche nach seiner persönlichen Wahrheit ist gezeichnet von Epochen, in denen er bewusst von der Wahrheit abgehalten wurde, da man ihn noch nicht reif dafür empfand, den Anblick der „nackten

Die Wahrheit aus dem Brunnen,
Gemälde von Jean-Léon Gérôme

Wahrheit" zu ertragen. So erfuhren die alten Griechen über die Götter die im naiven Volksglauben verfassten Göttergeschichten vom liebestollen Zeus über die eifersüchtige Hera bis zum trunkenen Dionysos. Nur auserlesene Fortgeschrittene wurden dagegen in die Wahrheit kosmischer Zusammenhänge bis hin zur geistbegabten Wesensnatur des

Menschen auf den Mysterienschulen eingeweiht. Ähnlich verfuhren die Druiden des alten Gallien, die ihre Schüler neben vielem anderen über die Reinkarnation unterrichteten.

Oft hallte der Aufschrei nach Aufklärung durch die hohen Gänge des Weltengebäudes. Alle schreckten auf, nur ein geringer Teil hörte mit voller Aufmerksamkeit zu, um sich zur eigenen Kenntnisnahme, zur eigenen Wahrheit zu erheben. Vom Kanonendonner Napoleons flankiert, eroberte der Wahlspruch der Aufklärung aus dem Munde Kants Europa: „Sapere aude!" – „Trau dich, deine eigene Vernunft zu gebrauchen!" Die Bevormundung durch das alte Regime hatte ein Ende gefunden. Die neue Wahrheit flackerte kurz unter dem Banner von fraternité, égalité, liberté auf, um bald darauf von machtbewusster Obrigkeit und behäbigem Bürgertum wieder auf Sparflamme gedrosselt zu werden. Der Komponist und Freidenker Ludwig van Beethoven soll sinngemäß kommentiert haben: Solange die Österreicher noch braunes Bier und warme Würstel haben, revoltieren sie nicht.[9]

Die Lüge im Frack und Zylinder des Biedermeier begleitete den Bürger auf seinem Weg in die Moderne. Heute darf man sie in zerschlissenen Jeans, T-Shirt und Baseballkappe in den Sesseln der Politiker, an den Pressetischen, in den Labors der Wissenschaft und auf dem Schoß der Gutmenschen vermuten, wo zu aktuellen Notwendigkeiten wie stetes Wachstum, Digitalisierung, E-Mobilität, Technisierung, Solidarität, soziale Gerechtigkeit, Informations- und Meinungsfreiheit debattiert wird.

Erinnerte einer einmal an die „nackte Wahrheit", die sich längst nicht mehr in persona unter die Menschen traut, schlägt man die Hände über dem Kopf zusammen: Querdenker könne man hier nicht gebrauchen! Unter Querdenken verstand man ursprünglich „laterales Denken“, das sich nach mehreren Seiten (lateinisch *latus*, die Seite) richtet und konventionale Denkschablonen hinterfragt. Populär, aber auch einseitig interpretiert, wurden die Querdenker zur Corona-Zeit.

3. Die ursprüngliche Bedeutung: den Vorhang lüften

Werfen wir einen Blick auf die Etymologie, also die Herkunft des Wortes, dürfen wir zwei Wurzeln ausgraben. Die eine ist uns vertraut, weil sie dem Wort „Wahrheit“ sehr nahe kommt. Sie liegt im Wortstamm „ver“ des lateinischen „wahr“. Wer kennt nicht die alte Weisheit „In vino veritas“? Daneben stoßen wir auf das griechische Ἀ-λήθεια mit seinem Adjektiv ἀ-ληθής (*a-lítheia*). Das *Alpha* (α) *privativum*, auch *negativum* genannt, drückt die Verneinung aus wie in „a-normal“, „a-sozial“, „A-sphalt“[10]. So bedeutet ἀ-ληθής „unbedeckt“, „aufgedeckt“, wie wenn man eine Decke abnimmt, einen Vorhang lüftet, um das zu sehen, was darunter und dahinter ist. Daraus entwickelte sich der wissenschaftliche Begriff des Aletheologischen, ein Vorgehen, das sich der Wahrheit verpflichtet. Es gibt ja viel Logisches, was aber nicht unbedingt der Wahrheit entsprechen muss, so die Schlussfolgerung „Julius raucht Pfeife. Julius ist ein Mensch. Alle Menschen rauchen Pfeife“.

Decken wir nun auf, was darunter liegt, und lüften wir den Vorhang, um einen Blick auf die wahren Zusammenhänge zu werfen!

III. Die persönliche Wahrheit: Dialektik der Lebenspraxis

1. Im Vertrauen auf traditionelle Autoritäten

In Anlehnung an den Meister der Dialektik, Georg Wilhelm Friedrich Hegel (1770 – 1831), erkennen wir die Entwicklung des menschlichen Bewusstseins in dialektischen, also entgegengesetzten, aber aufbauenden Schritten. Der Mensch beginnt mit einem „unvernünftigen" Bewusstsein. Er vertraut voll auf die sinnliche Gewissheit. Vom Kind über den Jugendlichen bis zum Erwachsenen legt er einen langen Weg zurück, um die „dialektische Bewegung des Meinens, Wahrnehmens und des Verstandes" – bis hin zur Vernunft zu vollziehen.[11]

Die meisten erfahren sich zunächst im Einklang mit ihrer Umgebung. Als Ich-Person lernen sie sich schon im Kindesalter kennen, nehmen aber alle Lebenserfahrung aus der sinnlichen Gewissheit. Elternhaus und nähere Umgebung dienen als Vorbilder für die ersten Lernschritte. Im Hintergrund stehen stets Autoritäten, die hier durchaus positiv im Sinne der altrömischen *auctoritas* gelten sollen: Vertrauensvolle Gewährsleute, dass es wohl so richtig ist, was man macht. Sie verbürgen für die ersten Wahrheiten, die der neue Erdenbürger unkritisch übernimmt.

Später üben Schule, Freunde, Lehrer, Gesellschaftsidole ihren Einfluss aus, dann folgen Lebenspartner und berufliche Verpflichtungen. Der junge Erdenmensch bereichert seine private Palette der Wahrheiten um weitere bunte Tupfer Lebenserfahrung. Lange stützt er sich auf das vertraute Geländer der „sinnlichen Gewissheit“: Traditionen und Konventionen werden unhinterfragt übernommen. Man tritt eben dem Fußballverein bei, weil die anderen das auch machen. Man geht in die Kirche, lässt sich firmen, trauen, weil „sich das gehört“. Man geht zum Wählen, weil das gute „Bürgerpflicht“ ist. Man pflegt einen Lebensstil, der von Elternhaus und Umgebung übernommen ist und Gewohnheiten vom Einrichtungsstil bis zur Ernährung aufbaut.

Es dauert seine Zeit und vollzieht sich auch in mehreren Schritten, bis man aus der gewohnten sinnlichen Gewissheit heraustritt – und eine ganz neue Wahrheit für sein Leben entdeckt. Zuerst begibt sich der Mensch während seiner Pubertät zunehmend in Opposition zu den gewohnten Autoritäten. Dann erfolgt das thematische Hinterfragen der übernommenen Inhalte. Er entdeckt plötzlich ganz andere Wahrheiten. Philosophisch hieße das die erste Negation im dialektischen Voranschreiten. Im Zuge der Reflexion gelangt der erkennende Mensch mit seinen Verstandeskräften zur entgegengesetzten Gewissheit. Die Vernunft führt ihn jetzt und er stellt fest: Ich bin zu logischem, eigenständigem Denken begabt. Ich muss nicht das nachahmen, was andere vormachen. Er steht vor der Wahl, sich zu emanzipieren oder neuen Autoritäten anzuschließen. Eine weitere Befreiung führt zu der neuen Gewissheit: Ich habe keine Verpflichtung zum Kollektiv- und Massenverhalten.

2. Befreiung und Sichfinden im eigenen Bewusstsein

Das neue Bewusstsein, das sich auf die Vernunft gründet, schildert Hartmann in seinen Betrachtungen zum Idealismus im Zusammenhang mit den Stoikern. Diese Philosophenrichtung der vorchristlichen Antike, die bis in die Neuzeit besteht, war vom göttlichen Prinzip im Kosmos überzeugt. Ihre Anhänger bemühten sich um eine ganzheitliche Lebenssicht – heute gibt es für diesen Blickwinkel Ansätze im Medizinischen, weit entfernt ist der Mensch noch, die ganzheitliche Sicht auch auf sich selbst zu fokussieren. Hauptziele der Stoiker bildeten das Streben nach Weisheit und Einüben von Gelassenheit gegenüber dem unvermeidbaren Schicksal. Zum Bewusstsein heißt es bei Nicolai Hartmann: „Die Freiheit des Stoikers ist Befreiung von innerer Knechtschaft, von der der Affekte und Begierden. Denn die Begierde war es, aus der alle Knechtschaft, auch die äußere, hervorgeht."

Das freie Bewusstsein sei nämlich das „denkende Bewusstsein": „Diese Unabhängigkeit, einmal erreicht, ruht in sich selbst, indifferent[12] gegen Lebensumstände, gegen Herrschen und Dienen. Sie ist Selbstbestimmung nicht nur in ihrer Auffassung und Beurteilung der Welt, sondern auch im praktischen Verhalten. Die stoische Lebensauffassung hat dieses Prinzip am reinsten ausgedrückt. Dieses Prinzip ist, ‚dass das Bewusstsein denkendes Wesen ist.'"

Die Dialektik des Individuums löst die eigene Reflexion aus. Der eigenständig zu denken beginnende Mensch beschränkt sich bei seiner Selbstanalyse dann nicht mehr nur auf das bisher im Eigeninteresse und Interesse der nächsten Umgebung aufgebaute Ego. Er wirft zum ersten Mal in seinem Leben die Frage nach dem eigenen Ich auf. Dabei kann er die drei Schritte nachempfinden, „wo der Mensch die Realität erlebt“ [13]. Das erste „reine Ich“ befindet sich auf geistiger Ebene, bevor sich der Mensch auf Erden in seine Inkarnation begibt. Im zweiten steckt er zu Lebzeiten direkt drin. Das dritte ist das, mit dem er sich im selbstkritischen Denken im Nachhinein selbst betrachtet, selbst begreift und feststellt, dass er dieses ich- und vernunftbegabte Individuum ist, das ebendiese Betrachtungen anstellt.

Das Sichfinden führt ihn nach dialektischem Schritt in die zweite Negation, die Negation der Negation: Er hatte in der ersten verneint, dass er nur der ist, der das bisher Anerzogene ausführt. Nun erkennt er, dass ihn diese erste Befreiung auch nur wieder in weitere Abhängigkeiten von anderen Autoritäten hineinmanövrierte. Er verneint auch dieses, um sich auf einer nächsthöheren Stufe zur Erkenntnis der höheren Wahrheit durchzuringen. Die bisherigen Wahrheiten waren damit nicht umgangssprachlich für die Katz. Nicht alle sind über Bord zu werfen. Sie sind aufgehoben, wie Hegel sagt, sie werden zum Teil als nicht mehr gültig ad acta gelegt, zum Teil in einen größeren Bedeutungszusammenhang hinaufgehoben. Hegel nennt dieses Sichfinden das Erheben zum Geist. Als Instrument dient ihm die Vernunft. Sie bildet seine Grundlage für jede weitere Entwicklung. Und nicht nur der Mensch hat ein Ziel, das „Telos“ der klassischen aristotelischen Teleologie, die Zielbestimmtheit, sondern auch der Geist. Denn auch dieser gelangt nach Hegel erst auf Umwegen zum Wissen seiner selbst, zu seiner Wahrheit.

Sigmund Freud gliederte in seiner Psychoanalyse das Ich in drei Bereiche. Den ersten, das „Es“, beschied er auf den „vegetativen Teil der Psyche“, das Unbewusste mit seinen allgemein menschlichen Trieben und Begierden. Darüber setzte er das „Über-Ich“, quasi ein ideales Ich, das die Leitung übernimmt, die Aufgabe des Gewissens ausübt und von den Autoritäten des Elternhauses herstammt. Dazwischen steht das Ich, das die bewussten Erfahrungen aufnimmt, zwischen unpersönlichem, vegetativem Ich und Über-Ich vermittelt.

Alles eine Frage der Perspektive, auch die Wahrheit über das eigene Ich, fanden amerikanische Sozialwissenschaftler wie George Herbert Mead (1863 – 1931) heraus.[14] Er teilt das Ich in die drei Bestandteile „Me“, „I“ und „Self“. „Me“, „mich“, also ihn selbst kann er verstehen lernen, wenn er überprüft, wie ihn die anderen, die Gesellschaft nach ihren Normen beurteilt. Im „I“, „Ich“, sieht er sich selbst bestätigt in dem, was er seiner Meinung nach auch selber denkt und fühlt. Es ist die Reaktion aus der Beurteilung der anderen. Hierzu zählen auch die Erwartungshaltungen der anderen. Wie bei Freud gleicht das dritte Glied die beiden anderen aus, das „Self“, „Selbst“. Es schafft die Einheit von „I“ und „Me“. In die Fachsprache ging diese Ich-Bewertung im Rahmen des „Symbolischen Interaktionismus“ ein.

Nach Mead schafft sich der Mensch seine Identität ausschließlich in der Auseinandersetzung. Am Beispiel des Kindes, das mit dem Kaufmannsladen spielt, zeigt er, wie flexibel mehrere Rollen, so des Verkäufers, Kunden und Lieferanten übernommen werden können. Diese Sicht wurde von weiteren Denkern der Soziologie zugespitzt auf ein „dramaturgisches Modell“ des Menschen-Ich. Da geht er ganz in seiner Rolle als Schauspieler auf, was an die letzten Worte des römischen Kaisers Augustus (31 v. Chr. – 14 n. Chr.) erinnert. Im Stil der Komödianten sagte er auf dem Sterbebett zu den Umstehenden, darunter seine Frau Livia: „Hat das Ganze euch gefallen, nun so klatschet Beifall unserem Spiel und entlasst uns alle mit Dank.“ [15]

3. Erkenne dich selbst!

Wo ist die Wahrheit? Es fällt dem Menschen heute genauso schwer, sich selbst in seiner Wahrheit, seiner Substanz und Subjektivität zu erkennen, wie dem Bürger der Antike. Jeder Schüler kannte damals den Spruch des Apollontempels in Delphi: Γνῶθι σεαυτόν (Gnṓthi seautón), „Erkenne dich selbst!" Der Philosoph, Staatsmann und Jurist Marcus Tullius Cicero (106 – 43 v. Chr.) formulierte es folgendermaßen: Der Gott Apollo befiehlt uns, dass wir uns selbst kennenlernen. Die daraus generell für den Menschen geltende Wahrheit interpretierte man einerseits als Schwäche: Er dürfe sich nicht überschätzen. Vor Übermut warnte der Sklave, der hinter dem Triumphator auf dem Wagen mitfuhr: „Bedenke, dass du ein Mensch bist!"

Der stoische Philosoph Lucius Annaeus Seneca (1– 65 n. Chr.) kommentiert das delphische Orakel so:

> *„Darauf zielt jene Aufschrift des Pythischen Orakels: ‚Lerne dich kennen.' Was ist der Mensch? Ein herumgeschütteltes, von jedem Stoß zerbrechliches Gefäß; keines heftigen Sturms bedarf es und du zerschellest. Wo du irgend anstößest, da fällst du auseinander. Was ist der Mensch? ein schwacher, zerbrechlicher Körper, nackt, seiner Natur nach wehrlos, fremder Hülfe bedürftig, jeder Mißhandlung des Schicksals preisgegeben, und, hat er auch seine Arme [noch so] gut geübt, [dennoch] das Opfer jeder Bestie, aus schwachem und lockerem Stoffe zusammengewebt, und [nur] den äußern Umrissen nach schön anzuschauen, [aber] Kälte, Hitze, Anstrengung zu ertragen unfähig, [schon] durch das ruhige Daliegen und Nichtsthun selbst der Verwesung entgegengehend..."* [16]

Auf der anderen Seite klingt aus Platons (427 – 347 v. Chr.) Apologie, Verteidigungsrede des Sokrates, die Aufforderung an den Menschen durch, sich genauer zu analysieren. Er solle sich zuerst einmal darüber im Klaren sein, dass er im Grunde nichts weiß. Weltbekannt ist das daraus resultierende Paradox des Sokrates (469 – 399 v. Chr.). Er, den das Orakel von Delphi auf Nachfrage seines Freundes Chairephon als den weisesten Menschen nannte, behauptete von sich selber in der interpretierten landläufigen Fassung: „Ich weiß, dass ich nichts weiß."

Historiker kritisierten dieses Zitat als arrogante Bescheidenheit, da Sokrates doch alle Gesprächspartner mit seiner scharf geschliffenen Dialektik aufs Kreuz gelegt habe. Er selber drückte es etwas feinfühliger aus: Auf den Spruch des Orakels hin habe er sich auf den Weg gemacht, um den Gott zu widerlegen und einen Weiseren als ihn zu finden. Er ging zu den Politikern zuerst. Da lernte er die Untugend kennen, die sie heute noch haben. Sie glauben, etwas zu wissen, wissen aber im Grunde, nach genauerem Hinterfragen, nichts Genaues. „So einer meint, etwas zu wissen, weiß aber doch nichts. Ich dagegen, wie ich nun einmal nicht weiß, glaube auch nicht, etwas zu wissen." [17] Also war er im Hinblick auf die Wahrheit den anderen zumindest einen Schritt voraus.

Über eine ganz persönliche Wahrheit, die jeden Menschen einmal einholt, klärt Sokrates die Zuhörer seiner Verteidigungsrede dabei auf, über den Tod: „Denn den Tod fürchten, ihr Männer, das ist nichts anderes als sich dünken, man wäre weise, und es doch nicht sein. Denn es ist ein Dünkel, etwas zu wissen, was man nicht weiß. Denn niemand weiß, was der Tod ist, nicht einmal, ob er nicht für den Menschen das größte ist unter allen Gütern. Sie fürchten ihn aber, als wüssten sie gewiss, dass er das größte Übel ist." [18]

Er fürchtete um seine Wahrheit nicht. Er habe sein Leben in „Aufsuchung der Weisheit“ und Prüfung seiner selbst und anderer verbracht. Nur zu oft hatte er seine Mitbürger ermahnt, sich mehr um ihre Seele, um ihre Tugenden als um körperliches Wohlergehen und Reichtum zu kümmern. Die Schwäche, so die philosophische Ausrichtung der späteren Neuplatoniker, sei dem Menschen durch die Zerbrechlichkeit seines Körpers vorgezeichnet, zum Streben nach Höherem bis zur Gottähnlichkeit mahne ihn die Seele.

4. Die Tugenden als Wegweiser

Platon stellte dem Menschen als Wegweiser zur Suche nach seiner Wahrheit die Tugenden (altgriechisch ἀρετή, *aretḗ*) auf. Seine vier Tugenden erweiterte das Christentum später um drei. Alle sieben nannte dann die Patristik, die Kirchenlehrer der Spätantike, die Kardinaltugenden[19]. Platon verband die Tugenden zum einen mit dem dazugehörenden Seelenteil, zum anderen mit dem gesellschaftlichen Status. Also jede Tugend geht aus einer Eigenschaft der Seele hervor und eignet sich speziell für bestimmte Personen. An der Spitze des Tugendkatalogs stand die Weisheit (σοφία, *sophía*). Sie entsprach dem Seelenpart der Vernunft, geisteswissenschaftlich im Ich angesiedelt. Körperlich lokalisierte sie Platon auf den Kopf, in der ständischen Gesellschaft auf die oberste Schicht, die Herrscher, die bei ihm bekanntlich gleichzeitig Philosophen sein sollten.

Er ließ als zweite Tugend den Mut (ανδρεία, *andreia*) folgen. Er ist auf Brust wie Astralleib[20] konzentriert und betrifft den zweiten Gesellschaftsstand der „Wächter“, die für die

Bürger von der Sicherheit bis zu Kultur und harmonischem Miteinander verantwortlich waren. Diese Tugend übersetzte man oft mit Tapferkeit, die in dieser Version nicht auf kriegerische Fähigkeiten beschränkt bleiben darf, sondern tapferes Verhalten wie Zivilcourage und „seelische Tüchtigkeit" ausdrückt. Ihr entspricht der Seelenanteil des Mutes. Als dritte Tugend nennt Platon in seinen Werken von den „Nomoi" (Gesetzen) und der „Politeia" (Staat) die Besonnenheit (σωφροσύνη, *sophrosýne,* auch „Verständigkeit"), bezogen im Geisteskörper auf Ätherleib[21], im Physischen auf den Unterleib, in der Seele auf die Begierde und im gesellschaftlichen Stand auf Geschäftsleute, Handwerker, Landwirte. Die vierte Tugend, die Gerechtigkeit (δικαιοσύνη, *dikaiosýne*), gilt für alle Stände. Im deutschen Wort gründet sich hier eine tiefere Bedeutung: Die Gerechtigkeit hat mit „Richten, Ausrichten" etwas zu tun und verlangt von dem Menschen, dass er sich ausrichtet, seiner Richtung folgt.

Cicero vermittelte diese Tugenden (lateinisch *virtus*) als *sapientia* (Weisheit), *iustitia* (Gerechtigkeit), *fortitudo / magnitudo animi* (Mut) und *temperantia* (Besonnenheit)[22] Der Apostel Paulus ergänzte den Katalog um drei weitere Tugenden: Glaube (*fides*), Hoffnung (*spes*) und Liebe (*caritas*).[23] Die Tugenden als Richtschnur für den wahren Weg des Menschen gehören zu den ersten kulturellen Errungenschaften der Menschheitsentwicklung. Sie fanden ihren Niederschlag mit den konfuzianischen Kardinaltugenden Menschlichkeit, Gerechtigkeit, Sitte, Wissen, Wahrhaftigkeit in China und mit den fünf *Yamas* und *Niyamas* im Hinduismus. Der Eingeweihte Sathya Sai Baba hatte sie in Form von *satya* (Weisheit), *dharma* (Rechtschaffenheit), *prema* (Liebe), *ahimsa* (Gewaltlosigkeit) und *shanti* (Frieden) gelehrt. Der indische Eingeweihte Sathya Sai Baba lebte von 1928 bis 2011, gründete in Indien einen Ashram, der für Tausende von Menschen aus aller Welt zur Pilgerstätte wurde. Er initiierte auch Bildungseinrichtungen, ein Hospital und ein Wasserversorgungsprojekt.

Der Tugendkatalog als Orientierung auf dem individuellen Weg zur persönlichen Lebenswahrheit findet in geisteswissenschaftlichen Aspekten seine Vertiefung. Den sieben Tugenden entsprechen nach Rudolf Steiner die sieben Sphären, die der Mensch nach seinem Tod im *kamaloka* durchlaufen muss. Das *kamaloka* nennt das Sanskrit den „Ort der Begierde", der in der christlichen Terminologie mit dem Fegefeuer bezeichnet wird. „Sieben Läuterungsfeuer gibt es im Kamaloka, durch die die Seele hindurchziehen muss", so Rudolf Steiner.[24] Für die Gerechtigkeit muss der Mensch demnach „alles abstreifen, was gegen den anderen Menschen sich stellt, abstreifen alle Untugenden, welche aus dem Kampf ums Dasein entspringen".

Die Enthaltsamkeit des Urteils verlangt die Besonnenheit. Antipathie und Sympathie dürfen nicht mehr ins Gewicht fallen. Mit „Starkmut" hat der Mensch den Versuchungen zu widerstehen. Klugheit oder Weisheit verschafft er sich ausschließlich im Durchgang durch viele Irrtümer, wie auch Goethe festhielt: „Es irrt der Mensch, solang er strebt."[25] Von den höheren Tugenden ist der Glaube die erste. „Weil wir im Leben notwendigerweise ein Glied eines bestimmten Zeitalters sind, so müssen wir erst ablegen, was unserer Zeit zum Dogma geworden ist, um zu der Wahrheit zu kommen ...", so Steiner. Der dogmatische Glaube, wie er vielen Religionen heute als Basis dient, zählt nicht: „Der Mensch muss durch den Buchstaben zum Geist vordringen, vom Dogma zur wahren, inneren Erkenntnis." Praktisch gesehen verlangt das ein Erkennen, ein Akzeptieren der geistigen Wirklichkeit bereits hier auf Erden. Nicht nur ein äußeres „Credo" im Lippenbekenntnis „Ich glaube an Gott …“, sondern die Überzeugung, dass mit dem Geist bereits hier auf Erden das Ewige im Zeitlichen zu erkennen ist.

Die Hoffnung weist auf die ständige Fortentwicklung des Menschen, nicht nur im Rahmen der Evolution auf Erden, sondern im wiederholten Auftritt der Reinkarnation, die ihn immer perfektionierter macht. Als Ziel all dieser Bemühungen winkt nach Steiner die siebte Tugend, die Liebe.

IV. Offizielle „Wahrheiten“

Bevor wir uns nun auf die Suche nach der Wahrheit begeben, werfen wir einmal einen Blick auf das, was uns heute als allgemein gültige Wahrheit aufgetischt wird, was vielen ungefragt selbstverständlich und richtig erscheint, bei näherem Hinsehen aber so einige Fragen offenlässt.

1. „Weltenlüge“ Urknall: Chaos oder Ordnung?

Die personifizierte Lüge – wir erinnern uns: In zerschlissenen Jeans, T-Shirt und Baseballkappe – ist dem Bürger der Postmoderne bestens vertraut, da er ihre „Wahrheiten“ von Kindheit an aus den Sesseln der Politiker, von den Pressetischen, aus den Labors der Wissenschaft und aus dem Munde der Gutmenschen erfahren hat. Wer wagt heute einen Widerspruch, wenn der famose Urknall von der aktuellen Wissenschaft als Grund von all dem, was da ist, angegeben wird?

Die Wahrheit blickt verzweifelt auf die Philosophen. Die klassische Nachfrage hätte einst gelautet: Wer hat ihn gezündet? Warum erfolgte er? Woher kamen die ideellen wie materiellen Voraussetzungen? Doch auch die Philosophen winken ab, ihre Lehrstühle, Publicity und Veröffentlichungen sind häufig vom Sponsoring abhängig: „Wir wollen da keine unnötigen Missverständnisse provozieren.“ – „Es bleibt euch doch keine andere Lösung“, trumpft die Lüge auf. „Woher soll denn alles kommen, wenn vorher nichts da war?“ Sie pocht auf das Exposé der Naturwissenschaftler, die den Urknall als Beginn des Universums vor knapp 14 Milliarden Jahren ansetzen. Keiner beschreibt den Vorgang oder gar was vorher war. Alle setzen erst nachher ein, als es bereits „geknallt“ hatte, was allerdings nicht so wörtlich zu verstehen sei.

Die Lüge argumentiert auf Grundlage der Elementarteilchenphysik und Quantenfeldtheorien, kosmischer Hintergrundstrahlung und Expansion: „Big Bang – was sonst? Das hat doch schon Einstein mit seiner Relativitätstheorie bewiesen!“ – „Bereits die alten Griechen haben vom Chaos[26] am Anfang gesprochen“, meldet sich die Wahrheit. „Daraus entstanden die Erde, *Gaia*, die Finsternis, *Nyx* und *Erebos*, die Unterwelt, *Tartaros*, und die Liebe, *Eros*.“

„Die griechischen Götter!“, wehrt die Lüge ab, „Betrüger und Ehebrecher! Hör mir auf mit den alten Märchen!“ – „Was war am Anfang? Das kannst du mir auch nicht sagen“, behauptet sich die Wahrheit und verweist auf ihre Version. – „Jedenfalls bringt uns dein ‚Chaos‘ auch nicht weiter als der Urknall“, kontert die Lüge. Wissenschaft und Technik seien heute so weit, dass man auch diese Frage bald beantworten werde.

Interessiert sich der Bürger der Moderne und Postmoderne für diese Wahrheit? Liegt ja alles so weit zurück. Irgendwie wird es schon einmal angefangen haben. Und jetzt sind wir nun mal da. Auf der Suche nach der Wahrheit bleibt das Informationszeitalter, das die digitale Revolution hervorrief, häufig in oberflächlichen Meinungen stecken. Es überschüttet den Menschen mit einer so großen Fülle von Informationen, einer Nachrichtenflut aus Politik, Gesellschaft, Wissenschaft und Privatleben, dass er kein Gespür und keine Zeit mehr hat, Vernünftiges von Unvernünftigem, Wahres von Falschem, Wichtiges von Unwichtigem zu unterscheiden. So greift er meist nach der für den Augenblick besten und schnellsten Lösung – ohne Hintergründe zu bedenken und überhaupt weiter nachzuforschen.

Der „Urknall", selbstverständlich angenommen für Schulen, auch von den Religionen – welcher Pfarrer wagt demgegenüber Adam und Eva ins Feld der Argumentation zu führen? Steht er doch mit seinen biblischen Wahrheiten auf ganz anderer Ebene als die moderne Wissenschaft. Dieser spektakuläre Startschuss für das Universum ist längst in den Köpfen der Menschheit etabliert und für wahr abgespeichert. Hier ist der Bürger gerade mit den Möglichkeiten in einem „Informationszeitalter" selber gefordert, sich seine eigene Wahrheit durch eigene Forschung zu ergründen. Es müsste ihm, wenn er sich noch einigermaßen die Fähigkeit bewahrt hat, eigenständig zu denken, doch etwas albern vorkommen, wenn die Naturwissenschaften behaupten, da habe es einmal mehr oder weniger gekracht und dann war alles da. Man stelle sich für diese eminent wichtige Frage die banale Ebene der naturwissenschaftlich-physikalischen Antwort bildhaft vor! Das entspräche einem Mann, der seinen Nachbarn fragt: „Hast du dir einen neuen Wagen gekauft?", und zur Antwort bekommt: „Nein, es hat einen Knall getan und er stand in meiner Garage" – und das glaubt.

Spricht einer dann aber von einem Schöpfer, Platons „Demiurgen", Aristoteles' „unbewegten Beweger", dann wird er als Fantast, Träumer, Ignorant verachtet und gar nicht mehr zitiert, weil er sich mit seiner antiquierten Ansicht wohl wie ein Neandertaler im Hightech-Zeitalter verirrt habe. Hier spricht nichts gegen die materialistische Wissenschaft. Es geht weder um die Abwürdigung der einen, materiellen, noch der anderen, geistigen Seite, sondern die längst fällige gegenseitige Anerkennung, dass eben keiner als antiquiert angesehen wird, der nicht mit empirischem Maßstab misst, sondern mit geistigem.

Dieses Vorurteil nennt Rudolf Steiner charakteristisch für die europäische und amerikanische Zivilisation, das Pochen auf die materialistische kopernikanische Weltanschauung mit ihrem „Sprössling" des „Urknalls". Als Konsequenz behaupte man, dass es für alles Physische ringsum nur eine materialistische Erklärung gäbe. Und er folgert: „Dieses materialistische Weltenbild hat keine Möglichkeit, die moralische Weltordnung in ihre Struktur einzubeziehen. Sie hat auch keine Möglichkeit, das Christus-Ereignis in ihre Struktur einzubeziehen; denn dass man zu gleicher Zeit Bekenner der materialistischen Weltanschauung und zu gleicher Zeit Christ ist, das ist eine innerliche Lüge, das ist etwas, was nicht sein kann, wenn man ehrlich und aufrichtig ist." [27]

Τὸ ψεῦδος (*to pseudos*), die „Lüge" schlechthin, die Lüge, den Irrtum und Irrwahn nennt es Emil Bock [28] in seinen Untersuchungen zu den Evangelien, wenn man die Weltordnung so auf den Kopf stelle und behaupte: „Der Stoff geht nicht aus dem Geist hervor, sondern die Materie ist das erste und der Geist ihr Produkt, ihre Ausdünstung sozusagen. Der konsequente Materialismus als Weltanschauung ist der Irrtum, die Lüge schlechthin, ist die Weltenlüge." [29]

Diese Weltenlüge habe bereits Begeisterung für die Stofflichkeit hervorgerufen: „Dadurch lernt man sie kennen, lernt ihre Kräfte beherrschen, kommt zur Maschine und Technik." Sie erzeuge „Kräfte und Zeichen und Wunder", auf die alle stolz seien. Ordnung sei das allerdings nur, „solange uns die Maschine nicht über den Kopf wächst".

Haben wir diese Phase bereits überschritten? Wenn wir sie nämlich nicht mehr in unseren Dienst stellen könnten, sagt Bock, „dann bewirkt sie anomia[30], denn diese Zeichen und Wunder sind Kinder der Weltlüge. Dieser Zustand wird zusammengefasst als ἀπώλεια (*apoleia*). Das heißt Untergang, an dessen Rande wir wohl bereits stehen.

Wo aber bleibt nun die Wahrheit zum ominösen Urknall? Schon der Mythos der alten Griechen weist zur heutigen Ansicht eine Parallele auf, zwar nicht den Urknall, aber das Chaos, das anfangs geherrscht haben soll. Der griechische Dichter Hesiod schilderte bereits um 700 v. Chr. den Werdegang der Menschheit.[31]

> *Sagt mir, Musen, dies alles an … ganz von Anfang,*
> *und sagt mir: Was wurde davon als erstes?*
> *Wahrlich als erstes ist Chaos entstanden, doch wenig nur*
> *später Gaia (die Erde) …*
> *Chaos gebar das Reich der Finsternis: Erebos*
> *und die schwarze Nacht*
> *Gaia gebar zuerst an Größe gleich wie sie selber*
> *Uranos (der Himmel) sternenbedeckt, damit er sie völlig*
> *umhülle*
> *und den seligen Göttern ein sicherer Sitz sei für ewig.*

Sogenannte Weltentstehungslehren weisen alle Hochkulturen auf. Alle sahen die Verbindung mit göttlichen Wesen. Erst in unserer aufgeklärten modernen Zeit verblassten sie als Fabeln und Märchen.

Rudolf Steiner hält gegen die „Kant-Laplacesche-Nebularhypothese“ die „Urgeschehnismacht“[32], wie sie beispielsweise im Prolog des Johannes-Evangelium verkündet wird und in seiner Übersetzung so klingt.[33]

Im Urbeginne war das Wort; und das Wort war bei Gott,
und ein Gott war das Wort,
Dieses war im Urbeginne bei Gott.
Alles ist durch dasselbe geworden, und außer durch dieses
ist nichts von dem Entstandenen geworden.
In diesem war das Leben,
und das Leben war das Licht der Menschen.

Kompliziert bleibt auch diese Variante. Sie führt die laienhafte naiv-religiöse Vorstellung eines Schöpfergottes auf den Logos zurück, auf das Wort, den Gedanken, den Geist, – Hegel würde sagen „Weltgeist". Steiner verweist dabei auf das Christus-Geheimnis. Die gängige Version der Religionen sieht im Schöpfer, der Vaterfigur, den auslösenden Initiator der klassischen *creatio ex nihilo*, der Schöpfung aus dem Nichts. Rudolf Steiner: „Indem man dem Vater-Gott zuschreibt die Weltenschöpfung, vergeht man sich ja gegen das Johannes-Evangelium. An dem Johannes-Evangelium hält man nur fest, wenn man die Sicherheit darüber hat, dass dasjenige, was entstanden ist, dasjenige, was man als Welt um sich hat, durch das Wort entstanden ist, also im christlichen Sinne durch den Christus, durch den Sohn, dass der Vater das substantiell Zugrundeliegende, das Subsistierende ist …"[34]

Eine Parallele zum Ursprungs-Logos finden wir in der Genesis, der klassischen Schöpfungsgeschichte nach dem Buch Moses. Hat die Bibel doch recht? Die weltberühmten Anfangszeilen interpretierten die Übersetzer bis hin zu Luther in einer Version, die dem Original nicht gerecht wird. „Im Anfang schuf Gott den Himmel und die Erde …", heißt es unisono. Die ersten Übersetzungen, ob Vulgata[35] oder Septuaginta[36], haben den gleichen interpretierenden Inhalt, so „Ἐν ἀρχῇ ἐποίησεν ὁ θεὸς τὸν οὐρανὸν καὶ τὴν γῆν" (*En archä epoiäsen ho theos ton uranon kai tän gän*) und *In principio creavit Deus caelum et terram*. Im Original steht das ganz anders: *„B(e)reschit bara Älohim et ha-Schamajim we'et ha-Aräz."* Das heißt „Im Urbeginn schufen die Elohim Himmel und Erde."

Gewisse geistige Wesen also, die Elohim, standen somit am Anfang. Es sind dies die Sonnenwesen, Jahve der unterste, Christus der höchste.[37]

In der nächsten Zeile sind auch Chaos und Finsternis genannt, das „Tohu wabohu". Die Bibel spricht im Original jedenfalls nicht von einem monistischen Schöpferakt aus einer (*monos*) Hand, den alle Religionen behaupten, sondern vom Teamwork der geistigen Wesenheiten.

Zusammenhelfen aller Wesen war auch bei der Konzeption des Menschen angesagt. Und es ging nicht wie beim Urknall im Paukenschlag aus der Zauberkiste. Nicht die Materie stand am Anfang, sondern die Idee, das Geistige. „Es kann nicht irgendein Gott kommen und aus einem Erdenkloß einen Menschen machen … die Naturkräfte geben ihm nicht diese Gestalt … beim Menschen müssen wir zu dem Geistig-Seelischen zurückgehen", so Rudolf Steiner.[38]

Diesen Übergang vom Geistigen in die Materie kann man heute noch am originalen Genesis-Text nachvollziehen. Zuerst steht im ersten Kapitel: „Lasset uns Menschen machen … Und Gott schuf den Menschen zu seinem Bilde …" (1, 26), dann lesen wir im zweiten Kapitel, nachdem die Rede über Samen, Bäume, Früchte, Gewürm etc. war: „ … kein Mensch war da, der das Land bebaute … Da machte Gott der Herr den Menschen aus Erde vom Acker …" (2, 7). Eine Wiederholung? Ein Versehen? Hat er den Menschen zweimal gemacht?

Wenn wir genau hinschauen, merken wir den Unterschied. Im ersten Ausdruck, der original heißt: „Die Elohim sprachen: Lasset uns den Menschen machen!" haben wir den Zusatzvermerk „nach seiner Art", im Lateinischen *species*, im Griechischen γένος (*genos*), also artgemäß, nicht individuell. Diesen Prototyp Mensch hätte im Physischen auch noch niemand sehen können, wie Rudolf Steiner betont, höchstens als „Wärmewesen".[39]

Daraufhin erfolgten erst der Verdichtungsprozess und Herabstieg in die irdische Materie: „Es entwickelt sich dieses Stoffliche aus dem Geistigen heraus. Vorher ist nur Geistiges vorhanden."[40] Steiner gibt dazu ein plastisches Beispiel: „Wie man hier aus dem, was vorher durchaus Wasser war, das Eis sich heraus verdichten sieht, so kann man durch geistige Beobachtung verfolgen, wie sich aus einem vorangehenden durchaus Geistigen die stofflichen Dinge, Vorgänge und Wesenheiten gleichsam verdichteten."

Sogar Apostel Paulus, der ja philosophisch geschult war, weist im Hebräerbrief darauf hin, was Luther allerdings nicht korrekt übersetzte. Heute noch steht in der Luther-Bibel: „Durch den Glauben erkennen wir, dass die Welt durch Gottes Wort geschaffen ist, dass alles, was man sieht, aus Nichts geworden ist."[41] Das wäre die *Creatio ex nihilo*, die Schöpfung aus dem Nichts. Es heißt dort aber keineswegs, dass die sichtbare Schöpfung aus dem Nichts entstanden ist. Von dem Nichts ist überhaupt keine Rede. Der lateinische Text entspricht ziemlich genau dem griechischen und lautet: *Ut ex invisilibus visibila fierent*: „dass aus dem Unsichtbaren das Sichtbare entstanden ist." Das irdische Phänomen, das aus dem geistigen Wesen hervorgeht.

So fixierte sich die geistige Idee ins materiell irdische Dasein. Alle stiegen herab auf die Erde, Pflanzen, Tiere, Mensch. Jeder hat einen separaten Ursprung und eine separate Entwicklung. Sowohl biblische Genesis wie Geisteswissenschaft lassen die neue Version der Deszendenztheorie nach Darwinischem Modell nicht gelten. „Wahr ist an der Sache", folgert Rudolf Steiner, „dass der Mensch mit den Tieren verwandt ist seiner äußeren Gestalt nach … aber wir dürfen uns niemals vorstellen, dass aus den heutigen Tieren heraus Menschen werden können."[42] Die Affen, vor allem der *Pithecanthropus erectus*, habe dem Menschen am ähnlichsten gesehen.

Wir sind vom Urknall und Chaos ausgegangen. Die moderne materialistische Ansicht setzt die Materie an den Anfang. Bibel, Geisteswissenschaft, aber auch die philosophische Ausrichtung des Idealismus stellen mit den Überlieferungen der alten Hochkulturen das Geistige, die Idee als Auslöser voran. – Aber auch dieser Standpunkt fordert die Frage heraus, wo dieser „Startschuss" aus der Geistesebene wiederum herkam. Die Religionen sagen, der Schöpfergott. Die Philosophen? Schon Kant blieb bei der Beantwortung dieser komplizierten Frage in den Antinomien, den Gegensätzlichkeiten, stecken. Hegel kritisiert dieses „Festhalten des Gegensatzes" und sieht die Lösung im Übergang des „Werdens". Nach Kants Version gäbe es keinen Anfang der Welt oder von irgendetwas: „Es kann nichts anfangen, weder insofern etwas ist, noch insofern es nicht ist; denn insofern es ist, fängt es nicht erst an; insofern es aber nicht ist, fängt es auch nicht an."[43]

Wenn die Welt oder etwas angefangen haben sollte, folgert er, so hätte sie im Nichts angefangen, aber im Nichts ist nichts, also auch kein Anfang: „Nichts ist nur Nichts."

Trotzdem hält Kant am Ursprung des Kosmos im Sinne eines aristotelischen „unbewegten Bewegers“ als Initiator fest. Auf diesem Terrain jenseits aller empirischer Erfahrung habe die Wissenschaft, auch die Philosophie, ihre Berechtigung verloren. Da sei nichts mehr beweisbar, obwohl es doch vernünftig sei, einen Schöpfer anzunehmen. Die „Ideen von Gott, Freiheit und Unsterblichkeit“ sind „keine Erkenntnisse der theoretischen, sondern Postulate der praktischen Vernunft“: „Ich musste also das Wissen aufheben, um zum Glauben Platz zu bekommen.“ [44]

Die moderne Philosophie winkt wie viele desinteressierte Durchschnittsbürger ab. Da sich die analytische Philosophie wie die Naturwissenschaft an der Materie festklammert, will sie über eine sogenannte „Letztbegründung“ gar nicht reden. Wie so oft auf der Suche nach der Wahrheit bleiben wir da auf unser ganz persönliches Empfinden angewiesen und dürfen im Sinne Rudolf Steiners vermuten: „Wenn die materielle Wissenschaft behauptet, die Welt sei aus Atomen zusammengesetzt und durch Zufall geworden, dann sagt das Menschenherz ganz richtig: ‚Das kann ich nicht glauben, ich finde keine Befriedigung an dieser Hypothese.‘“ [45]

2. Die Pensionisten des Geistes

Hängt schon der Anfang in der Luft, verwundert es nicht, wenn dem Folgenden kein Sinn abverlangt werden kann. Hegel würde sagen, wir sollten uns bemühen, das Ganze zu verstehen, denn nur das Ganze sei die Wahrheit. Um bei diesem philosophischen Terminus des Ganzen zu bleiben, das meiste um uns herum befindet sich im Werden. Das betrifft auch uns selbst. Als Kind sind wir wer, ja, aber sind wir dann auch schon, was wir uns vorstellen, wenn wir uns selber definieren? Wohl nur ein Teil. Auch als 50-, 60-, 70-Jährige oder Jähriger repräsentieren wir von unserer Persönlichkeit nur einen Ausschnitt dessen, was wir einst als Ganzheit darstellen werden. Das wird erst bei unserem Tod der Fall sein, wo auch die Astrologie mit Geburts- und Sterbehoroskop den Werdegang überblicken kann. Es sei denn, einer bleibt stehen, ist sozusagen Entwicklungsverweigerer und denkt noch im reiferen Alter in den Kategorien eines jungen Erwachsenen.

So wie die materiellen Wissenschaften heute nur die halbe Wahrheit über den Beginn des Universums wissen, verraten sie auch nur einen Teil dessen, was zu unserer Geburt zu sagen ist. Wir sind eben da, und die Frage nach dem Warum beantwortet allein die materielle Physis: Weil uns Vater und Mutter in die Welt gesetzt haben. Die philosophische Dimension des Sinns und Zwecks des Daseins wird wie beim undurchsichtigen Urknall tabuisiert.

„Was zerbrichst du dir den Kopf darüber?“, wundert sich die Lüge und beschwichtigt: „Das wird schon alles so stimmen, sonst wärst du nicht da. Lass doch die Philosophen über diese Dinge streiten! Du musst schauen, dass du mit deinen eigenen Problemen über die Runden kommst und sollst dich nicht noch mit Gott und der Welt herumschlagen, nicht wahr?“

„Hauptsache der Laden läuft!“, ärgert sich der Philosoph und steigt in die Debatte ein. Das sei die „heile“ Welt so mancher Politiker, die mit ihren Parolen von Wachstum und Wohlstand Otto Normalbürger bei Laune halten. Dann sei er willig, seiner Pflicht als Arbeiter und Steuerzahler nachzukommen, keine unangenehmen Fragen aufzutischen und gehorsam alles zu tun, was man ihm sagt.

„Geht es den Leitern der Firma und des Staates gut, geht es dem Angestellten, Mitarbeiter oder Bürger auch gut", rechtfertigt die Lüge und fordert den Philosophen auf: „Mach doch nicht alles komplizierter, als es ist!" – „Ja, das einfachste ist", empört sich dieser, „nicht nachzudenken. Dann läuft in deiner ‚Firma' alles wie am Schnürchen: Oben die Demagogen in den Sesseln der Politiker, an den Pressetischen und in den Labors der Wissenschaft, unten die Hörigen, die vor Verblendung nicht einmal mehr richtig zuhören können, eure Lügen nicht mehr heraushören und alles machen, was ihr vorsagt." – „So fahren sie eindeutig am besten", bestätigt die Lüge, „wir schützen die Leute vor unnötigen Sorgen und Problemen, die haben genug mit ihrem Eigenen zu tun." – Da erhebt die Wahrheit den Zeigefinger: „Das Ureigenste des Menschen wäre, dass er weiß, warum er hier auf der Welt ist, nämlich um sich weiterzuentwickeln, zu Bewusstsein, geistiger Reife zu gelangen." – „Die verbummeln heute alle ihr wertvolles Dasein", unterbricht der Philosoph und ereifert sich: „Arbeit, Stress, Wellness, Urlaub, dann sitzen sie als Rentner auf dem Sofa und wissen nichts Rechtes mit sich anzufangen, weil sie keine Ahnung haben, was das Ganze eigentlich soll, oder sie rennen hirnlos in der Welt herum und kompensieren! Pensionisten des Geistes[46]!" – „Man soll nie alle über einen Kamm scheren", mahnt die Wahrheit. Jeder stehe nun mal auf einer anderen Entwicklungsstufe.

„Vergönn ihnen doch den wohlverdienten Ruhestand!", folgert die Lüge, „wer sein ganzes Leben lang geschuftet hat, darf sich nachher gemütlich zurücklehnen, nicht wahr? Soll er sich als Rentner auch noch seinen Kopf über eure spitzfindigen philosophischen Probleme zerbrechen? Soll er …"

– „Das sind nicht unsere Probleme!“, fällt der Philosoph der Lüge ins Wort. Ein Rentner des modernen Hightech-Informationszeitalters könnte seine digitalen Mittel auch für seine eigene Fortbildung als Mensch nutzen. Da fänden sich schon Hinweise darauf, dass er als vernunftbegabtes Geschöpf sein Leben auf ein höheres Niveau entwickeln soll, als er es angetreten hat. Seinen Verstand möge er nutzen, um mit den Herausforderungen des Lebens zurechtzukommen. Seine Vernunft aber müsse ihm sagen, dass er seine Erkenntnisse zu vertiefen habe, um hinter dem Vorhang der offensichtlichen Gegebenheiten die wahren Zusammenhänge zu ergründen. Jeder Mensch habe dafür eigentlich ein gewisses Gespür, argumentiert die Wahrheit. Er wisse unbewusst, dass dieses offene Alltagstreiben, das man ihm als das einzig „seligmachende“ verkaufen wolle, nicht das Gelbe vom Ei sei, und er die Verpflichtung als Mensch habe, Höheres anzustreben.

Von den „Pensionisten des Geistes“ hörten wir in dem Dialog. Sie glauben, sich genug angestrengt zu haben im langen Arbeitsleben und keine geistvollen Gedanken mehr aufzugreifen gewillt sind, repräsentieren im Hegelschen Sinne die eine Hälfte der Wahrheit, nicht die Totalität. Das Ganze ist die Wahrheit. In seiner Unmittelbarkeit, so wie er sich nun mal vorfindet, ohne dass ihm jemand große Erklärungen dazu gibt, kann sich der Mensch nur „im Zustand der Endlichkeit“ fassen, sagte Hegel in seinen Vorlesungen zur Philosophie der Religion.[47] Der „Mensch an und für sich“ sei dagegen unendlich. In seiner gegenwärtigen Existenz erkenne er eben nur die eine Seite, die materielle, nicht die Totalität. So wisse er auch nicht, dass die Idee, seine ursprüngliche geistige Konzeption, gegenwärtig sei, da er alles nur „mit dem endlichen Bewusstsein“ betrachtet. Hegel gibt selber zu: „Es ist schwer, durch diese Rinde des Substanziellen die Wirklichkeit zu erkennen.“

Der Anthroposoph Rudolf Steiner drückt es ebenso anschaulich aus: „Alles beruht schließlich darauf, dass der Mensch fortwährend Leib, Seele und Geist mit sich herumträgt, dass er sich aber nur seines Leibes im ausgesprochenen Sinne bewusst ist, nicht seiner Seele und seines Geistes.“ [48]

Also: Die Wahrheit ist das Ganze. Der Leser, der einen genaueren Einblick in den Fortgang der Seele nach dem irdischen Tod des Leibes gewinnen möchte, kann dies im Anhang vertiefen. (Appendix: „Die Pensionisten des Geistes in der Sonnensphäre.“ XIII 2)

3. Corona und die moderne Gehirnwäsche

„Das ist ein ganz übler Trick!“, wirft der Philosoph der Lüge vor, „wenn ihr den Menschen vorgaukelt, auf der Erde und im Materiellen ihr einziges Leben zu haben. So setzen sie alles daran, möglichst viel für sich selber abzubekommen und in die Endlosschleife des Kampfes um Zufriedenheit und Wohlstand einzusteigen.“

„Jeder kann sich heutzutage selber schlau machen“, rechtfertigt sich da der Politiker als weiterer Debattierer und bekommt prompt vom Philosophen den Vorwurf: „Wie soll er sich denn noch objektiv und sachlich informieren, wenn ihm von oben und von allen Seiten nur Propaganda suggeriert wird? Schau doch an, wie ihr die Menschheit mit Corona manipuliert habt!“

„Jetzt mach aber halblang!“, setzt der Politiker entgegen. – „Was? Das ist eure Methode, nur die Hälfte von dem zu sagen, was richtig ist", ärgert sich der Philosoph. „Über solche Halbwahrheiten ist der Mensch natürlich leicht in jedes Dilemma zu manövrieren. Wäre er noch auf echt religiösem und philosophischem Wissen gegründet, wüsste er, ahnte er zumindest, dass sein Leben grundsätzlich nach einer gewissen höheren Ordnung und somit auch zeitlich bemessen ist. Dann könnte ihn nicht jede äußerliche Bedrohung für seine physische Existenz in Panik versetzen. Du weißt genau, wenn einer sterben muss, dann muss er sterben, da hilft keine Impfung, kein Medicus. Genauso andersherum, wenn einer noch seine Lebenszeit hat, dann hat er sie bis zu dem unveränderlichen Zeitpunkt, da kann kommen, was will, Pest und Cholera, Krieg und Corona. Die Angst vor dem Tod ist doch nur ein billiger Trick deiner Zauberlehrlinge."

„Determinismus! Aberglaube pur!", schimpft da die Lüge und argumentiert: „Kein Wissenschaftler wird das heute noch bestätigen ..." – „Hör doch auf!", fällt ihr der Philosoph ins Wort, „gerade die Wissenschaftler sind heute auf einem Auge blind, von Lobbys und Politik finanzierte Fachidioten, die dir, wenn Erfolg, Bezahlung und Prestige gesichert sind, die Gutachten in jede gewünschte Richtung ausstellen." – „Das Gutachten ist ein wissenschaftliches Produkt, ein begründetes Urteil eines Fachmanns, ein ...", betont der Politiker – „Alles Blabla", unterbricht der Philosoph und erinnert den Politiker daran: „Was haben denn deine Zauberlehrlinge zu ‚Corona' über dieses Maskentragen nicht alles fabuliert! Das war ja nur noch lächerlich, blamabel. Anfangs sagten sie, was sie herausgefunden hatten, dass die Masken vollkommen unwirksam sind, da diese Kleinstviren durch die Gewebefasern wie durch offene Fenster hindurchfliegen ..." – „Na ja, nach der heutigen Nanotechnik müsste man das zugeben", räumt der Politiker ein. – „Aber dann, als das große Geschäft kam, was war dann?" fragt der Philosoph provokativ nach. Der Politiker beschwichtigt: „Das Geschäft, nicht wahr, das darf man doch nicht aus dem Auge verlieren, und etwas bringen die Masken schon, das darfst du mir glauben."

„Du glaubst doch den Gutachten, die daraufhin wie Pilze aus dem Boden schossen und öffentlich finanziert wurden, selber nicht", wirft der Philosoph dem Politiker vor und kommt in Fahrt: „Und mit psychologischer Hinterhältigkeit ordneten deine Zauberlehrlinge das verpflichtende Tragen dieser sinnlosen Maskierung unter Einforderung der Solidarität an. Das ist perfide, mein Lieber! Das muss schon einmal deutlich gesagt werden. Genauso verlief das ja mit den Tests ..." – „Zumindest ein gutes Geschäftsmodell", unterbricht der Politiker, „über diese Cleverness musste ich selber staunen: Zuerst Massentests, davon bekommst du die Fallzahlen ..." – „Alles intransparent!", fällt der Philosoph dazwischen, lässt den Politiker aber weiter argumentieren: „... und nach Tests und Fallzahlen kommt dann das Impfen und du kassierst ab."

„Dazu die Gehirnwäsche über die Massenmedien", setzt der Philosoph fort. „Wenn die nicht Tag und Nacht getestet hätten, hätte gar keiner gemerkt, dass es Corona gibt." Im Weiteren tischt der empörte Philosoph die „unlauteren Methoden" auf, mit denen über die Polymerase-Kettenreaktion der PCR-Tests jederzeit die gewünschten Ergebnisse herbeigetestet werden konnten. Grundsätzlich wirft er den Politikern als „Zauberlehrlingen der Lüge" vor, dass sie vorgaben, über Tests Infektionen zu diagnostizieren, obwohl sie im Höchstfall eine Gensequenz, also Virusbruchstücke, feststellen könnten. Da sei überhaupt keine Übertragbarkeit abzuleiten, daraus habe sich aber kinderleicht diese Corona-Dauerwelle provozieren lassen.

Keinen interessierten mehr die wahren Hintergründe. Ansätze hätten sich schon bei der hausgemachten Rinderseuche BSE erwiesen. Sie sei nur durch die skrupellose Futtermittelindustrie mit dem Verkauf von Tiermehl für Kühe aufgetreten. Danach die Vogelgrippe, fahrlässig in Kauf genommen durch Massentierhaltung. „Und dann Covid!", folgert der Philosoph. „Nichts Besseres hätte der Politik und Pharmaindustrie passieren können. Die einen, bereits auf dem absterbenden Ast, waren wieder an der Macht und nutzten die Krise mit diktatorischen Zügen aus, die anderen haben mithilfe von Politik und Medien eine nicht so bald versiegende Goldgrube aufgetan. Und nicht nur die! Die einen wurden ruiniert, die anderen scheffelten das Geld."

„Wenn die Leute Angst haben, muss man ihnen beistehen", entgegnet die Lüge. „Wie viele haben mit negativen Tests wieder ruhigen Gewissens ihre Termine wahrgenommen! Wie viele haben nach der Impfung wieder ein normales Leben führen dürfen!" – „Wie lange noch!", kontert der Philosoph. „Davon haben selbst deine Zauberlehrlinge keine Ahnung, wie sich das Einbringen dieser Nukleinsäuren auswirkt." – „Impfen hat die Menschheit schon oft vor schlimmen Katastrophen bewahrt", rechtfertigt die Lüge. – „Ja", gibt der Philosoph zu, doch damit sei die moderne mRNA-Impfung mit messenger-Ribonukleinsäure keinesfalls vergleichbar: „Das ist und bleibt eine gentechnische Veränderung! Eine Manipulation des Körpers! Bisher wurden in traditionellen Impfungen nur inaktivierte Bestandteile verabreicht. Das sind hochkarätige Stimuli, die eine Antigenbildung bezwecken sollen, gleichzeitig aber das bestehende Immunsystem ruinieren können. Schlecht könnte einem werden, wenn man daran denkt, dass die nicht einmal davor Halt machten, die Gesundheit der Kinder aufs Spiel zu setzen."

„Aber, Herr Professor!“ beruhigt die Lüge den sich ereifernden Philosophen. „Wir verfügen über eine hochwertige Medizin auf höchstem technischem Standard. Die wird das alles in den Griff bekommen. Was schimpfte man früher über Impfungen – und? Sie entwickelten sich zum Segen der Menschheit.“ – „Die haben schon zu vieles im Griff! Naturheilung und Homöopathie haben sie auch abgewürgt.“ – „Die Zeiten ändern sich“, hält die Lüge entgegen. „Wo kämen wir denn mit Ihren Gesundheitsaposteln und Weltverbesserern hin? Wir leben mittlerweile im 21. Jahrhundert.“ – „Falls Sie das nicht mitbekommen haben, Mr. Lüge, bin ich für Veränderungen nicht anfällig“, schimpft der Philosoph. „Wahrheit ist Wahrheit und Wahrheit bleibt Wahrheit.“ – „Na, na, seien Sie da nicht so determinierend und berücksichtigen Sie den hohen Status der Metamorphose: Tempora mutantur et nos mutamur in illis[49]“, meldet sich die Wahrheit wieder zu Wort. Der Philosoph winkt ab: „Für mich ist es schlichtweg deprimierend, wenn ich sehe, dass sich die Spezies homo sapiens derzeit en gros wieder zurückentwickelt. Das hat doch dieser Corona-Fall eindeutig bewiesen. Es gab manch hoffnungsvolle Ansätze von der griechischen Philosophie über die Aufklärung bis zum Idealismus. Dazwischen immer wieder diese Abstürze, in denen der Mensch seinen individuellen Geist ausschaltete und der Massensuggestion des Kollektivdenkens verfiel, zuletzt im Dritten Reich – und dann mit Corona, da war es mal wieder so weit. Alle sollen das gleiche denken, was ihnen Medien und Politik vorsagen. Wehe, es wagt einer, einen eigenen Gedanken zu fassen, den Vorhang zu heben und hinter die Machenschaften zu schauen, der wird geächtet, für gesellschaftsunfähig erklärt und mit lebenslänglichem Lockdown kaltgestellt.“

4. Kaderphilosophie im Banne der Weltanschauung

Viele Wahrheiten bleiben uns ein Leben lang unaufgedeckt. Es gibt aber auch solche Unwahrheiten, die in aller Öffentlichkeit zur Demaskierung gezwungen werden. Schauen wir einmal auf den Kommunismus, das DDR-Regime und speziell der dazugehörigen Weltanschauung des Marxismus-Leninismus! Von ihr erfuhr auch die Philosophie jenseits der Mauer ihre Prägung. Die Werke der einstigen „Kaderphilosophen" erkennt man heute noch an dem Vorwort in den Büchern aus dieser Zeit. Sie waren obligatorisch aus einem Lenin- oder Marx-Zitat gebildet. Kaum einer der Lehrenden konnte sich davor drücken, nicht als „Marxist-Leninist" aufzutreten. Das glückte wenigen, die in der noch verbleibenden „bürgerlichen" und „spätbürgerlichen Philosophie" ein Nischendasein fristeten. Die „bürgerliche Philosophie" umfasste die Antike bis zur Neuzeit, die „spätbürgerliche" behandelte zeitgenössische Philosophie. Nur einer schien gelassen zu bleiben, als ihm die Frage gestellt wurde, was denn von der DDR-Philosophie einmal zurückbleiben werde. Er gab spontan frank und frei heraus: „die Gesamtkosten".[50]

Bis 1990 lehrten 30 Professoren in der DDR. An fünf Universitäten gab es eigene „Sektionen für marxistisch-leninistische Philosophie". Aber nicht nur sie stuft Rüdiger Zill als „Staatsdiener" wie Soldaten und Polizisten ein, das galt für Philosophen „hüben wie drüben".[51]

Einen plastischen Eindruck erhält man vom Selbstverständnis einstiger DDR-Philosophie, wenn man zum Beispiel ein philosophisches Wörterbuch aus dieser Zeit durchblättert, so das von Georg Klaus und Manfred Buhr.[52] Es erlebte seit 1964 sieben Auflagen und bezeichnete sich selbst als „erstes seiner Art", das auf marxistisch-leninistischer Grundlage aufbaue. Grundlagen bildeten die Werke von Marx, Engels und Lenin, die Dokumente der Sozialistischen Einheitspartei Deutschlands (SED), der Geschichte der Philosophie, „insbesondere der Kommunistischen Partei der Sowjetunion".

So nahm diese „Staatsphilosophie" Begriffe wie Geist, Gedächtnis, Gemüt, Genie, Gewissen, Gnade, Gott, Gottesbeweis, Grenzwissenschaft etc. gar nicht in ihren Katalog auf. Nicht die Erkenntniserweiterung oder Wahrheitsfindung stand im Mittelpunkt, sondern der Sieg des Kommunismus. Dazu versicherten die Autoren, die Intelligenz werde aufhören, eine besondere soziale Schicht zu sein. Demgegenüber würden jedoch die „körperlich Arbeitenden" kulturell und technisch das Niveau der Geisteswissenschaften erreichen – wer weiß, was man sich darunter vorstellte.

Für dieses Nachschlagewerk zählte laut Programm der KPdSU nur der Kommunismus als Ordnung, mit der „die besten sittlichen Eigenschaften des freien Menschen zur Blüte gelangen und zur vollen Entfaltung kommen". Wie hoch der Stellenwert der Freiheit wirklich war, darüber erübrigt sich jede Diskussion.

Die Weltanschauungspropaganda machte auch vor so gediegenen philosophischen Begriffen wie Kants „Ding an sich" nicht Halt. Kants Lehre verpasste man „sozialökonomische und gesellschaftlich-historische Wurzeln", da sie auf der „warenwirtschaftlichen Durchdringung der ganzen Gesellschaft im Kapitalismus" beruhe.

Die Studenten hatten eher einen Gräuel davor. Sibylle Tscharr, damals an der Ingenieurschule für Chemie in Berlin, erinnert sich: „Ich muss gestehen, dieses Fach war bei uns Schülern mehr als unbeliebt, weil es mit sozialistischer Propaganda in Zusammenhang gebracht wurde, und so wie es gelehrt wurde, war es das am Ende auch. Ich glaube, bereits in der 8. oder 9. Klasse wurden wir mit dem Marxismus, Leninismus, sowie dem dialektischen und historischen Materialismus konfrontiert. Es sollte bis zum Abschluss meines Studiums mein ‚ständiger Begleiter' sein." Stets sei es darum gegangen, dass Marx, Engels und Lenin über den Sozialismus die einzig gerechte Gesellschaftsform ausführten.

„Wie die Zusammenhänge genau waren", so Sibylle Tscharr, „kann ich heute nicht mehr sagen, es war komplex und für mich damals unverständlich." Inhalte von Hegel, Kant seien nicht gelehrt worden: „Es ging stets nur darum, dass Marx und Engels in Deutschland und Lenin in Russland oder in der Sowjetunion, wie es damals hieß, den Sieg des Sozialismus über den Kapitalismus propagiert haben." [53]

Das „Problem Hegel" in der damaligen DDR untersuchte Camilla Warnke. Die DDR-Philosophen hätten sich als „Erben des deutschen Humanismus" bezeichnet. Dazu Namen wie Herder, Kant, Fichte und Hegel genannt. Der Westen pflege den „bürgerlichen Humanismus", eine „rein geistige Bewegung einer dünn hochgebildeten Schicht", die sich „eher kontemplativ" verhalte. Demgegenüber wolle man in der DDR einen eigenen „kämpferischen Humanismus", der „die Forderungen dieser Geistesgrößen zu den Forderungen des Volkes" mache, „um die hohen Menschenrechte vom Himmel herunter auf die Erde zu holen". Und so stritt man denn, ob Hegel ein progressiver, von den Marxisten zu beerbender humanistischer Denker gewesen sei, oder ein Reaktionär. Im Hintergrund sahen die DDR-Philosophen zunehmend die Gefahr einer ideologischen Fremdbestimmung durch die offizielle Sowjetphilosophie.[54]

Stalin persönlich mahnte, dass die Dialektik von Marx und Engels nicht mit der Hegels identisch sei: „In Wirklichkeit haben Marx und Engels der Dialektik Hegel nur den ‚rationellen Kern' entnommen, die Hegelsche idealistische Hülle jedoch beiseite geworfen." Unter vollkommener Verkennung der geistigen Dimension in Hegels Philosophie warfen ihm die DDR-Kaderphilosophen mit der „Großen Sowjetenzyklopädie" reaktionäre Ansichten vor und Feindseligkeiten gegen die Volksmassen. Seine dialektische Methode sei vom idealistischen System erdrückt worden.[55] Für die Entwicklung des dialektischen Denkens erkannte man ihm einen entscheidenden vormarxistischen Beitrag zu. Walter Ulbricht wollte „viele Gedankenschulen miteinander wetteifern lassen". Darin sollten aber nicht alle Blumen erblühen. Es brauche eine „richtige Zuchtwahl der Blumen". Einlass für die Philosophen gestatte die DDR nur noch über die Parteizugehörigkeit.[56]

Für die DDR galt nur die Alternative bürgerliche oder sozialistische Ideologie. Das Ende war abzusehen, wie Guntolf Herzberg in „Die Welt" veröffentlichte: „Kern des Problems ist, dass mit dem Untergang der SED-Herrschaft im Herbst 1989 auch die sie legitimierende Ideologie – der Marxismus-Leninismus, der sich als wissenschaftliche Weltanschauung bezeichnete – in eine Existenzkrise geriet." [57] Nach der Wende hätten die einstigen Kaderphilosophen den Marxismus wie ein lästiges Korsett abgeworfen und aus dem dialektischen Materialismus die „theoretische Philosophie" benannt und aus dem historischen Materialismus die „praktische Philosophie".

Man erkennt im Rückblick heute sehr wohl, wie befangen die DDR-Philosophie in ihr Weltanschauungskorsett verstrickt war, und respektiert ihre Befreiung aus dem sozialistischen Dogmatismus. Meist aber bleibt man bei dieser ersten Negation im Hegelschen Sinne stehen und vergisst die Konsequenz, wie wir sie auch schon in der „Dialektik der Lebenspraxis" beobachteten. Wohin emanzipierte sich denn die einstige DDR-Philosophie? In die Freiheit der Wissenschaft? Dazu konnte sich im Banne der neuen westlichen Suggestion keiner aufraffen. Die Kaderphilosophen blieben Kaderphilosophen: Sie stülpten sich nach Ablegen des marxistischen Weltanschauungskorsetts das westliche Weltanschauungskorsett des Materialismus über, das heute global dominiert.

Im Rückblick trifft die marxistischen Kaderphilosophen der Vorwurf, einer „wissenschaftlich sterilen, moralisch kreditlosen und politisch abhängigen Ideologie" gedient zu haben.[58] Dasselbe trifft auf die aktuelle Philosophie zu. Sie verdingt sich vor allem in der Moralphilosophie für viele Branchen wie Bioethik, Umweltethik, Technikethik und Firmenphilosophie. Man treibt Philosophie für Kinder, Frauenphilosophie, verharrt meist jedoch unter der Weltanschauungsdoktrin des Materialismus. Dadurch setzt sich die Philosophie wie die moderne Wissenschaft das Fundament des Physisch-Materiellen. Mit diesem Ausgangspunkt kann sie ihren empirischen Maßstab ansetzen, wo sie will, sie wird nie zur Wahrheit gelangen – es sei denn zu Teilwahrheiten und technischer Evidenz –, da sie nicht einmal im Bilde ist über die Herkunft ihres Fundamentes, auf das sie baut. Das Weltall erzitterte durch den Urknall, der alles ausspuckte, aus dem dann Mensch und Natur entstand? Dem unbewusst durch die Savannen streifenden Anthropos der Urzeit blinkte in plötzlicher Emergenz der Intellekt im Gehirn und er mutierte zum Homo sapiens? Diese Logik haftet auf dem Boden der sprichwörtlichen Milchmädchenrechnung.

So benötigte die Philosophie für ihre vollkommene Mutation, ihrem endgültigen Wechsel aus der DDR-Diktatur die zweite Stufe, nach Hegel die Negation der Negation: Sie lehnt die einseitig marxistische Ideologie ab, sie findet zur allgemein geltenden materialistischen Wissenschaft und verneint auch sie als einseitige Ideologie. Die Synthese führt dann nicht nur in einen bloßen Reduktionismus zum klassischen Idealismus zurück, sondern verbindet diesen geistorientierten Erklärungsweg aufgrund logischer und wahrheitsfundierter Übereinstimmungen mit den Erkenntnissen der Geisteswissenschaft im Sinne Rudolf Steiners und Heinz Grills.

Dazu braucht es Mut, Zivilcourage, die damals wie heute oft fehlen. Mit dieser Zivilcourage müsste sich auch die heutige Philosophengeneration aufraffen, die Fenster der Universitäten wieder für den Geist zu öffnen. Verliert sie denn nicht ihr Publikum, wenn sich Tendenzen einnisten, die den „Homo sapiens" über Smartphone zum medien-gegängelten Kollektivgläubigen degenerieren, wenn sich Presse und Medien als Propagandamagd verkaufen, wenn die Politiker den Bürger vom verantwortungsvollen Kosmopoliten mit geistigem Ursprung in ein hochentwickeltes, aber nicht mehr eigenvernünftig reflektierendes Wohlstandstier umerziehen, wenn die Kirchen aus Gott- und Seelenvergessenheit in Angst und Kollektivgeist – wie wir es bei Corona gesehen haben - die Kirchenportale schließen?

Antigone steht nicht wieder auf. Wir erinnern uns: Sophokles[59] lässt in dieser Tragödie aus seiner „Thebanischen Trilogie" mit „König Ödipus" und „Ödipus auf Kolonos" menschlich-göttliches Ethos und staatliche Gesetzesnorm aufeinanderprallen. Im Krieg der Sieben gegen Theben hatten zwei verfeindete Brüder gegeneinander gekämpft. Der eine, Eteokles, hatte die Stadt verteidigt und war dabei gefallen. Der andere, Polyneikes, fiel ebenso, aber auf der Seite der Angreifer. So ließ der Herrscher Kreon den Verteidiger bestatten, den Angreifer aber unbestattet vor den Toren der Stadt liegen, um ihm den Einzug in das Totenreich zu verweigern. Jedem, der Polyneikes die letzte Ehre im Grab erweisen wollte, drohte der Stadtfürst mit der Todesstrafe.

Das ruft Antigone, die Schwester der beiden Gefallenen, auf die Bühne. Sie widersetzt sich, bestattet den Bruder und widerspricht dem Machthaber. Nicht die Götter hätten dieses Bestattungsverbot verhängt, sondern er, ein Mensch: „So groß schien dein Befehl mir nicht, der sterbliche, dass er die ungeschriebnen Gottgebote, die wandellosen, konnte übertreffen." An ihnen habe sie sich nicht schuldig machen wollen. Sie handle nach dem göttlichen Recht, sterben müsse sie so oder so, „auch ohne deinen Machtspruch".[60]

Die Zuspitzung zur persönlichen Dramatik erfolgt nach Hegel durch die konflikthafte Sittlichkeit des Staates. Zwei Formen träfen aufeinander: Die Norm des Staates, das „positive" (gesetzte) Gesetz, und die Norm der Familie und Verwandtschaftsbande, die auf dem ungeschriebenen göttlichen Gesetz beruht. Das Heilige, Innere, der Empfindung Angehörige, gerate mit dem Recht des Staates in Kollision.

Diese Kollision tritt immer dann auf, wenn der Mensch sich seiner eigenen Vernunft bedient. Der „brave" Bürger identifiziert sich mit der Gemeinschaft unmittelbar, ohne reflektierenden Abstand. Er ist dem Kollektivdenken verhaftet und nimmt die Vorgaben „von oben" eins zu eins für bare Münze. Dagegen wendet sich der aktive Bürger, wenn er seine geistigen Fähigkeiten in Anspruch nimmt. Goethe zitiert hierzu die „schöne Seele" der Protagonistin Antigone: „Alles Edle ist von stiller Natur und scheint zu schlafen, bis es durch den Widerspruch geweckt und herausgefordert wird.“ [61]

Zu diesem Widerspruch hätte die damalige Kaderphilosophie der DDR, die materialistische Weltanschauungsphilosophie der Postmoderne und schließlich jeder der vernünftigen Reflexion fähige Mensch längst erwachen müssen.

5. Rabenväter und Diebe

Die Unwahrheit schlich sich vermehrt in die Alltagspraxis ein. Aus den zahlreichen Beispielen griff Bildungsreferentin Marianne Roider in einem Vortrag den „dramatischen Schicksalsverlauf“ heraus, der sich aus lügenhaften partnerschaftlichen Beziehungen ergeben kann.[62]

„Ein junger, gutaussehender, lebensfroher und dynamischer Mann verliebte sich während seines Lehrerstudiums in eine Kollegin.“ Diese introvertierte Person habe an einem „eingegrabenen tiefen Hang zur Depression“ gelitten, sei jedoch schnell „unfreiwillig“ schwanger geworden. So habe sie auch ihre letzte Lehramtsprüfung nicht mehr abgeschlossen. Marianne Roider weiter: „Sie heirateten und bekamen bald zwei Söhne. Während er schnell Karriere als Rektor einer großen Schule machte, schlug sie sich ziemlich mühsam und frustriert mit den beiden Buben erzieherisch durch. Er begann bald eine zunächst wohl heimliche Affaire mit einer sehr attraktiven, weiblich-sinnlichen, aber auch schulisch vorbildlichen Kollegin. Sie war ebenfalls verheiratet mit einem sehr erfolgreichen Doktor des Steuerrechts. Die Ehe war kinderlos.“

Diese Beziehung habe sich über Jahre gehalten. Offen habe keiner etwas gesagt, aber hinter dem Rücken wussten alle davon, „wohl auch die Partner der beiden". Die unwahren Beziehungen gründeten auf finanziellen und gesellschaftlichen Bindungen, aber auch auf der Schwäche der Frau des Lehrers: „Alle Beteiligten spielten diese zerstörerischen, abwertenden Betrügereien mit."

Der unlautere Boden habe bald schlechte Früchte getragen: „Zuerst beging der älteste Sohn, selbst verheiratet mit einer ebenso vorbelasteten Frau, Selbstmord. Der andere Sohn wurde depressiv, heiratete kurzerhand seine Therapeutin und verschwand damit für immer aus dem Leben der Eltern: Sie wissen nicht, wo er sich aufhält. Der Mann der Geliebten des Lehrers starb an einem Herzinfarkt. Sie war kurz nach ihrer Pensionierung an der Leber erkrankt und nach Transplantation mit schwerem zweijährigem Leiden im Alter von 69 Jahren verstorben."

Das „zerbrochene Ursprungspaar", so Marianne Roider weiter, hätte eine „ehrliche Chance gehabt, ihre wirklichen Verhältnisse zu klären". Der „seelische Tod" sei in diesem Beziehungsfall dem körperlichen stets vorangegangen. Die an dieser Lebenslüge Beteiligten hätten das Recht, „ja sogar die Pflicht gehabt, die Verhältnisse zu klären, um ihr Leben nicht zu verwirken und sich den auflösenden Fremdbestimmungen zu überlassen". Nur der Mensch sei es, der ordnen und verwandeln könne. Zu bedenken gelte es schließlich, dass die Lüge bis ins nachtodliche Leben destruktiv wirke. Sie entziehe dem Menschen den natürlichen Boden und bewirke schwere Schicksalsverläufe.

Ähnlich liegt die Wahrheit bei Besitzverhältnissen verborgen unter der Oberfläche. Schon das römische Recht differenzierte zwischen Eigentum und Besitz: „*Nihil commune habet proprietas cum possessione*" (Eigentum und Besitz haben nichts gemeinsam).[63] Die Römer hatten schon sehr detaillierte Beschreibungen über den Besitz, ob als Käufer (*pro emptore*), als Empfänger eines Geschenks (*pro donato*), eines Legats (*pro legato*), einer Mitgift (*pro dote*), als Erbe (*pro herede*) oder „für sich selbst" (*pro suo*). Diese Unterscheidung der römischen Juristen zog in alle europäischen Gesetzestexte ein. So reden wir heute von Inhabern und Besitzern, von selbständigem und unselbständigem Besitz. Der Mieter einer Wohnung ist rechtmäßiger Besitzer, aber nicht Eigentümer. Der Dieb ist unrechtmäßiger Besitzer, keineswegs Eigentümer.

Die Wahrheit über Besitzverhältnisse auf der Oberfläche kann praktisch geklärt werden und führt nicht selten zu Streitereien vor Gericht. Diese Ordnung, die „der Mensch durch seine Mentalität und Vitalität bewirkt, findet sich in allen Teilen wieder", bemerkt Heinz Grill in seinen Betrachtungen über das „materielle Werteempfinden" und verweist damit auf die nächsthöhere seelische Dimension.[64] Der Gedanke sei der bleibende Teil, in dem das Wertgefüge zu finden sei. Ein erstes Beispiel nennt er mit zwei Handwerkern, die etwas anfertigen. Es werde sich jeweils die Individualität des einzelnen Menschen in dem Handwerksstück widerspiegeln: „Der Gedanke, mit dem der eine Handwerker herantritt, spiegelt sich wider in dem Ergebnis und so, wie der andere herangeht, wird sich der entsprechende Gedanke seiner Persönlichkeit ebenfalls ausdrücken ... So ist es ganz entscheidend, welche Gedanken die Handlungen begleiten." Wenn nun die Besitzverhältnisse durcheinander kommen, dann führe das „unter Umständen zu Spannungen und erheblichen Störungen innerhalb der menschlichen Emotionen, die schließlich sogar in der Folge Krankheiten verursachen können ..."

Der Mensch sei die Instanz für die irdische Ordnung. Diese gerate jedoch häufig durch Vertauschen von Besitzverhältnissen und Urheberrechten in Unordnung, „die nicht in der irdischen Ordnung angemessen sind“. Das stelle sich schon bei Geschenken ein, die nicht nur in lauterer Absicht überreicht werden, sondern mit Hintergedanken auf irgendwelche Wünsche. Zu den „Verkehrungen“ zählt nach Heinz Grill, wenn jemand beispielsweise ein Buch von ihm stehle. Dann sei er mit diesem Inhalt verbunden, ob er nun „positiv oder negativ handelt“. Er werde allein durch den Besitz dazu angeregt, sich in der nächsten Inkarnation mit diesen Inhalten „intensiver, vielleicht auf etwas wackeligen Wegen“ zu verbinden.

Die Ordnung im Irdischen sei nicht wirklich zu stören. Mein und Dein gäbe es im Irdischen. Der Yoga sage, Mein und Dein gibt es nicht wirklich, „aber so wie es eine Ordnung gibt, eine Ordnung beispielsweise, dass der Kosmos ein genau bemessenes Menschenbild schafft, so gibt es auch eine Ordnung und ein innerstes Wertgefüge vom Menschen zur Materie“.

Die Ordnung des Besitzes repräsentiere eine Wahrheit der irdischen Welt, die durch Diebstahl oder Veruntreuung nicht mutwillig gewechselt werden dürfe. Der Mensch sei hier zur Verantwortung aufgefordert, um neben der irdischen Ordnung mit verschiedenen Besitzverhältnissen auch „das Maß der Seele“ zusammenzuhalten. Dahinter stehe die kosmische Ordnung. Ein Vertauschen störe „innerste Kompetenzen“, irritiere das Ich-Gefühl. Dem entgegen stünden alle Habgier, das „reißerische Horten“ und „eigenartige Umfunktionalisieren der irdischen Gegenstände“.

So fänden viele „keine wirkliche Beziehung zur Materie“ und nähmen „Materie als belanglose, nichtssagende Durchgangsstelle des Lebens". Die Materie brauche eine Wertschätzung dadurch, dass sie der Mensch forme und ihr seinen Wesensausdruck hinterlasse. Damit hinterlasse er sein ganzes inneres Dasein in der Materie und drücke ihr von verschiedensten Gedanken und Gefühlen seinen Stempel auf. Anschaulich lässt Heinz Grill die Parallele von Wertschätzung und Besitz in dem Beispiel des ausgeliehenen Autos werden. Nimmt man kurzerhand das Auto des Freundes, fährt man eventuell forscher in die Kurven. Es ist ja nicht unser Wagen. Die zusätzliche Abnutzung der Reifen verursacht dem Freund Mehrkosten. „Wer so denkt, denkt sehr materialistisch", folgert Heinz Grill.

Er missachte, dass er dem Freund auf innige, seelische Weise verbunden ist: „Das Miteinander bleibt vielmehr übrig, nicht das Auto. Das Auto ist einerlei, das ist tatsächlich eitle Durchgangsstelle des Lebens, aber es ist jene interessante Durchgangsstelle gerade für den Prozess, dass ihr euch miteinander begegnet und einen inneren, seelischen und moralischen Austausch miteinander pflegt. So werdet ihr plötzlich bemerken, wenn ihr das Auto gut in Ehren haltet, dass ihr damit den Freund in Ehren haltet. Wenn ihr das Auto wertschätzt, dann schätzt ihr auch den Freund wert. Oder könnt ihr das Auto achtlos und gedankenlos behandeln und den Freund wertschätzen?"

Ehrliches Verhalten erfährt in dieser Abhandlung über das „materielle Werteempfinden" zusätzlich eine „kleine Geschichte aus Indien" zur Thematik „Räuber, Wahrheit, Ehrlichkeit".[65] Ein Räuber, der schon des Öfteren im Gefängnis sitzen musste, trug eine „gewisse Sehnsucht zum geistigen Leben" in sich, wollte in die Selbstverwirklichung, „in die Erfüllung des Lebens aus der Seele". So wandte er sich an einen Eingeweihten, der ihn nach seinen Tugendkräften fragte. Der Räuber gab zu, er habe keine, höchstens Untugenden: „Die erste Untugend ist, dass ich einbrechen gehen muss, die zweite Untugend ist, dass ich lügen muss, denn sonst werde ich immer wieder ins Gefängnis geworfen und die dritte Untugend ist, dass ich Alkohol trinke. Alkohol muss ich trinken, damit ich tagsüber schlafen kann, um die Aufregung etwas niedriger zu halten, denn in der Nacht bin ich ja am Arbeiten."

Das sei nicht leicht, räumte der Eingeweihte ein und riet dem Räuber, wenigstens eine Untugend durch eine Tugend zu ersetzen: „Dann wird dir schon eine erste seelische Gabe zuteil." Der Räuber überlegte: Ohne Einbrechen habe er kein Auskommen, ohne Alkohol keine Ruhe, da bleibe nur, die Lüge zu lassen: „Auf diese Untugend werde ich verzichten." So ging er bald darauf wieder seiner Arbeit nach, kletterte über einen Balkon in das Schloss eines Grafen. Da schrie einer: „Halt, wer da?" Der Räuber, seiner neuen Tugend treu, sagte: „Ein Einbrecher." Der „Graf" staunte und sagte zur Überraschung des Räubers: „Das ist gut, ich bin auch einer." Es war also nicht der Graf, sondern ebenfalls ein Räuber, der früher eingestiegen war. Die beiden taten sich zusammen und suchten den Safe. Einer knackte ihn und nahm die drei Diamanten, die drin lagen, der andere hielt Wache. Da sie aber nur zu zweit waren, legte er einen Diamanten wieder zurück. Jeder Räuber erhielt einen Diamanten.

Nun aber wurde der Diebstahl der Polizei gemeldet. Diese fragte den ehrlichen Räuber, wo er letzte Nacht gewesen sei. Er sagte, beim Einbrechen im Schloss, und gab auch den Diamanten als Beute heraus. Ebenso wurde der zweite überführt. Beim Ortstermin wurde nach dem dritten Diamanten gefragt. „Der liegt im Safe", sagte der Räuber. Ein Polizist wurde zum Nachschauen geschickt. Der kam zurück und sagte, da sei keiner drinnen. Der Graf überlegte: Konnte der Räuber, der in allem die Wahrheit gesagt hatte, jetzt plötzlich wieder lügen? Er veranlasste, dass die Taschen des Polizisten untersucht wurden. Da fand man den Diamanten. Er hatte ihn beim Nachschauen an sich genommen.

Schließlich wurde der ehrliche Räuber in den Dienst des Grafen genommen. Er erhielt eine hohe Position. Heinz Grill folgert: „Diese wurde ihm zuteil, weil er die Wahrheit unabhängig von allen Äußerlichkeiten gesprochen hatte. Die Wahrheit unter allen Bedingungen auszusprechen, das ist innerste Kraft, die innerste Aufrichtekraft. Das kann diese Geschichte auf romantische Weise verdeutlichen."

Vor all diesen Turbulenzen, die gestörte Wahrheiten in Besitzverhältnissen auslösen können, fühlten sich die Bürger der Antike durch Hermes, Ἑρμῆς, geschützt. Die Römer verehrten ihn als Merkur. Er hatte viele Patronatsämter und galt als Gott der Diebe, hatte er doch, kaum auf der Welt, seinem Bruder Apollo 50 Rinder gestohlen.

6. Schreckgespenst Tod: verkehrte Grundwahrheiten

Der Tod zählt zu jenen Wahrheiten im Leben des Menschen, die heute am hartnäckigsten tabuisiert werden. Längst verlor der Mensch damit seine natürliche Einstellung dazu, denkt man allein daran, dass es in frühen Jahrhunderten Schriften gab, die den Umgang mit dem Tod lehrten, die *ars moriendi* (Kunst des Sterbens). Nur noch leise erinnert mancherorts der Aschermittwoch beim Auflegen der Asche an ein *memento mori* (Bedenke, dass du sterben musst!). Zum Feiern war es im Gedanken an den Tod noch den Urchristen zumute, die wussten, wohin ein Verstorbener ging. Zum Totenmahl am dritten Tag nach dem Tod zogen sie demonstrativ weiße Festkleider an. Der Apostel Paulus hatte die Devise im Brief an die Korinther vorgegeben: „Lasst uns nicht trauern wie jene, die keine Hoffnung haben!" (Korinth. 4,13)

Je weiter die Menschheit voranschritt, umso mehr verlor sie die Freude über die geistige Auferstehung aus den Augen. Im Mittelalter überwog schon die Angst vor dem Jüngsten Gericht, dem „Tag des Zorns" (*dies irae*).

Heute fehlen dem meist areligiösen Menschen genauso wie dem auf äußere Inhalte beschränkten Kirchgänger die Grundlagen generell, um dem Phänomen Tod begegnen zu können. Wer geht noch im Vertrauen auf das Leben nach dem Tod gelassen durch die Todespforte? Die meisten sind eingeschüchtert. Das bewies die Pandemie, als Politiker, Medien und Mediziner in unverantwortlicher Weise mit dem Schreckgespenst des Todes drohten. Die Kirchen schlossen ihre Tore. Seit Jahrhunderten bildeten die Gotteshäuser den Zufluchtsort für die Gläubigen in schlimmen Zeiten. Jetzt ist der Glaube ausgezogen und der moderne Aberglaube der Wissenschaft eingezogen.

Und nur in Parenthese angefügt: Die Kirche beugte sich vor dem Vorurteil der Medienmeinung auch mit dem Erscheinungsbild der „Heiligen drei Könige", die in Deutschland nach Weihnachten als Sammler unterwegs sind. Man lässt keinen mehr als Mohren schminken. Dabei handelte es sich nach Rudolf Steiner um Kaspar, dem Bewahrer der Kasse und Vertreter einer alten Hochkultur, der sich als Schwarzer dem Melchior als Repräsentant der weißen

Menschheitsentwicklung und dem braunhäutigen Balthasar anschloss.

Der Gläubige anno dazumal war überzeugt, dass ihm sein Leben im vorbestimmten Rahmen verliehen war. Das belegten ihm der Spruch aus den Psalmen Davids „Alle Tage meines Lebens hast du in dein Buch geschrieben – noch bevor einer von ihnen begann“ [66] und das Wort Christi „Wenn ihr aber euer Leben nicht einmal um eine Sekunde verlängern könnt, was sorgt ihr euch um all die anderen Dinge?“ [67]

Das ist dem Bürger der Postmoderne fremd geworden. Er redet vom „schönen Tod“, wenn einer über Nacht „entschläft“ und nie mehr aufwacht, wenn einer von der einen auf die andere Sekunde ins Jenseits befördert wird, ohne etwas mitzubekommen. Denn dann ist es aus mit „Lustig“, kein Kompensieren mehr der Sinnlosigkeit, Vergänglichkeit mit den Annehmlichkeiten des vertrauten Wohlstands. Dieses bittere Ende der Vergnügungsreise „Leben“ will keiner bewusst erfahren. Angesichts dieser Einstellung fragt man sich, ob dieser Mensch die Wahrheit überhaupt wissen will, „ob danach noch etwas ist oder nicht“, also: „Hauptsache, uns geht es gut, gesund bleiben und sich das Essen schmecken lassen und all die noch möglichen Freuden des Lebens genießen!“ Und doch tauchen zu stillen Momenten dann Zweifel auf: Sollte uns denn da noch etwas bevorstehen nach dem Tod? Könnten wir Gefahr laufen, dass wir mit unserer Einstellung zum Dasein doch nicht richtig lagen …?“

Wer versteht da noch Sokrates [68]? Der griechische Philosoph ist wie ein Eingeweihter gestorben, wie alle vor ihm und nach ihm, die wussten, worum es beim Sterben geht. Karl Jaspers [69] folgerte: „Sokrates vor Augen zu haben, ist eine der unerlässlichen Voraussetzungen unseres Philosophierens."[70] Phaidon, einer seiner Schüler und Augenzeuge, erzählte, dass Sokrates durch den Schierlingsbecher hingerichtet worden sei. Offizielle Anklagepunkte bildeten die Asebie, Gottlosigkeit, und die Verführung der Jugend – beide Punkte, soweit der historische Sokrates fassbar ist, haltlos und auf die Praxis des Philosophen gerichtet, der seine Mitbürger zeitlebens für die geistigen Realitäten wachzurütteln versuchte und den Verantwortlichen der damaligen demokratischen Staatsform durch sein kritisches Verhalten ein Dorn im Auge war.

Sokrates lehnte jeden Fluchtversuch ab und akzeptierte das Urteil. Die letzten Stunden widmete er der Philosophie im Freundeskreis, indem er über die Unsterblichkeit der Seele debattierte und dabei auch die Unsterblichkeit der Seele und die Reinkarnation, erläuterte. Der Tod bedeute lediglich die Trennung vom physischen Körper, die Persönlichkeit existiere weiter.[71] So ermuntert er auch in seiner Verteidigungsrede[72] seine Zuhörer, gegenüber dem Tod zu hoffen, „es sei etwas Gutes". Entweder habe man vom Todsein keine Empfindung oder es bezeichne die „Versetzung" und den „Umzug der Seele von hinnen an einen anderen Ort".

Dort werde er dann, so Sokrates zu seinen Richtern auf Erden, die „wahren Richter" sehen. Er freue sich schon, Berühmtheiten zu treffen wie Orpheus, Hesiod, Homer – Begegnungen, die unbezahlbar seien. Das wäre doch herrlich, wenn er sich mit denen dann unterhalte, die ebenfalls durch ein ungerechtes Urteil gestorben sind „und mit dessen Geschick das meinige zu vergleichen": „Das müsste, glaube ich, gar nicht unerfreulich sein."

Für einen guten Menschen, so Sokrates weiter, gäbe es kein Übel „weder im Leben noch im Tod". Ihm sei deutlich geworden, dass das ihm bevorstehende Entledigtwerden aller Mühen momentan das Beste für ihn sei. Die Athener sollten auf seine Söhne aufpassen und ihnen immer wieder das vorhalten, was seine Lebensdevise gewesen sei: „ … dass sie sich um Reichtum oder um sonst irgendetwas“ nicht mehr bemühen als um die Tugend. Wenn sie sich einbildeten, etwas zu sein, aber doch nichts sind, dann sollten sie darauf aufmerksam gemacht werden, wie er eben seine Mitbürger stets wachgerüttelt habe.

Sokrates wusste noch, wo er hingeht. Er hatte noch den Überblick und den Einblick in die Welt der Ideen, wie er es in seinen Dialogen so oft ausführte. Der meist materialistisch ausgerichtete Mensch von heute dagegen kann nach Emil Bock nur zu der Meinung gelangen, dass „der Mensch vom Sterben nichts hat; dass vielmehr der Tod einfach nur einen Verlust und ein Ende bedeutet“.[73] Die Sterbeprozesse begleiten den Menschen aber sein ganzes Leben. Gerade durch den Verlust, dass etwas abstirbt, dass er etwas zurücklassen muss, macht er die Erfahrung, „durch die er im Weltengange vorwärts kommt“. „Ohne den Tod könnte der Mensch in seiner Entwicklung keine wirklichen Fortschritte erzielen. Wir wachsen hinein in diejenige Vollmacht des Geistes über den Stoff …“

Rudolf Steiner vergleicht den Menschen mit einer brennenden Kerze. Durch das Verzehren des Brennmaterials entstehe die Flamme. Der Leib zehrt sich auf. Durch dieses Aufzehren entsteht Ich-Bewusstsein. Aus jeder Hürde, aus jedem Gegenschlag und aus jeder Krankheit geht er gestärkt hervor. Ohne diesen kontinuierlichen Tod würde sich im Menschen das Ich nicht entwickeln: „Wir tragen nicht nur die Kräfte des Wachstums, wir tragen die Kräfte des Todes in uns.“[74]

So erscheine von einem höheren Standpunkt aus alles Leid, das ins Leben einverwoben ist, „als zur Entwicklung gehörig …" Die Wissenschaft heute kann das nicht fassen, da sie nach Steiner ja auch nur mit „vergänglichen Werkzeugen" arbeitet. Damit könne keiner in die „geheimnisvollen Gebiete eindringen", „die jenseits des Todes liegen". Rudolf Steiner: „Aber mit keinem äußeren Werkzeuge kann der Tod erlebt werden, der uns gerade eben die äußeren Werkzeuge abnimmt."[75]

Den Tod kennenlernen wird der Mensch erst, wenn er stirbt. Dann aber schaut er von der anderen Seite als bisher auf das Todesereignis, und das prägt sich ihm als „das Allerschönste in der geistigen Welt" ein, als den „Sieg des Geistes über das Materielle".[76] Diese Grundwahrheit wird heute verdreht, indem Wissenschaft, Kultur, Medien wie Politik nur den Sieg des Materiellen über den Geist gelten lassen, da sie in der Regel den Geist für ihre Lebenswahrheit gar nicht mehr zur Kenntnis nehmen.

Je mehr der Mensch den Bezug zum Geistigen verliert, umso weniger kann er ihn nach seinem Tode ermessen. Viele sterben und wissen nicht, was los ist, landen in hoffnungsloser Dunkelheit. Sie haben das Licht im Leben ausgeschaltet, so leuchtet ihnen auch im Jenseits keines.

Rudolf Steiner: „Der Materialist ist ja doch gerade auf dem Boden stehend, dass er sagt, der ist ein Narr, der nicht so denkt wie er. Es gibt gerade keine größere Intoleranz als diejenige des materialistisch gesinnten Menschen … Früher haben die Menschen gedacht, allerlei Geistiges sei vorhanden, kaum einen Schritt haben sie gemacht im Leben, ohne dass sie überall Geister vermutet oder gesehen haben sogar." Das bezeichne der Materialist aber alles als „eitel Phantasterei".

Das Menschengeschlecht habe jetzt endlich „diese Kindereien abgelegt".

Zu den vergangenen Taten des Menschen zählt aber auch, ob er sich mit der geistigen Dimension, in die er nach dem Tod eintreten wird, beschäftigt hat, oder ob er sie ablehnte. Wer schon auf Erden sein spirituelles Licht anzündete, kommt nachher besser zurecht und muss nicht im Dunkeln tappen. Dazu Rudolf Steiner: „So erwerben wir uns durch die spirituellen Ideen und Begriffe diejenige Weisheit, die wir brauchen, damit wir drüben ein Licht haben; sonst ist alles dunkel. Denn dasjenige, was hier als Weisheit angeeignet ist, ist drüben Licht, geistiges Licht. Weisheit ist geistiges Licht … aber wenn man kein Licht hat, so bewegt man sich weg aus der Sphäre, die man beleuchten sollte, und kommt eben zurück zur Erde und wandelt als Toter als zerstörendes Zentrum auf der Erde herum."[77]

„Je höher und edler wir die Gedankengänge" im irdischen Leben „miteinander verknüpfen", so Heinz Grill, und „je mehr wir sie zu reinen Zweckabsichten erheben und je mehr wir sie in die Gesamtlogik eines kosmisch-göttlichen Weltenplanes hineindenken, umso mehr wird auch unsere Seele nach dem Abscheiden des Leibes mit den Lichtprinzipien des Kosmos Berührung finden."[78]

So kann es dem materialistisch eingestellten Menschen, der den geistigen Zustand im Diesseits nicht anerkennt, passieren, dass er im Jenseits gar nichts sieht und im Dunkeln tappt. Diese Verstorbenen merken dann oft gar nicht, dass sie nicht mehr leben.

Dann jedoch im Nachtodlichen wird dem Menschen der geistige Bezug fehlen, wenn er ihn zeitlebens nicht aufgebaut hat. Er leidet, wie Rudolf Steiner sagt, unter „Begriffshunger". Um das zu vermeiden, müsse er sich „Begriffe aneignen, welche schon hier im Erdenleben sich nicht bloß auf das sinnlich Wahrnehmbare erstrecken, sondern über dasselbe hinausgehen".[78] Je weiter sich die ins Jenseits Gegangenen von der Erde entfernen, umso weniger verstehen sie die Sprache der Menschen. Ein Gemeinsames aber behalten sie: „Denn dasjenige, was Inhalt der Geisteswissenschaft ist, verstehen die Toten so gut wie die Lebendigen. Das wird ihnen auch niemals fremd, den Toten."[80]

Von all diesen Wahrheiten komme der Mensch „durch den Materialismus" ganz ab: „Wir haben uns verloren durch den Materialismus gerade in Bezug auf den Wahrheitsbegriff."

Diese geistigen Erkenntnisse ersehnen die Verstorbenen als Unterstützung wie „geistiges Lebenswasser". Wer denkt aber heute schon an sein Weiterleben nach dem Tode und daran, was er zu Lebzeiten dafür vorbereiten muss? „Die Menschen heute kümmern sich schon darum, dass sie vor ihrem Tod alles ordnen", bestätigt Sanitätshausbesitzer Thomas Sax. Darunter fielen seiner Erfahrung nach jedoch ausschließlich äußerliche, irdische Maßnahmen, dass man eben seine privaten und geschäftlichen Verhältnisse regelt, dass man vermeidet, anderen zur Last zu fallen und Ähnliches.

Diese Menschen, die sich zu Lebzeiten nicht mit geistigen Inhalten befassten und somit kein Licht anzündeten, werden wohl bei ihrem Tod nicht in das Licht, sondern in die Dunkelheit gehen. Da hilft es auch nichts, wenn man zum kirchlichen Begräbnis noch aus dem „Chorus angelorum" das „In paradisum" singt, das bereits 1614 ins Rituale Romanum aufgenommen wurde: „In das Paradies mögen dich die

Engel führen. Die Märtyrer sollen dich bei deiner Ankunft aufnehmen ... du mögest die ewige Ruhe haben."[81]

In einer Zusammenfassung zum „Leben nach dem Tod" auf einer Internetseite stellt sich die Situation der überhaupt ans Jenseits Glaubenden folgendermaßen dar[82]: Laut einer Befragung von 1003 Personen in Deutschland im März 2019 glauben 40 % an ein Leben nach dem Tod; 2005 waren es 45 %. Besonders ausgeprägt ist der Glaube bei Katholiken (53 %) und Protestanten (41 %), während nur 25 % der befragten Konfessionslosen daran glauben.[83] Eine weitere Umfrage vom November 2021 mit 2091 Befragten kam zu dem Ergebnis, dass 31 % der Menschen an ein Leben nach dem Tod glauben; 38 % glauben nicht daran, 26 % gaben „Weiß nicht" an und 5 % gaben nichts an. Frauen glauben zu 36 % und Männer zu 26 % an ein Weiterleben. Im Westen glauben 33 % an ein Weiterleben, im Osten sind es 20 %. Freikirchler glauben zu 53 % an ein Leben nach dem Tod, Katholiken glauben daran zu 39 % und landeskirchliche Protestanten zu 36 %.[84]

Also bleiben von den offiziell genannten Gläubigen und all denen, die darüber einmal nachdenken, nicht mehr allzu viele, die sich über Himmel, Fegefeuer und Hölle Gedanken machen. Der Ausdruck Hölle geht übrigens auf das germanische Wort „Hel" zurück. Die Wortwurzel liegt im „Verhüllen". Man darf nicht sehen, was da passiert. Der Hinweis auf die Hölle stammt unter anderem auch von Christus Jesus selbst. Er spricht von den „Toren der Unterwelt"[85] siebenmal und von „*Gehenna*"[86] zwölfmal. Luther übersetzte mit „Totenwelt" und „Hölle". Daneben taucht der Ausdruck „Feuersee" (*stagnum ignis*) in Johannes' Offenbarung auf. Nicht-Christen, Missetäter oder sogar der Tod als „letzter Feind Gottes" sollten hier nach traditioneller Vorstellung ihr Ende finden. Da herrschen Heulen und Zähneknirschen (*fletus et stridor dentium*). Papst Johannes Paul II. rückte etwas ab von der drastischen Feuerstrafe und ersetzte sie durch das Abstraktum „Ferne von Gott“.

Moderne Theologen interpretieren sie neu, um ihre Religion nicht unattraktiv erscheinen zu lassen. Das ist und bleibt ein schwieriger Standpunkt für die Kirchen, gerade jetzt, wo sie sich mit so vielen aktuellen Themen ihre eigentlichen Aufgaben für das Seelenheil der Gläubigen kompensiert, so Homo-Ehe, Zölibat, Kirche von unten, Missbrauch, Impfpflicht, nichtkonfessioneller Unterricht, Infektionsschutzkonzepte für den Gottesdienst etc. Einige Theologen distanzierten sich bereits von der Hölle. In neueren Bibelübersetzungen kann man einige Stilblüten entdecken, so den Ersatz des Begriffs Hölle durch „Gruftreich“. Bereits 1929 schrieben Martin Buber und Franz Rosenzweig in ihrer Tanach[87]-Übersetzung zu Psalm 86: „Denn groß war über mir deine Huld und du hast meine Seele gerettet aus dem untersten Gruftreich.“ Bei Luther lesen wir noch: „Denn deine Güte ist groß über mich, und hast meine Seele errettet aus der tiefen Hölle.“

Wer versteht heute noch das ernste Anliegen, das eine Bitte der Litanei vom Leiden Jesu ausdrückt, wenn sie wünscht: „Vor einem plötzlichen Tod bewahre uns, o Herr!“? Heute Soll es schnell gehen, und vor allem so, dass man gar nichts merkt. Im Gegensatz dazu mahnten schon die alten Hochkulturen zum Wachsein gegenüber dem Todesereignis. Das tibetanische Totenbuch trägt den bezeichnenden Namen *Bardo Thödol* und bedeutet „Zwischen zwei Welten – die Befreiung durch Hören“. Dem Toten wird vorgetragen und zuerst sein Zustand nahe gebracht, was sich im Originalton der Übersetzung beispielsweise so anhört: „O Edelgeborener, das, was man Tod nennt, ist jetzt gekommen. Du scheidest von dieser Welt ... Klammere dich nicht aus Liebe oder

Schwäche an dieses Leben!“ Es folgen Anweisungen und die Mahnung, nicht vor den grauenvollen Geistern zu erschrecken. Dem Toten wird erklärt: „Du siehst deine Verwandten und Angehörigen und sprichst mit ihnen, erhältst aber keine Antwort. Wenn du sie und deine Familie dann weinen siehst, denkst du: ‚Ich bin tot, was soll ich tun?‘ und empfindest großes Elend, genau wie ein Fisch, der auf rotheiße Kohlenglut geworfen wird.“

Nach den geistigen Erkenntnissen von Heinz Grill weiß die Seele genau, wann es so weit ist, dass sich der Mensch von seinem Erdendasein trennen soll: „Es ist die innerste Seele mit ihrer weisen Stimme selbst, in ihrem Wissen um die Welt und den Geist, die sich in den kritischen Lebensphasen ganz von innen heraus zu einem Abscheiden oder zu einem Weiterleben entscheidet. Solange noch Aufgaben unerledigter Art in der Welt existieren und die Seele nicht alle wichtigen Eindrücke im Aufenthaltsort in einem Körper gesammelt hat, will sie den Körper nicht verlassen.“ [88] Die ersten Schritte der Seele nach dem physischen Tod gestalten sich demnach so: „Mit den letzten Atemzügen lösen sich die Seele und der ewige Geist aus der Körperlichkeit heraus und begehen neue, vom irdischen Leben unabhängige Wege. Der Körper sinkt zurück in die Erde und wird schließlich zu Staub. Die Seele erlebt sich im erleichterten Seinszustand frei und losgelöst von dem Eingeengtsein in einem physischen Körper. Sie erlebt sich in einer ganz anderen Wirklichkeit, da sie durch die üblichen physischen Raum- und Zeitbedingungen nicht mehr begrenzt ist.“

So sei das entscheidende erste Erlebnis die Freiheit von der Materie, bevor es in die neue Dimension des bereits angesprochenen Gerichts hineingeht: „Mit dem Hindurchgehen durch die Todespforte betritt die Seele wahrhaftig ein neues

Land mit unvorhergesehenen Impressionen und befreienden Gefühlen, da sie die Gravitation des Leibes ablegt ... Mit den ersten Tagen des Abscheidens erfolgt die Eingliederung der Seele in die neue Welt, welche die ägyptische Kultur mit dem Seelengericht dargestellt hat. Das Seelengericht wurde in den Hieroglyphen und in der Beschreibung der Totenbücher mit einem Waagebalken dargestellt, auf dem die vergangenen Taten ... gewägt wurden."[89]

Die Reinigung, das Purgatorium, das Fegefeuer, darf man in dieser Phase nicht als Zwang von außen, von oben oder sonst woher denken. Die Seele selbst wünscht sich im neuen Umfeld Klarheit: „Nachdem sich die Seele in ihr eigenes Reich und ihre eigene feinstoffliche Stoffeswelt hineingefunden hat, kann sie sich in der Läuterung erleben. Wie ein Kleid, das Schmutzflecken besitzt, wieder reingewaschen werden möchte, so will nun die Seele von allem Staub, von allen Anhaftungen, allen Begehrensmustern und negativen Charakterhaltungen frei werden. Es ist die Seele in ihrer eigenen feinstofflichen Substanz selbst, die diese Reinheit wünscht."[90] Das bedeutet, dass die Version vom strafenden Gottesgericht etwas ungenau ist: Wir selber wollen, wenn wir gestorben sind, dass wir unser Fehlverhalten auf Erden ausgleichen.

Ein wesentlicher Zug bleibt dabei nach Übereinstimmung der Geistforscher Rudolf Steiner und Heinz Grill, ob sich der Mensch in seinem irdischen Leben mit geistigen Dingen beschäftigt hat oder nicht. Darin liegt heute nämlich in unserer so radikal materialistisch und naturwissenschaftlich ausgerichteten Lebensweise das schlimmste Vergehen, die wahre Sünde des Menschen wider den „heiligen Geist", nämlich seine Abwendung vom geistigen Prinzip. Diese Feststellung schmälert keineswegs den Stellenwert des Materialismus, den die Menschheit zu ihrer Entwicklung ja benötigt, kritisiert jedoch die einseitige Ausrichtung auf ihn – als ob es nichts anderes gäbe.

Ja, was sagen denn die Philosophen zum Tod? Sokrates' Verhältnis kennen wir. Eine klare Definition sieht im Tod „die endgültige Sistierung[91] des Lebensprozesses".[92] Für die Natur gelte der Tod nach dem bekannten Goethe-Spruch als der Hervorbringer des Lebens. Er sei das „Mittel zur Vermannigfachung des Lebens", „ein Kunstgriff der Natur, viel Leben zu haben".[93] Schon in der Antike distanzierte sich der Philosoph Epikur[94] von der Problematik, die Cicero in folgende Worte fasste: „Wenn wir da sind, ist der Tod nicht da; wenn der Tod da ist, sind es wir nicht."[95]

Später präzisierte Schopenhauer diese Sicht: Der Tod treffe das zeitlose Wesen des Menschen nicht. Er sei nur Erscheinung.[96] Für Heraklit[97] galt nur die fließende Grenze für seine vom „Werden" bestimmte Sicht „Alles fließt" („*pantha rhei*"): „Die Unsterblichen sind sterblich, die Sterblichen sind unsterblich."[98] So rücken die Menschen in die Nähe der Götter: Jeden Tag sterben sie ein wenig ihrem Tod entgegen, aber auch in Richtung des Geistwerdens, in ihre Vergöttlichung.

Hegel verdeutlicht uns das menschliche Individuum als negierte Positivität.[99] Das Leben ist gesetzt – der Ausdruck für „positiv"[100] –, aber zugleich negativ gekennzeichnet, da es einmal enden muss. Im Tod negiert sich das Leben, hebt sich auf im Sinne der Auflösung, aber auch im Sinne einer Höherentwicklung. War der Mensch zuvor „Individuum", also wörtlich „unteilbar"[101], geht er mit dem Tod in die Vereinzelung der Bestandteile Körper, Seele und Geist. Er nimmt nicht mehr Teil am Leben. Der Körper einerseits geht seinen

Weg in die Materie, Seele und Geist andererseits verabschieden sich ins Jenseits – die lebenslang bestehende Einheit des „Individuums" löst der Tod somit auf: „Kein Individuum ist, was es an sich sein soll, Leben, sondern es ist als Individuum … auch das Gegenteil davon, nämlich Sterben, Platzmachen für das andere Individuum."

Leben bedeutet somit auch Reproduktion, einerseits die „schlechte, unendliche Reproduktion", mit der immer wieder neue Lebendige, allerdings als Sterbliche negativ „gesetzte" entstehen. Entstehen und Vergehen beinhalte die wahrhafte Einheit, in der sich das Leben an sich reflektiert, um sich schließlich in einer einzigen großen Bejahung aufzuheben. Diese Sicht vermittelt uns der Reinkarnationsgedanke, der allerdings nicht nur Reproduktion, sondern Fortschritt des Lebens bringt. Unter diesen Vorzeichen stirbt nach Hegel ein Individuum nicht seinen Untergang, sondern lebt ihn als Moment seines wahren Selbst. Diese Philosophen sehen den Tod als Gegenteil dessen, als was er allgemein gilt, Untergang, Ende. Für sie wird er zur Lebensaffirmation, Bestätigung und Bejahung des Lebens.

Gerade an der Einstellung, die der Mensch gegenüber dem Tod hat, lässt sich nachvollziehen, wie weit er von der Wahrheit über das Dasein aus kosmologischer Sicht entfernt oder ihr auch nahe ist. Damit beantwortet er für sich ganz privat die philosophische Frage nach Sein oder Nichtsein.

7. Die Demagogen der Demokratie

Eine Problematik auf der Gratwanderung zwischen Lüge und Wahrheit schildert lebhaft und täglich nachvollziehbar das Zauberwort moderner Politik: Demokratie. Allein der Name prägt die Unwahrheit vor, da mit einem Blick auf die gängige Praxis heute die Aussage dieses Begriffs „Demokratie", also *demos*, das Volk, *kratei*, herrscht, als unzutreffend eingestuft werden muss. Wer heute behauptet, das Volk hätte bei all dem, was als politische Wirklichkeit auf die Bürger herunterprasselt, etwas mitzureden, macht sich entweder etwas vor im Sinn politischer Agitation und Augenwischerei oder er verkennt dieses Mitspracherecht, das in der Regel auf einen Minimalakt eines Kreuzchens bei Wahlen beschränkt ist. Der wahlberechtigte Bürger überträgt seine Meinung auf einen Kandidaten, von dem er nicht weiß, ob er je gewillt ist, sie zu vertreten oder ob er überhaupt in seinem Sinne Politik machen wird.

Ein Grundproblem der aktuellen Demokratie wird ständig verschwiegen: Man pocht mit aller suggestiver und medialdemagogischer Macht auf den Bürger ein, sein Wahlrecht auszuüben – garantiert ihm aber nicht, dass kompetente, wahlfähige Persönlichkeiten auf den Listen stehen und zwar in der ihm zusprechenden Couleur von Schwarz bis Gelb. Vielfach liegt die Problematik darin, dass diejenigen, die fähig und integer wären, von einer Nominierung Abstand nehmen. Das kommt auf das Gleiche heraus, wenn man den kaufwilligen Bürger aufforderte, in einem Supermarkt einzukaufen, in dem er nur verfaulte Ware erhält – was Wunder, wenn er von seinem Kaufrecht nicht Gebrauch macht wie der enttäuschte Bürger, der sich für die Nichtwahl entscheidet.

Auf die Diskrepanzen, warum die „Demokratieskepsis" immer stärkere Blüten treibt, wies der Gesellschaftswissenschaftler Burkhard Wehner bereits im Jahre 1992 hin. Er entwickelte ein Konzept für eine „Neokratie", also „Neu-Herrschaft" mit Bürgergeld.[102] Trotz seiner Erneuerungsbestrebungen behielt er diesen zweiten Namensbestandteil der „Kratie", „Herrschaft", bei. Sie ist für unsere Entwicklungsstufe nicht mehr zeitgemäß: Wir müssen uns zu individuell eigenem Denken auch in Politik, Sozialem und Bildung entwickeln, ohne dass wir ständig durch Gesetze, Medienmanipulation und weiteren Regularien gegängelt werden. Diese Tendenzen wirken sich bis in die kleinen Gemeinden auf dem Land aus, wie Bürgermeister Sebastian Linner von Rechtmehring in einem aktuellen Kommentar bestätigt: „Die Demokratie ist eine Superstaatsform. Wenn aber alles reguliert wird, ist das zu viel ‚Kratie', zu ‚kratisch'." Das könne man häufig in den Maßgaben aus Brüssel erfahren.

„Zurück zu den Wurzeln" verspricht hier keine Heilung. Heilsam wäre es jedoch, auf die Praxis der zuerst in der Menschheitsgeschichte ausgeübten Volkssouveränität, der Demokratie der Griechen, einen Blick zu werfen. Sie nahm ihren Anfang als Protest gegen die Tyrannei und gesellschaftliche Ungerechtigkeit. Darin besteht auch das Hauptverdienst der antiken Demokratie, in der Abschaffung der Privilegien der Politik, die in der Selbstherrlichkeit und Eigenwilligkeit der Ausübenden, der Bevorzugung durch Geburtsrecht und Reichtum bestanden. Das Auflehnen der Bürger gegen Intoleranz motivierte also zum politischen Wechsel, zur Demokratie.

An dieser Schwelle stehen wir heute auch wieder. Der Bürger ist in vielem entmündigt, muss sich von den Regierenden Ausgangssperren, Kontaktverbote, Überwachung und permanente Bevormundung durch Massensuggestion über gedruckte und gesprochene Medien gefallen lassen – Zu Corona-Zeiten wollten ihm die Politiker gar das Recht streitig machen, über seine eigene Gesundheit selber zu entscheiden. Wenn wir etwas aus der antiken Situation lernen wollen, heißt das: Der Wechsel ist fällig.

Die Erfolge der antiken Demokratie waren zum Teil Persönlichkeiten wie Perikles[103] zu verdanken, der mit seinem Bauprogramm auch die heute noch bewunderten Prachtbauten, wie die Akropolis verwirklichte. 15 Jahre leitete er die Geschäfte des Staates. Er war von der Präsenz des Geistigen überzeugt. Der Biograph Plutarch teilt uns in seinen Biographien mit, dass er jedes Mal, bevor er die Rednerbühne betrat, zu den Göttern betete, „dass ihm kein unüberlegtes Wort entschlüpfe" – mit dieser Ernsthaftigkeit vergleiche man einmal, was in unserer Politikergeneration dahergeredet und gelogen wird! Zu dieser Praxis passt es dann auch, dass die aktuelle Regierung, auf geistige Unterstützung ihrer künftigen Amtsführung keinen Wert legte und „So wahr mir Gott helfe" wegließ.[104]

In seiner berühmten „Gefallenenrede" rühmt Perikles die Vorzüge der Demokratie. Er konnte noch behaupten, jeder habe vor dem Gesetz die gleichen Rechte. Die aktuelle Tendenz der Jurisdiktion in der Demokratie zeigt uns, dass Recht meist in Anbiederung an den Zeitgeist, Politiker- und Medienwillen erfolgt. Vor dem Hintergrund eines aufstrebenden und öffentlich geförderten Kulturlebens behauptete Perikles: „Ja, wir haben uns auch für den Geist reichliche Erholung verschafft, indem wir Wettspiele und Feste veranstalten, die über das ganze Jahr verteilt sind …"[105] Den Gehalt des Inhalts garantierten neben anderen Dichtern wie Aischylos, Aristophanes, Euripides und Sophokles, Historiker wie Herodot und Thukydides, Philosophen wie Platon, Aristoteles und Sokrates, Künstler wie Phidias.

Da würde der Urdemokrat aus dem klassischen Athen staunen, wenn er sehen könnte, womit sein Kollege in der Postmoderne seinem „Geist Erholung verschafft". Der tauscht den Tag über per Smartphone ulkige Belanglosigkeiten aus und lässt sich abends von den Medien berieseln. Da braucht er nicht viel mitdenken bei seichten Talkshows mit einseitiger Meinungsbildung, bei Vergewaltigung, Mord und Totschlag im Krimi, bei suggerierenden Nachrichten, emotionalen Showevents und zu nicht gerade durch Niveau gezeichnete Comedy-Abenden. Drängt sich da nicht der Verdacht auf, demokratische Politik und moderne Kultur verblassen immer mehr durch marode Dekadenz?

Nach Burkhard Wehner unterliegt der Politiker heute der permanenten Überforderung. Die Folge: Er entscheide irrational und werde darüber hinaus anfälliger für eigennütziges Verhalten. Die Unvernunft, die wahre Entscheidungen blockiert, drücke sich weiter darin aus, dass die Wähler den Abgeordneten mit unvernünftigen Wünschen bedrängten. Wenn er sie nicht erfülle, riskiere er, nicht mehr gewählt zu werden. Daraus könne der mündige Bürger ablesen: „Die bestehende Demokratie schaffte allenfalls eine Illusion von Vernunft ..."[106]

Nicht nur dieser Kritiker fordert seit langem die „grundlegende Erneuerung". Sie laufen gegen eine Wand der Etablierten, die warnend die Hände heben: „Ja nichts ändern an der Demokratie!" Damit regiert es sich am einfachsten, lassen sich die Geschäfte profitabel abwickeln, bleibt der Wohlstand zumindest für die sich immer mehr Bereichernden gesichert, bleibe die öffentliche Meinung über einseitige

Medienpropaganda leicht lenkbar. Und in Ermangelung einer Alternative hebt man die Demokratie in den Himmel, ohne die Lügen auszuräumen, die sich seit Jahrzehnten festgefressen haben.

Weit davon entfernt sind wir, uns überhaupt vorstellen zu können, dass nach dem Modell des griechischen Weisen Platon die Philosophen regieren sollen: „Wenn nicht in den Staaten entweder die Philosophen Könige werden oder die, welche man jetzt Könige und Herrscher nennt, echte und gründliche Philosophen werden, und wenn nicht diese beiden, die politische Macht und die Philosophie, in eines zusammenfallen … dann … gibt es kein Ende der Übel für die Staaten und, wie ich meine, auch nicht für die Menschheit.“ [107] Bei der heutigen Philosophengeneration wäre das wohl auch nicht unbedingt empfehlenswert. Zugegeben, im antiken Athen schillerten die Demagogen auch einerseits als die wörtlichen „Volksführer“, andererseits als die „Volksverführer“. Doch die wurden im Vergleich zu ihren Kollegen der Neuzeit nach ihrer Amtszeit für ihre Taten und Worte zur Rechenschaft vor Gericht gezogen. Wir sind halt gewohnt, nach einer Regierungsperiode die Akteure durch weniger Stimmen „abzustrafen“ und der Konkurrenz das Zepter weiterzureichen. Und dieser Turnus wiederholt sich immer wieder.

Die Demokraten der Moderne sind beratungsresistent. Eben die Pandemie brachte viel Widersprüchliches zutage. Die Politiker und Medien hielten an ihrer einseitigen Strategie „im Kampf gegen Corona“ fest, ohne fachkompetente Gegenpositionen überhaupt zu Wort kommen zu lassen. Kann jemand, der so vorgeht, überhaupt beanspruchen, sich auf dem Boden wahrer Demokratie zu befinden?

Einen Lösungsansatz für die Misere der modernen Gesellschaft erstellte Rudolf Steiner bereits vor über 100 Jahren in der Behandlung der „Kernpunkte der sozialen Frage". Er zeichnete die aktuelle Entwicklung des Bewusstseins nach und stellte damals schon fest: „Die neuere Menschheit hat ein Geistesleben entwickelt, das von staatlichen Einrichtungen und von wirtschaftlichen Kräften in hohem Grunde abhängig ist."[108] Der Wechsel, nämlich die Befreiung von Bildung und Religion aus dem Diktat der Kirche, sei notwendig gewesen. Man forderte die Freiheit der wissenschaftlichen Lehre. Wenn wir von der Existenz des geistigen Zusammenhangs überzeugt sind, müssen wir uns auch für seine Anerkennung einsetzen, denn schon vor 100 Jahren warnte Rudolf Steiner: „Die weitere Beibehaltung dieses Zustandes ist aber ein schwerer sozialer Irrtum."

Nach den „Kernpunkten der sozialen Frage" sollen sich vor allem Bildungseinrichtungen aus der Direktive des Staates befreien, aber auch aus der der Wirtschaft. Inhalte, die Kinder und Jugendliche in ihrer geistigen Entwicklung fördern und dazu beitragen können, dass sie auch als Erwachsene das Leben meistern, dürfen nicht in den Hintergrund treten und ökonomisch orientierten Fähigkeiten vor allem auf technischem Sektor den Vortritt lassen. Wiederum nur eine äußere Haben-Strategie hatten die Befürworter der philosophisch-ethischen Ebene im Sinn, die das verstaubte Modell des Utilitarismus hervorholten: Gut ist, was nützt. Was Wunder, wenn der Mensch zeitlebens dann nicht mehr weiß, worum es überhaupt geht? Wer lehrt ihn heute noch, nur ansatzweise, nach Wahrheit zu suchen? Das Elternhaus? Die Kirchen? Die Schulen? Die Politiker?

Der demokratische Materialismus wird einst genauso kläglich scheitern wie der Marxismus, denn er bietet den Menschen lediglich ein seelenloses, geistentbehrendes Überkonstrukt. Er hatte auch dem „Proletarier" nach Rudolf Steiner nur Maschinen und Kapital und damit de facto nichts gegeben, „was seine Seele mit einem menschenwürdigen Inhalt erfüllen könnte".[109] Der Handwerker des Mittelalters habe diese Erfüllung noch in seinem Berufsalltag gefunden. Heute stehen wir vor der ähnlichen Leere: Weder Schulen, öffentliche Medien, Politik noch Kirchen und Gesellschaft sind in der Lage, die Seelen „mit einem menschenwürdigen Inhalt" zu erfüllen. So manche der Politikerphrasen erschöpfen sich meist in „Fortschritt" und „Wohlstand".

Um die derzeit ins Uferlose abdriftende Demokratie zu retten, bräuchte es mindestens drei Rettungsringe: In erster Linie Inhalte, die nicht nur an Geldverdienen und Wohlsein ausgerichtet sind. Ferner verantwortungsbewusste Politiker, die nicht nur die Spur austreten, die ihnen von oben gewiesen wird. Und drittens strikt getrennte Verantwortung für die drei Säulen von Kultur, Recht und Wirtschaft. Es würde zu weit führen, die Thematik der Dreigliederung zu erläutern. Sie ist bei Rudolf Steiner nachzuschlagen.[110] Nachdenklich mag uns stimmen, was der Philosoph Hegel bereits über den Zusammenhang von Staat und religiösem Empfinden feststellte: „Das Volk, das einen schlechten Begriff von Gott hat, hat auch einen schlechten Staat."[111]

Erschwerend für den Durchblick auf die Wahrheit suggeriert man dem Bürger der Postmoderne einen neuen Demagogen: „Der Glaube in moderne Wissenschaftlichkeit".[112] Früher galt das Wort des Pfarrers von der Kanzel, das Zitat aus der Bibel, heute glaubt der Mensch, was „die Wissenschaft" sagt. Ein Heer von Experten jeder Couleur füttert die Medien täglich mit stets neuen Erkenntnissen. Sie aufgrund des voranbrausenden Zeitdrucks zu verifizieren, wird immer mühsamer.

Schon zu Steiners Zeiten bedauerte man eine gewisse Ohnmacht des Geisteslebens. Der Blick sei „abgelenkt … von allem Seelischen und Geistigen“ und werde immer einseitiger „auf den rein ökonomischen Prozess“ ausgerichtet.[113]

8. Ernährung und Naturprodukte: bodenlos, haltlos

„Die Lebensmittel sind heute bei weitem nicht mehr das, was sie einmal waren und sein sollten.“ Mit diesem Fazit schloss Gärtnermeister Rainer Steidle seine Ausführungen zu „Unwahrheiten in den Naturprodukten“.[114] Er schilderte seinen persönlichen Werdegang ab 1979, in dem er „schnell mit dem Pflanzenschutz“ vertraut gemacht worden sei. Der Devise „Die Pflanze ist vor Schädlingen zu schützen“ sei man generell mit chemischen Mitteln begegnet: „Chemie war damals selbstverständlich.“ So habe er auch den „Giftschein“ abgelegt, der ihm zum Umgang mit Gasen wie Zyankali, also Blausäure zur Bodenentseuchung und Gewächshausbegasung berechtigte. Die Meisterschule habe den chemischen Pflanzenschutz intensiviert.

Danach aber habe er Anzeichen für den Nützlingseinsatz in der Gärtnerei kennengelernt, den er selbst zum ersten Mal 1987 umsetzte. Als Nützlinge bezeichnet man die natürlichen Feinde von Pflanzenschädlingen. So finden Schädlinge wie Blattläuse und Spinnmilben ihre Gegner, Wespen, Milben, Mücken, die sie fressen. Einen großen Umschwung brachte nach Rainer Steidle 2005 der biologische Anbau.

Eine aktuelle Situationsanalyse erarbeiteten 400 Wissenschaftler im Weltagrarbericht von 2008. „Die Ergebnisse werden totgeschwiegen", berichtete Gärtnermeister Steidle. Dazu gehörte, dass der kleinstrukturierte Anbau größere Produktivität und höhere Qualität verspreche als die industrielle Massenproduktion in Monokulturen. Doch die Welt produziere ihre Lebensmittel „wie getrieben" weiter, erläuterte Steidle. So stammten auch die Jungpflanzen der Gärtnereien aus konventioneller Produktion, würden durch ihren Chemieanteil von Nützlingen gemieden, störten die Mikrobiologie und seien für Krankheiten anfällig.

Nach wie vor produziere die Chemie ihre Unwahrheiten in Naturprodukten: Das Immunsystem der Pflanzen wird stark geschwächt, ihre Mikrobiologie massiv gestört, sodass „der positive Wert für uns fraglich" ist. Das schöne Aussehen der Tomate, Gurke, der Blumen bilde häufig nur die Fassade. Der Trend liegt trotz Agrarbericht auf der Massenproduktion. Das bedeutet nach Gärtnermeister Rainer Steidle „intensivste Landnutzung, industrielle Lebensmittelherstellung, immer schnellere Produktion, immer weniger Handarbeit und Zuwendung zur Pflanze". Damit degradiere der Mensch das Lebensmittel zur Ware. Die Wertschätzung dafür gehe verloren. Das sehe man auch daran, dass immer mehr weggeworfen werde.

Steidle folgert: „Die Pflanzen kriegen heute nicht mehr die Anerkennung, die sie verdient haben." Sie hätten nach wie vor einen sehr hohen Stellenwert für Mensch, Erde und Tier. Daneben wird die Nahrungsmittelherstellung immer bodenloser. Sie kommt mit immer weniger Erdkontakt aus. Tomatenstauden wachsen in einige Meter Höhe. Ihr Fundament bildet ein kleiner Steinwollwürfel, der über einen Infektionsschlauch mit Wasser und Kunstdünger versorgt wird. „Die Pflanze ist von der Erde abgeschnitten. Das System wird inzwischen weltweit angewendet."

Dasselbe gilt für Äpfel: „Die müssen in Plantagen oft angebunden werden, weil sie nicht mehr in die Tiefe wurzeln. Sie bekommen keine Nahrung vom Boden mehr. Normalerweise wurzelt der Apfelbaum tief. Nach oben entfaltet er sich und nimmt Kraft aus dem Kosmos auf." Der Apfelbaum habe früher über Generationen Bezug zur Familie gehabt, heute erschöpfe sich eine Plantage in 15 bis 20 Jahren. Der Apfel biete den Menschen eigentlich viele Mineralien und sei für die Ernährung wichtig. Viele Gartenbaumvereine seien zu seiner Pflege gegründet worden, hätten dann aber auch mit dem „Spritzen" begonnen. Ein „echter Apfel" vom Hochstammbaum rieche, die Plantagenäpfel sprächen optisch an, „riechen nicht und schmeckten alle gleich".

Die aktuelle Situation fasste der Gärtnermeister auf folgenden Nenner zusammen: Die Forderung nach „Immer mehr" mache die Produktion durch Nährfilmtechnik bodenlos und haltlos. Bodenkontakt und Standhaftigkeit fehlten. Sogar das Getreide, ein wichtiges Grundnahrungsmittel, werde durch Kürzen der Halme „gestaucht": „Sonst würde es umfallen." Die Schlagwörter aus dem Gemüse- und Obstanbau wie „bodenlos", „haltlos", „weniger standhaft", „kurzlebig" und „orientierungslos" spiegeln sich in der Gesellschaft. Immer mehr Menschen entsprechen dem Pflanzenbild und sind „bodenlos", „haltlos", „weniger standhaft", „kurzlebig" und „orientierungslos", so Steidle.

Die Unwahrheit liegt nach Steidle vor allem darin, dass man diese Produktionsstrategie zur Gewinnoptimierung als gut bezeichne. In der Anwendung der Gentechnik für den Pflanzenbau sei man der „großen Lüge", damit den Welthunger stillen zu können, bereits auf der Spur. Glyphosat zum Beispiel zerstöre nicht nur Mikrobiologie und Boden, sondern verändere zudem das Erbgut – und das nicht nur bei Pflanzen, vermutet Gärtnermeister Rainer Steidle, sondern auch beim konsumierenden Menschen: „Das System ist zum Scheitern verurteilt." Umso schlimmer empfinde er es, dass der Trend „größer, schneller, industrieller" nun auch den Bio-Anbau erfasse.

Das unsichtbare Wirken in der Natur schilderte im Rahmen eines Themennachmittags „Wahrheit"[115] Kräuterexpertin Claudia Schindler: „Die Pflanze erscheint mit ihrer Gestalt an der Oberfläche der Erde, die sich auf geheimnisvolle Art aus einem Samen mit Hilfe der Erde und des Luftkreises entwickelt. Hier muss doch ein unsichtbares Wirken vorhanden sein!" Paracelsus habe dies das „Licht der Natur" genannt. Es gäbe viele Beispiele, in denen Menschen mit Naturwesen in Kontakt getreten seien, so die berühmte Findhorn Community in Schottland. Die Wesen sollten berücksichtigt werden, wenn beispielsweise ein Baum gefällt wird. So nannte sie Sylphen als Lichtkräfte, Feuergeister als Wärmekräfte, Undinen und Gnome als Ätherkräfte. Ihr Wirken betreffe auch die Befruchtung. „Befruchtung ist, was aus dem Zusammenwirken von Gnomen, Sylphen, Undinen und Feuergeistern entsteht", so Claudia Schindler.

Keine neue Variante der Lüge auf dem Sektor der Naturprodukte beinhaltet der Begriff Etikettenschwindel. Die Bezeichnung stammt vom französischen *etiquette* in der Bedeutung eines Spickzettels, den man sich anheftete, um nachlesen zu können, was die Benimmformel für die einzelnen Situationen vorschreiben. Das Etikett im modernen Sinn soll eine Information demonstrieren und das in aller Kürze – Missverständnisse scheinen dafür vorprogrammiert. Also klingt schon im Wort „Etikett" die vorgetäuschte Tatsache an. Bekannte absichtliche Fehlinformationen brachte der Handel 2005 im „Gammelfleischskandal" in Umlauf, als das abgelaufene Haltbarkeitsdatum mit gefälschtem Zeitpunkt neu etikettiert wurde. Bekannte Verzerrungen weist die Produktbeschreibung meist im Kleingedruckten aus, um beispielsweise die Herkunft aus industrieller Massenproduktion zu vertuschen. Getränke rühmen ihren fruchtigen Geschmack, beinhalten jedoch kaum Fruchtsaftanteil. Eierschachteln zeigen das glückliche Freilandhuhn im Gras, das in Wirklichkeit beim Legen im Käfig sitzt. Verschwiegen wird oft der Zuckeranteil.

Um die Wahrheit der Ernährung zu erfassen, braucht es nach den Ausführungen des spirituellen Lehrers Heinz Grill ein Bewusstsein, „wie der Mensch mit jedem Essen in einen inneren Austausch mit der Naturschöpfung und den Sozialverhältnissen tritt".[116] Die Nahrung trage die Ätherkraft der Natur im Sinne von Licht und Wärme wie auch von harmonischen Substanzen und einer natürlichen Reinheit weiter. Je weisheitsvoller jemand mit Nahrungsmitteln umgehe und diese in den Dienst der Menschheit bringe, desto mehr schaffe er für andere Menschen Ätherkräfte zusätzlich zu jenen der Natur. Im Essen zeige sich „im elementaren Sinn das Annehmen": „ … wer sich an der Speise erfreut, bejaht das Leben". Bevor man mit dem Essen beginne, solle man „von aller Hast und Unruhe des Alltags Abstand nehmen" und bewusst innehalten: „Alle Nahrung ist eine Gabe." So transformiert man mit dem Gedanken die Speisen auf geistiger Ebene, wie es der Körper im Metabolismus auf irdischer Ebene vollzieht. Mit dem aus dem Griechischen stammenden *Metabolismos* (Μεταβολισμός) bezeichnet man den Stoffwechsel, der die Lebensmittel im Körper umwandelt.

Fleisch ist gesund, sagen die einen und verweisen auf den Mineralstoffanteil, den der Mensch angeblich braucht, die anderen frönen dem Vegetarismus oder ernähren sich gar vegan. Wo liegt die Wahrheit? Mehr „innerliche Beweglichkeit“ durch die Aktivität des Ichs und Astralleibs fördert der Konsument nach Rudolf Steiner mit vegetarischer Kost: „Also wenn der Mensch Pflanzenkost genießt, so muss er selber die Tätigkeit innerlich entfalten, er muss sich innerlich anstrengen, das, was er zur Bereitung der Fette braucht, aufzuwenden; das aber wird ihm abgenommen, wenn er fertiges Fett aus dem Tierreiche genießt.“ [117]

Daneben habe der Mensch tierische Nahrung benötigt, um seine äußerlichen Eigenschaften wie Kraft und Mut zu stärken. Fleischkonsum fördere Aggression, Pflanzenkost führe zur „Verinnerlichung der Charaktere“ und einer „Art beschaulichem Dasein“. „Unsere Zeit“, so Steiner schon damals [118], übertreibe die Fleischnahrung. Das habe zur Folge, dass sich der Mensch innerliche Tätigkeiten abnehmen lasse und im Gegenzug innerlich mehr äußerliche Tätigkeiten entfalte: „Die Seele wird sich veräußerlichen, er wird zugänglicher sein für die äußerliche Welt ...“ [119] Dadurch werde er auch dogmatischer. Demnach feuere tierische Nahrung auch das „instinktive Willensleben“ an.

Ernährungsfragen standen in der Menschheitsgeschichte wohl schon früh zur Debatte. Darauf verweist Rudolf Steiner mit seinen Aussagen zu Kain und Abel. Das Brüderpaar veranschauliche den Gegensatz von Mondsöhnen und Sonnensöhnen. Die Mondsöhne wie Abel züchteten Tiere und nährten sich von dem, was die Tiere gaben. Die Sonnensöhne wie Kain bestellten den Acker. Schon vorher habe die Entwicklung eine radikale Wende erfahren, als der Mensch begann, sich vom Toten, also vom Tier zu nähren. Damit habe er die „Ichsucht“ aufgebaut. Die Jägervölker seien entstanden. Diese historischen Zusammenhänge fasste Emil Bock mit seinen

„Beiträgen zur Geistesgeschichte der Menschheit“ anschaulich zusammen.[120]

Die Pflanze werde von der Sonne genährt, dürfe als kosmisches Produkt gelten. Das Fleisch dagegen ist „spezifisch irdisch“: „Diese Fleischnahrung fesselt den Menschen speziell an die Erde, macht ihn zum Erdengeschöpf so, dass man sagen muss: Soviel der Mensch seinen eigenen Organismus durchdringt mit den Wirkungen der Fleischnahrung, soviel entzieht er sich an Kräften, um überhaupt von der Erde loszukommen.“ Der Wille zur Fleischnahrung bedeute: „Mir sagt das Erdendasein so zu, dass ich auf alle Himmel verzichte und am liebsten ganz und gar aufgehen würde in den Verhältnissen des Erdendaseins.“ Demnach werde es eine „Erleichterung der ganzen Entwicklung des Menschenlebens, ... wenn der Mensch sich von dem Fleischgenuss enthalten kann.“[121]

Die Wahrheit wird sich auch hier noch herauskristallisieren müssen. Sie liegt nicht ganz so plausibel, wie es Feuerbach[122] mit seinem berühmten Spruch ausdrückte: „Der Mensch ist, was er isst.“ Dem widerspräche die Differenz der philosophischen Kategorien von Form und Materie, wie es in dem Beispiel vom Wolf veranschaulicht wird: Ein Wolf, der lauter Lämmer frisst und in seinem materiellen Bestand schon mehr Lamm als Wolf sein müsste, wird dennoch kein Lamm. So möge der wahrheitsvolle Spruch Christi aus dem Evangelium den versöhnlichen Schlussstrich unter den Streit zwischen Fleisch und Gemüse ziehen: „Was zum Munde eingeht, das verunreinigt den Menschen nicht, sondern was zum Munde ausgeht, das verunreinigt den Menschen.“[123]

9. Männlein oder Weiblein oder Sternchen?

Rutscht der Mensch den Abhang der Dekadenz – und damit von der Wahrheit in Richtung Unwahrheit – schon hinab? Wie weit die Meinungen auseinandergehen, das lässt sich aus der Gender-Debatte[124] ablesen. Der Mensch verlor Standpunkt und Einordnung zu Welt und Kosmos: Der Kampf im Geschlechterkrieg wird mit dem Schwert juristischer Selbstbehauptung und dem Schild zur Schau gestellter Emotion ausgefochten. Für den Schriftverkehr gelten Hinweise nach dem Motto: „Wie gendere ich richtig?" Das vollzieht der geschlechtsbewusste Bürokrat dann mit Schrägstrich, Sternchen, Doppelpunkt und Binnen-I. Im Schreibstil lässt es sich wohl noch koordinieren und antrainieren, wenn man aus dem Polizist eine Polizist*in macht oder an die Politiker_in schreibt. Nicht einmal die Gender-Geübten dürften aber die treffende Alternative für Alltägliches wie „zum Arzt gehen" parat haben, denn „zur Ärztin gehen" wäre wohl auch einseitig. Die Bezeichnung „Patient" solle man neben vielem anderen demnach meiden und die geschlechtsneutrale Variante „die erkrankte Person" verwenden. Die das fordern, übersehen wohl, dass es sich bei der „Person" ebenfalls um eine bevorzugte Feminisierung mit weiblichem Artikel handelt. So gelten gendergerecht künftig nur noch Formulierungen wie „der/die Mitarbeiter/-in". Wem das zu wenig ist, der mag sich auf Workshops weiterbilden, so zur „Sprechstimme/Voiceworkshop for t*, i* & queer people" oder im Rahmen des TIN, Trans*, Inter* und Nicht-Binarität. Vater und Mutter wollte man schon durch „Elter 1" und „Elter 2" ersetzen!

Verebbte doch auch die Emanzipationswelle, da sie nur äußerlich gegen jahrhundertelange Benachteiligungen der

Frauen aufschäumte. Die Bewegung begnügte sich häufig damit, juristische Standpunkte des Femininen gegenüber dem Maskulinen zu stärken und in der Arbeitswelt mit Karriere und Bezahlung aufzuholen. Die Frauen wollten die Bastionen der Männer erobern und übersahen dabei, dass sie damit ihre weiblichen Qualitäten opferten. Sie hätten es von den „Proletarier-Damen" des einstigen DDR-Regimes erfahren können, dass es für das weibliche Geschlecht nicht die befreiende und erhebende Aufwertung bedeutet, wenn sie Lastwagenfahrerin oder Kranführerin ist. Äußerlich aufgetragene Schminke kaschierte nur, wie die Schriftstellerin Katharina Aehnlich aus der DDR erzählte: „Bei uns endete die Gleichberechtigung an der Wohnungstür. Das bisschen Haushalt ist nach dem Arbeitstag im Betrieb, der täglichen Kindererziehung und der Familienbewirtung ein Klacks für die Frau. Am Sonntag durfte sich der Mann dann erholen …"[125] Da half es wenig, wenn Lotte Ulbricht 1963 zum Frauentag in der DDR tönte: „Überwindet eure Minderwertigkeitsgefühle!"

Es hat wohl seinen Sinn, wenn ein Mensch als Frau oder als Mann auf die Welt kommt. Genauso wie es nicht der Zufall dirigiert, dass er in zivilisiertem, wohlhabendem Ambiente oder in notleidenden Armutsvierteln geboren wird. Wo er hineingestellt ist, hat er seine Aufgaben als Mann oder als Frau zu leisten. Aus geisteswissenschaftlicher Perspektive alterniert in der Regel das feminine und maskuline Geschlecht von Inkarnation zu Inkarnation. Es hat also gar keinen Sinn, wenn die Emanzipierten beispielsweise unbedingt in Männerhosen auf Managersesseln hocken möchten.

Keine Frage, dass im alltäglichen Miteinander manch Ungerechtigkeit auszuräumen war, dass die Frau durchaus auch ihren Stellenwert in der Evolution des Menschseins inzwischen erheblich förderte. Dazu könnte eine historische Betrachtung des Matriarchats und Patriarchats wertvolle Hinweise geben, ebenso der „*Matrona*“ der alten Römer, deren gesellschaftliche Gewichtung heute noch in der italienischen „Mamma“ ihren Nachklang findet.

Zur Metamorphose des Frauenbildes bemerkt die Medizinerin, Germanistin und Anthroposophin Dr. Michaela Glöckler:

> *„Das Thema Selbstverständnis hat einen zeitgeschichtlichen Hintergrund. Das 20. Jahrhundert war das Jahrhundert der Emanzipation. Man stelle sich vor, dass in Deutschland erst im Jahr 1908 an der Berliner Universität die erste Frau zum Staatsexamen zugelassen wurde. In diesem so hoch zivilisierten Deutschland war die akademische Bildung der Frau zu Beginn des 20. Jahrhunderts noch ein Tabu und es gab wissenschaftliche Abhandlungen darüber, ob Frauen überhaupt zu höherer Bildung fähig seien und welche Auswirkungen ihre Anwesenheit in den Hörsälen auf die Arbeitsmoral der Studenten habe. Zieht man diese Verhältnisse in Betracht, kann man Ita Wegman bewundern, die sich 1905 zum Medizinstudium entschloss und in Zürich immatrikulierte – was eine Voraussetzung dafür war, dass sie zusammen mit Rudolf Steiner am Goetheanum die anthroposophische Medizin begründen konnte … Dieser Aufbruch der Frau setzte sich dann nach dem Ersten Weltkrieg verstärkt fort, gefördert auch durch die Erfahrungen des Krieges. Da wurde evident, dass Frauen zwar nach wie vor gewisse physische, seelische und geistige Unterschiede zu Männern aufweisen, dass sich diese Unterschiede aber nicht auf Intelligenz, soziale Kompetenz und das Spektrum der meisten Berufe erstrecken. Nach dem Zweiten Weltkrieg gab es dann gar kein Halten mehr. Und nicht zuletzt trug auch die Pille ihren Teil zur Selbstbe-*

stimmung der Frau bei, wobei ich nicht sagen möchte, dass es nicht auch selbstbestimmtere Formen der Empfängnisregelung gibt.

Die Emanzipation hat den Frauen zwar erstmals in der Menschheitsgeschichte die Möglichkeit gebracht, ihr Leben selbst zu planen und zu gestalten; dennoch ist es auch heute für Frauen immer noch schwierig, ein wirklich selbstbestimmtes Leben zu führen. Das ist wahrscheinlich einer der Gründe dafür, dass gegenwärtig der Alkoholismus bei Frauen so stark ansteigt. Waren früher unter den Alkoholikern höchstens 5 bis 10 Prozent Frauen, so sind es nach den neuesten Statistiken gegenwärtig bis zu 30 Prozent. Diese dramatische Zunahme hat viele Gründe. Einer ist aber sicher in der Komplexität des Überfordert-Seins zu suchen, die mit der multifunktionalen Rolle der Frau zusammenhängt: als Mutter, die sich vielen Erwartungen gegenüber behaupten muss, als Ehefrau, als Partnerin und nicht zuletzt als ‚sie selbst'." [126]

Es gilt den Menschen und ganz wörtlich die „Person" hinter der äußeren Maske zu beachten. Der aus dem Lateinischen stammende Ausdruck persona verdeutlicht plastisch den inneren und äußeren Menschen. Er heißt übersetzt „Maske" und bedeutet mit der Präposition *„per"* (durch) und dem Verbum *„sonare"* (tönen) „durchtönen": Der Mensch, gleich ob Frau oder Mann, der aus seinem Inneren durch seine äußere Hülle hindurchtönt. Das Individuum verkörpert sich auf seinem Weg der Entwicklung einmal als Frau, einmal als Mann. Da hilft es ihm nicht weiter, wenn es während seiner Inkarnation als Mann die Frauen bekämpft und während seiner Inkarnation als Frau die Männer.

Rudolf Steiner dazu:

> *„Es ist unmöglich, einen Menschen ganz zu verstehen, wenn man seiner Beurteilung einen Gattungsbegriff zugrunde legt. Am hartnäckigsten im Beurteilen nach der Gattung ist man da, wo es sich um das Geschlecht des Menschen handelt. Der Mann sieht im Weibe, das Weib in dem Manne fast immer zuviel von dem allgemeinen Charakter des anderen Geschlechtes und zu wenig von dem Individuellen. Im praktischen Leben schadet das den Männern weniger als den Frauen. Die soziale Stellung der Frau ist zumeist deshalb eine so unwürdige, weil sie in vielen Punkten, wo sie es sein sollte, nicht bedingt ist durch die individuellen Eigentümlichkeiten der einzelnen Frau, sondern durch die allgemeinen Vorstellungen, die man sich von der natürlichen Aufgabe und den Bedürfnissen des Weibes macht. Die Betätigung des Mannes im Leben richtet sich nach dessen individuellen Fähigkeiten und Neigungen, die des Weibes soll ausschließlich durch den Umstand bedingt sein, dass es eben Weib ist. Das Weib soll der Sklave des Gattungsmäßigen, des Allgemein-Weiblichen sein. Solange von Männern darüber debattiert wird, ob die Frau ‚ihrer Naturanlage nach' zu diesem oder jenem Beruf tauge, solange kann die sogenannte Frauenfrage aus ihrem elementarsten Stadium nicht herauskommen. Was die Frau ihrer Natur nach wollen kann, das überlasse man der Frau zu beurteilen. Wenn es wahr ist, dass die Frauen nur zu dem Berufe taugen, der ihnen jetzt zukommt, dann werden sie aus sich selbst heraus kaum einen anderen erreichen. Sie müssen es aber selbst entscheiden können, was ihrer Natur gemäß ist. Wer eine Erschütterung unserer sozialen Zustände davon befürchtet, dass die Frauen nicht als Gattungsmenschen, sondern als Individuen genommen werden, dem muss entgegnet werden, dass soziale Zustände, innerhalb welcher*

die Hälfte der Menschheit ein menschenunwürdiges Dasein hat, eben der Verbesserung gar sehr bedürftig sind." [127]

Wo liegt die Wahrheit? Ist der Mensch per se [128] mehr weiblich oder männlich? Ganz klar sind die Männer mehr wert, behaupteten die Alten. Das Gesellschaftsbild war über Jahrhunderte durch die biblische Vorstellung geprägt, Eva, also die Frau, hatte Adam, den Mann, verführt, eine Sünde zu begehen, und somit den Rauswurf aus dem Paradies verursacht. Die Frauen trugen das Stigma der Sünde, litten unter dem Ruf der verführerischen Hexe. Demgegenüber sei der Mann moralisch überlegen, natürlich auch geistig und nach Körperkraft. Einen höheren Stellenwert genossen da nur noch die Jungfrauen und die Heiligen, die meist als Jungfrauen galten.

Die Argumentation der Bevorzugung einer geschlechtlichen Variante verblasst, bedenkt man die geistige Erkenntnis, dass der Mensch auf dem Weg seiner Inkarnationen beide Seiten ausgiebig kennenlernen und durchmachen muss, also männlich wie weiblich abwechselnd inkarniert. Wenn Emanzen, Trans- und Bisexuelle heute die Konturen wieder glätten und zu einer Geschlechtervereinigung aufrufen, wissen sie meist nicht, wie nahe sie damit an die Wahrheit der Vergangenheit sowie der Zukunft herankommen.

Der Ursprung des Menschen war nach dem bekannten Bibelzitat „Lasset uns den Menschen machen!" [129] androgyn [130]. Also nicht als „Männlein und Fräulein", betont Rudolf Steiner, sondern männlich-weiblich in einem Wesen: „In jenen Menschen, die als das gemeinsame Ziel der Elohim entstanden am sechsten Schöpfungstage, war diese Differenzierung, die Trennung in Mann und Frau, noch nicht vorhanden." [131] Mit den Elohim, den geistigen Wesenheiten der zweiten

Hierarchie, zitiert Steiner übrigens den Bibeltext der Genesis im Original nach *„Breschit bara elohim …“*, was Luther in die berühmten Worte „am Anfang schuf Gott Himmel und Erde“ übersetzte und durch den Austausch der „Elohim“ gegen „Gott“ etwas verfälschte.

Der antike Mythos ist belebt von androgynen Wesen. Ovid machte in seiner Version der Metamorphosen den Hermaphroditen bekannt. Die Nymphe Salamacis verliebte sich auf den ersten Blick in den gut aussehenden Sohn der Aphrodite und des Hermes – deshalb der Name „Hermaphrodit“ übrigens. Doch ihre Aufforderung „Lass uns dann ins Brautgemach eingehn!“ führte zu keinem Erfolg. Die Wangen des Knaben färbten sich rot bei diesen Worten, „wusst’ er von Liebe doch nichts“.[132] Sie vermochte „kaum ihre Lust zu verschieben, verlangt nach Umarmung schon“, da sieht sie ihn in ihrer Quelle einmal baden: „„Sieg! Er ist mein! ruft laut die Nymphe. Alle Gewandung wirft sie weit von sich weg, stürzt mitten hinein in die Wellen, hält den Ringenden, raubt dem Wehrenden Küsse …“ – doch er verweigerte sich. Das veranlasste die Nymphe, ihn keiner anderen zu gönnen und die Götter anzuflehen, sie nicht mehr zu trennen. Das Gebet wurde erhört: „Die Leiber der beiden wurden verschmolzen“. Ein neuer „Hermaphroditus“ entstieg dem Wasser.

Den Entstehungsvorgang dreht Ovid in seinem Erklärungsversuch des androgynen Prinzips um. Dichterische Freiheit? Intellektuelle Deutung eines tradierten Mythos? Dem Original, wie es die Genesis der Bibel ausdrückt, kommt der Philosoph Platon erstaunlich nahe. Er stellt in den Rahmen der Diskussion um Eros und Erotik im Dialog „Symposion“ die Frühgeschichte des Menschen in ungewohnter Form. Aus dem Munde des berühmten Komödiendichters Aristophanes[133], der hier als Gesprächspartner unter anderem von Sokrates auftritt, erfahren wir von den sagenhaften Kugelmenschen. Diese mythischen Wesen waren in drei Geschlechter geteilt, weiblich, männlich und androgyn (ἀνδρόγυνον, *androgynon*), also männlich-weiblich in einem. Letztere hatten vier Füße, vier Hände und zwei Gesichter und waren der Form nach rund. Die männliche Hälfte entstammte der Sonne, die weibliche dem Mond.

Dieses androgyne Geschlecht soll sich gegen Zeus persönlich erdreistet und den Aufstand geplant haben. Der Göttervater wollte sie im ersten Zorn vernichten, wurde aber von den Götterkollegen zurückgehalten. So strafte er sie damit, sie zu schwächen, indem er sie in zwei Hälften schnitt. Das brachte die zweibeinigen, zweihändigen und eingesichtigen Menschen. Sollten sie weiter aufständisch sein, drohte er, sie nochmals zu spalten, dann müssten sie auf einem Bein hüpfen. Die Androgynen blieben daraufhin friedlich. Doch sie litten schwer unter der Trennung von ihren anderen Hälften. Sie strebten zueinander, umschlangen einander: Das sexuelle Bedürfnis wuchs. Seitdem ist den Menschen der „*Eros*" (ἔρως) eingepflanzt[134], damit sie ihre ursprüngliche Natur wieder finden und aus zweien eins zu machen versuchen.

Die Hoffnung auf diese Wiedervereinigung klingt bei Platon bereits an. Nicht umsonst setzt er seine Erotik eine Stufe höher an und hebt sie auf das Niveau der „platonischen Liebe". Der Eros muss generell das materiell-irdische Verlangen in leiblicher Befriedigung überwinden. Statt Vergängliches zu begehren, soll er Höheres anstreben, so die philosophische Erkenntnis, um zum unvergänglich Schönen und Guten zu gelangen.

Die Philosophin Simone Weil interpretierte den Gedanken der Androgynen aus Platons Symposion mit dem Unglück des Menschen, das in seiner Dualität liegt. Er leide unter der

Trennung von Subjekt und Objekt und strebe die Einheit an. Dahinter stehe letztlich die Vereinigung mit dem Göttlichen.[135]

Nach Sigmund Freud liefert der platonische Mythos den Beweis für seine Theorie der konservativen Natur der Triebe: „Sie leitet nämlich einen Trieb ab von dem Bedürfnis nach Wiederherstellung eines früheren Zustandes." [136]

Rudolf Steiner zitiert in seiner „Akasha-Chronik" die Hermaphroditen als „Vorläufer der Menschen, welche noch die alte Art von Fortpflanzungsorganen hatten", also doppelgeschlechtig waren.[137] Die eingeschlechtigen Fortpflanzungsorgane heute seien „auf dem Aussterbeetat".[138] Der menschliche Leib enthalte etwas in sich, was immer mehr in den Tod hineingeht, und etwas, was immer mehr zu neuem Leben aufblüht.

Der Mensch wird die von Platon zitierte Wiedervereinigung der getrennten „Zweibeiner" in Zukunft erreichen und zum androgynen Wesen zurückkehren. Das Sexuelle, die Frage nach Frau und Mann, ist dann aufgehoben.

10. Widersprüchliche Evangelien um die Jugend Jesu?

Ein „Wunder der Vorsehung" war nach Emil Bock am Werk, als durch die Geburt Jesu ein „wirklicher Mittelpunkt der Weltgeschichte" entstand, „in dem alle wichtigen Strahlen der Alten Welt zusammenliefen".[139] Als Schauplatz des Lebens Jesu wurde die Erde Mittelpunkt, wurde Palästina zum

„Heiligen Land". Über Geburt und Kindheit des Jesus berichten nur zwei der vier Evangelisten: Lukas und Matthäus. Die beiden anderen, Johannes und Markus, setzen bei der Jordantaufe ein, bei der Geburt des Christus. Doch die beiden, die uns von der Geburt erzählen, scheinen sich zu widersprechen: Ein Evangelist stellt die Hirten vor einen Stall mit der Heiligen Familie, der andere berichtet von Königen, die an ein Haus zum Neugeborenen kommen. Bei dem einen erfolgen der grausame Kindermord und die Flucht nach Ägypten. Der andere spricht darüber kein Wort, hat dagegen die Tempeldarstellung. Einmal die Verkündigung, ein anderes Mal die Traumoffenbarung.

Wegen der Verschiedenheiten der Geburtsgeschichten verurteilten sie viele Theologen der Neuzeit als Legenden. Bereits um das Jahr 200 fing man an, sich an dem Widerspruch der beiden Stammbäume zu stoßen. Die apostolisch-urchristliche Theologie hat das genau genommen. Die Evangelisten hätten sich wohl keine solchen Recherchefehler geleistet: Nur 20 Vorfahren bei Lukas, dagegen 40, die nicht mit den Namen bei Lukas übereinstimmen, bei Matthäus! Der Jesus bei Matthäus stammt aus vornehmem Geschlecht, mit 14 Königen und 27 Generationen im Stammbaum, darunter König David und König Salomon. Der andere bei Lukas reiht eher unbekannte Vorfahren mit 42 Generationen auf und führt zu Nathan zurück. Eine Gegenüberstellung der Stammbäume kann man bei Emil Bock nachschlagen.[140] Muss es sich da nicht um zwei verschiedene Menschen handeln?

Stammbaum bei Matthäus:

> *Buch des Geschlechts Jesu Christi, des Sohnes Davids, des Sohnes Abrahams. Abraham zeugte Isaak; Isaak aber zeugte Jakob, Jakob aber zeugte Juda und seine Brüder; Juda aber*

zeugte Perez und Serah von der Thamar; Perez aber zeugte Hezron, Hezron aber zeugte Ram, Ram aber zeugte Amminadab, Amminadab aber zeugte Nahesson, Nahesson aber zeugte Salma, Salma aber zeugte Boas von der Rahab; Boas aber zeugte Obed von der Ruth; Obed aber zeugte Jesse, Jesse aber zeugte David, den König. David aber zeugte Salomo von der [Frau] des Uria; Salomo aber zeugte Rehabeam, Rehabeam aber zeugte Abia, Abia aber zeugte Asa, Asa aber zeugte Josaphat, Josaphat aber zeugte Joram, Joram aber zeugte Usia, Usia aber zeugte Jotham, Jotham aber zeugte Ahas, Ahas aber zeugte Hiskia, Hiskia aber zeugte Manasse, Manasse aber zeugte Amon, Amon aber zeugte Josia, Josia aber zeugte Jojachin und seine Brüder um die Zeit der Wegführung nach Babylon. Nach der Wegführung nach Babylon aber zeugte Jojachin Schealthiel, Schealthiel aber zeugte Serubabbel, Serubbabel aber zeugte Abiud, Abiud aber zeugte Eljakim, Eljakim aber zeugte Asor, Asor aber zeugte Zadok, Zadok aber zeugte Achim, Achim aber zeugte Eliud, Eliud aber zeugte Eleasar, Eleasar aber zeugte Matthan, Matthan aber zeugte Jakob, Jakob aber zeugte Joseph, den Mann Marias, von welcher Jesus geboren wurde, der Christus genannt wird. So sind nun alle Geschlechter von Abraham bis auf David vierzehn Geschlechter und von David bis zur Wegführung nach Babylon vierzehn Geschlechter und von der Wegführung nach Babylon bis auf den Christus vierzehn Geschlechter.[141]

Stammbaum bei Lukas:

Jesus war etwa dreißig Jahre alt, als er zum ersten Mal öffentlich auftrat. Man hielt ihn für den Sohn Josefs. Die Vorfahren Josefs waren: Eli, Mattat, Levi, Melchi, Jannai, Josef, Mattitja, Amos, Nahum, Hesli, Naggai, Mahat, Mattitja, Schimi, Josech, Joda, Johanan, Resa, Serubbabel, Schealtiël,

Neri, Melchi, Addi, Kosam, Elmadam, Er, Joschua, Eliëser, Jorim, Mattat, Levi, Simeon, Juda, Josef, Jonam, Eljakim, Melea, Menna, Mattata, Na-tan, David, Isai, Obed, Boas, Salmon, Nachschon, Amminadab, Admin, Arni, Hezron, Perez, Juda, Jakob, Isaak, Abraham, Terach, Nahor, Serug, Regu, Peleg, Eber, Schelach, Kenan, Arpachschad, Sem, Noach, Lamech, Metuschelach, Henoch, Jered, Mahalalel, Kenan, Enosch, Set, Adam; (der stammte von) Gott.[142]

Rudolf Steiner entdeckte, dass sich nicht die Evangelien widersprechen, indem sie denselben Jesus meinten, sondern dass sie zwei verschiedene Jesus-Geburten und bis zur Jugend hin zwei verschiedene Jesus-Leben schildern. Geisteswissenschaftlich nennt man den von Matthäus ausgeführten den salomonischen Jesus, da er Salomon als Vorfahren hatte. In ihn soll die Seele des Urlehrers Zarathustra eingezogen sein. Sein Widersacher wurde Herodes der Große, der damals bereits 70 Jahre alt und der König von Juda war, geprägt von Ehrgeiz und Zügellosigkeit. Er war stolz auf die Freundschaft mit Augustus, dem er in Jerusalem einen Tempel errichtet hatte. Die „Herodianer" galten als religiös-kultische Partei, die ihren König als neuen Messias feierten, berichtet nach Emil Bock Tertullian. Er schien dem Wahnsinn nahe, litt unter Verfolgungswahn und hatte bereits seine Frau und seine Söhne ermordet. Den Sadduzäern stand das Hohepriesteramt zu. Sie waren vom Fieber des Cäsarenkults angesteckt und liebäugelten mit Herodes und Rom.

Zur Jugend der Mutter Maria des salomonischen Jesus gibt es Legenden in apokryphen Evangelien wie das Jakobus-Evangelium und das Pseudo-Matthäus-Evangelium. Danach soll sie als Tempeljungfrau aufgewachsen sein. Sie erfährt fromme Bildung. Man ist auf ihre richtige Vermählung bedacht. An dem Wunder des grünenden Stabes will man den Richtigen erkennen. Die Werber stellten ihren Stab in den Tempel. Bekam einer Triebe, Blätter, hielt man ihn auf Götterweisung hin für den Richtigen. Bei keinem grünt er, bis ein älterer Herr namens Joseph aus Bethlehem geladen wird. Das war wohl Orakelpraxis, wie Emil Bock erläutert.[143] Joseph galt nicht als Unbekannter, sondern als Träger des messianisch-königlichen, davidisch-salomonischen Stammbaums. Er war bereits alt und soll schon einmal verheiratet gewesen sein.

In Bethlehem war das Haus Jesse gestanden, in dem David geboren war. Der Prophet Micha verkündete, dass der Messias in Bethlehem geboren werde. Bethlehem war einst Mysterienstätte, das „palästinensische Eleusis" mit Adonis-Heiligtum. Joseph erschrickt, dass sein im Tempel aufgezogenes „angetrautes, junges Weib" schwanger war. Er erfährt eine Traumoffenbarung durch einen Engel. Die Geburt wollen die Weisen im Tempel geheim halten. Doch da erscheinen die Priesterkönige, Magier aus dem Osten. Herodes erfährt es. Daraufhin erfolgt der Kindermord.

Ein chronologisches Problem wirft der Tod des Herodes „vor Christi Geburt" auf. Daraus folgerten manche, entweder sei der Kindermord legendär oder die Geburt Jesu falsch berechnet. Die Geburtsgeschichte, nach der durch Abt Dionysius der Beginn der christlichen Ära festgesetzt wurde, ist die des Lukas-Evangeliums. Er setzte die Geburt, das Jahr Null, auf 753 nach Gründung der Stadt Rom, der offiziellen Zeitberechnung *ab urbe condita*. Nach Rudolf Steiner liegt der richtige Zeitpunkt der Gründung Roms allerdings bei 747.

Zuerst wird der salomonische Jesus-Knabe (Mt) geboren. Herodes veranlasst den Kindermord, die Familie Jesu flüchtet nach Ägypten. Der nathanische Jesus-Knabe (Lk) wird nach Rudolf Steiner mindestens ein dreiviertel Jahr nach dem Tod des Herodes geboren, Johannes der Täufer ein halbes Jahr vorher. Der salomonische Jesus-Knabe aus dem „Hause Davids" wird in einem Haus Bethlehems geboren. Der nathanische Jesus-Knabe kommt in dem Stall einer Grotte zur Welt. Da befand sich in uralten Zeiten ein Mysterium, das zu Herodes mit einem schwarzmagischen Grottenkultus wiederbelebt worden sein soll und auch die Kindermorde erlebte. Grotte und Stall verfielen nach dem schrecklichen Tod des Herodes. Hier wird der nathanische Jesus geboren.

Das Geheimnis der Größe der Geburt Jesu im Matthäus-Evangelium trat seinen Eltern deutlich durch die Ankunft der „Könige" und Weisen vor Augen. Das Kind war drohender Gefahr ausgesetzt. Joseph erhielt das Traumbild von der Reise in ein fernes Land. Seine junge Frau war von der Priesterkaste im Tempel umsorgt worden. Beide hatten nie eines gewissen Wohlstandes entbehrt. Dazu kamen auch die Gaben der „orientalischen Könige", die wohl nicht gering ausfielen. Die Flucht wurde also nicht in Armut angetreten.

Die Familie bleibt drei Jahre in Ägypten. „Der Substanz nach verband sich die uralte Sonnenweisheit, wie sie einmal in Persien von Zarathustra begründet und dann von Hermes für Ägypten erneuert worden war, mit dem Wesen des Kindes. Sie umhüllte es fortan wie ein übersinnliches Gewand. Der Ätherleib des Heranwachsenden wurde ganz und gar durchsetzt mit dieser Weisheit."[144] Nach einer nächtlichen Traumeingebung beschließt Joseph wieder heimzukehren. Wohl wollte er an seinen früheren Wohnsitz Bethlehem, hatte aber die Weisung, das Gebiet Juda zu meiden. So geht er nach Nazareth. Das war damals keine öffentliche Siedlung, sondern eine geschlossene Kolonie des Essäer-Ordens. Nazareth galt als Stadt des Nezer, der es gegründet hatte und

Schüler Jeschu ben Pandiras war. In Nazareth begegnen sich dann die beiden Schicksalsströme, die bestimmt sind, ineinanderzufließen: Die Familie des salomonischen und die des nathanischen Jesus.

Die Mitglieder des Essäer-Ordens in Nazareth lebten streng asketisch als Laienbrüder und Laienschwestern. Es gab kein persönliches Eigentum. Mit ihnen lebte das Paar des „Zimmermanns" Joseph und seines „noch ganz kindlich jungen Weibes Maria". Der „brave Zimmermann" ist übrigens eine Erfindung Luthers. Im Original steht τέκτων (*tekton*)[145]. Wir hören aus dem *tekton* ja heute noch den Architekten heraus. Er kann Handwerker gewesen sein, wie es auch der lateinische *faber* ausdrückt, aber auch Baumeister, Architekt. In „himmlischer Reinheit" war Maria mehr Engel als Mensch. Sie lebten – die heilige Familie, die Lukas in dem nathanischen Jesus schildert, in der Hingabe an geistige Ziele der Gemeinschaft. Von den übersinnlichen Direktiven der Essäer zum Leben gab die visionäre Nonne Katharina Emmerich Einblicke. Frühe Verheiratungen in kindlicher Unschuld schienen keine Seltenheit. Maria soll zwölf Jahre gezählt haben, als sie dem „rüstigen Mann" Joseph angetraut wurde.

Schreckenshaft war angeblich das Aufwachen der mädchenhaften Maria, als sie bemerkte, schwanger zu sein. Sie sieht eine hohe Engelsgestalt über sich schweben: „Der Blick ihrer Seele fällt auf die Sphäre, aus welcher der Erzengel Gabriel die Seele heranträgt, die sich in ihrem Schoße verkörpern will."[146] Die Sorge des Joseph erwähnt das Matthäus-Evangelium, nicht das Lukas-Evangelium. Maria besucht die hochbetagte Verwandte Elisabeth, Gattin des Priesters Zacharias, um Rat und Hilfe zu erfahren. Drei Monate verweilt sie bei ihr, bis diese zur Sonnenwende ihren Sohn Johannes gebar.

Es folgt bei Lukas nun die Ausschreibung zur Volkszählung durch Augustus. Die beiden mussten nach Bethlehem, woher sie stammten. Sie bekamen keine Unterkunft und gelangten schließlich an die Grotte mit Stall, wo sich einst der unterirdische Adonis-Tempel befunden hatte. Das Engelswunder steht als geistige Substanz an der Krippe. Niemand nahm es wahr, außer den Hirten auf dem Feld.

100 Jahre später erneuerten Trajan und Hadrian hier den Kult und den Tempel. Nachdem das Christentum Staatsreligion geworden war, entfernte Helena, die Mutter des Kaisers Konstantin, die heidnischen Spuren und baute eine christliche Kirche. Da sollen zwei rötlich-schimmernde Porphyrsäulen des alten Tempels Verwendung gefunden haben. Heute ist es die älteste christliche Basilika. Hier errichtete Hieronymus seine Einsiedelei, um sich der lateinischen Bibelübersetzung zu widmen.

Zu Hause in Bethlehem erfolgte die Darbringung im Tempel. Der Jesus der nathanischen Linie wächst mit einer „ungeheuren Innerlichkeit" heran. „Wenig geschickt ist er, äußere Weisheit und äußere Kenntnisse sich anzueignen." Man hält ihn für ein „verhältnismäßig zurückgebliebenes" Kind. Mit seiner Gefühlstiefe wirkte er aber auf die ganze Umgebung außerordentlich. Die apokryphen Evangelien erzählen von der Bändigung wilder Tiere.[147] Seine bloße Anwesenheit strömte nach Rudolf Steiner wohltätige Wirkungen aus. Eine Legende schildert, wie Jesus in der Wiege schon mit seiner Mutter sprach. Nach Rudolf Steiner redete das Jesuskind in einer Ursprache, die seine Mutter im Herzen verstand.

Für die aus Ägypten kommende Familie des salomonischen Jesus bedeutete das Wohnen in Nazareth bei der Essäer-Kolonie dagegen einige Umstellungen. Es bahnte sich eine

In dem Gemälde von Defendente Ferrari, ca. 1480 – 1535, kommen die beiden Jesusknaben zur Darstellung.

Freundschaft mit der Familie des „Zimmermanns" an. Die Familie des nathanischen Jesus, die Lukas schildert, wandert zum Paschafest nach Jerusalem. Sie besteht aus Jesus, Maria und Joseph. Die salomonische des Matthäus-Evangeliums umfasst neben den Eltern Joseph und Maria den Sohn Jesus, vier weitere Söhne und zwei Töchter. So erklärt sich auch die häufig debattierte und interpretierte Stelle: „Ist das nicht der Baumeister, der Sohn der Maria, der Bruder des Jakob, Joseph, Judas und Simon? Sind nicht auch seine Schwestern bei uns?"[148]

Folgen wir den Ausführungen des Steiner Schülers Emil Bock, so sprühte in der salomonischen Familie intellektuelle Lebendigkeit, lebten in der nathanischen träumerische Herzensmenschen. Der salomonische Jesusknabe setzte die Lehrer im Tempel in Staunen, brachte sie in Verlegenheit.

In dem Gemälde von Ambrogio Borgognone, 1470 – 1523, Jesus unter den Schriftgelehrten, wurden ebenfalls die beiden Jesusknaben dargestellt.

Doch die beiden Jesus-Knaben fanden zueinander. Der salomonische war älter. Er sprach, spezifisch aus dem jüdischen Geschlecht, Hebräisch. Der lukanische, nathanische, der in Nazareth und Galiläa aufgewachsen war, redete Griechisch. Die Unterhaltung fand wohl im syrischen Dialekt, in Aramäisch statt.

Am bereits erwähnten Osterfest zogen beide Familien mit weiteren Bekannten und Verwandten nach Jerusalem. Der lukanische Jesus war 12 Jahre, der matthäische 14. Für die „Zimmermannsfamilie“ war es die erste Reise zum „Knotenpunkt der Lebensentwicklung“.[149] Der nathanische Knabe sitzt inmitten der Gelehrten, überrascht durch seine Äußerungen und Antwort: „Muss ich nicht in dem sein, das meines Vaters ist?“ Da war bereits die Ich-Kraft vom salomonischen auf den nathanischen Jesus übergegangen. Solche Ich-Übergänge waren nach Rudolf Steiner in der Menschheitsgeschichte nicht selten. Die nathanische Hülle, der Jesus des Lukas-Evangeliums, nahm nun auch das Zarathustra-Ich auf, so „leuchtete der goldene Stern reifster Menschheitsweisheit in der bis dahin nur von den reinsten Herzenskräften getragenen Seele auf. Der Jesus des Lukas-Evangeliums blühte auf, der Jesus des Matthäus hatte bereits den Schatten des Todes im Antlitz. Das Gemälde aus der Schule des Borgognone im 15. Jahrhundert, das in San Ambrogio in Mailand hängt, drückt das deutlich aus. Defendente Ferrari malte 1526 ebenfalls die zwei Jesusknaben.

Ein tiefes Erschrecken bedeutete für die lukanische Maria nach dem Osterfest in Jerusalem der wiedergefundene 12-jährige Jesus im Kreise der Gelehrten im Tempel. Die orakelhaften Worte „Muss ich nicht in dem sein, das meines Vaters ist?“ wird sie auf der Heimwanderung „in ihrem Herzen bewegen“. Dagegen blicken alle mit Sorge auf das Dahinsiechen des stets so bewunderten salomonischen Jesusknaben. Dann steht der „Zimmermann“ Joseph vor dem Totenbett der zarten Mutter des lukanischen Jesusknaben. Sie war 25 Jahre alt. Um diese Zeit stirbt auch der salomonische Jesusknabe.

Über die Herkunft der lukanischen Maria ist nichts weiter bekannt. Einer „reichen Vergangenheit“ mit Geschlechtsregister entstammt die Maria des Matthäus-Evangeliums. Frauenpersönlichkeiten der Geschichte gehen voraus: Thamar, Schwiegertochter des Judas, Rahab, die Hure von Jericho, Ruth, die Moabiterin, Bathseba, unrechtmäßige Gattin Davids. Zehn Jahre nach ihrer Vermählung mit 25 und sieben Jahre nach ihrer Rückkehr aus Ägypten war die Maria des Matthäus-Evangeliums Mutter von sieben Kindern. Zwölf Jahre nach der Geburt des Jesusknaben starb Joseph. Maria war Witwe. Der andere Joseph, Witwer, nimmt daraufhin die salomonische Maria zur Frau. Sie wird Mutter des lukanischen Jesus. Ihre Kinder werden seine Geschwister. Jesus wurde von seinen Stiefgeschwistern geachtet.

Es klingt schon verwirrend, diese Auf- und Ineinanderfolge der Familien der beiden Jesus-Knaben. Den Unterschied, der zwei verschiedene Persönlichkeiten belegt, beschreiben die Evangelien genau. Da kann es sich nicht um Versehen handeln, um Ungenauigkeit oder Abweichen der Biographien. Warum aber, fragt man sich, diese Komplikation?

Rudolf Steiner:

> *„... wenn wir das Lukas-Evangelium und das Matthäus-Evangelium miteinander vergleichen, in den beiden Evangelien die Verankündigungen des Jesus von Nazareth ganz verschieden erfolgt: das eine Mal erfolgt sie dem Joseph, das andere Mal der Maria. Wir sehen dann aus dem Lukas-Evangelium, wie die Eltern des Jesus von Nazareth ursprünglich in Nazareth wohnen und dann bei einer Gelegenheit nach Bethlehem gehen, nämlich zur Zählung. Während sie dort sind, wird Jesus geboren. Dann erfolgt nach acht Tagen die Beschneidung – nichts von einer Flucht nach Ägypten -; und nach einiger Zeit, die nicht weit danach liegt, wird das Kind dargestellt im Tempel. Wir sehen,*

dass das Opfer dargebracht wird, das üblich ist... und dann wird uns ein merkwürdiger Zug erzählt, wie der zwölfjährige Jesus ... im Tempel zurückbleibt ...
Da haben wir zwei Geschichten des Jesus von Nazareth vor der Aufnahme des Christus. Wer sie vereinigen will, der muss sich vor allen Dingen fragen, wie er die Erzählung, dass unmittelbar nach der Geburt des Jesus die Eltern, Joseph und Maria, veranlasst werden, mit dem Kinde nach Ägypten zu fliehen, und dann wieder zurückkehren, wie er das vereinigen kann nach der gewöhnlichen materialistischen Anschauung mit der Darstellung im Tempel nach Lukas." [150]

„Das alles war notwendig, damit der Leib zustande kommen konnte, welcher dann am Jordan die ‚Johannes-Taufe' empfing." [151] Jesus ist nicht mit Christus identisch. Der Geist des Christus zog erst mit der Jordan-Taufe in den Jesus ein, der aus dieser doppelten Abstammungslinie hervorgegangen ist.

11. Die Intoleranz des Materialismus

Der Materialismus gilt heute als vorherrschende Weltanschauung. Er ruht auf den ebenfalls einmütig anerkannten Fundamenten der Naturwissenschaft und Demokratie. Kaum einem fällt bei dieser schon globalen Übereinstimmung auf, dass dieses ganze System auf wackeligen Füßen steht und bei genauerem Hinsehen widersprüchlich ist. Der Materialismus hat seinen Namen davon, dass er ausschließlich das gelten lässt, was man empirisch nachweisen kann, also mit der naturwissenschaftlichen Messlatte erfahrbar ist, was man sehen, anfassen, hören, riechen kann – philosophisch ausgedrückt „das haptisch fassliche Substrat", was handgreiflich allem zugrunde liegt.

Dass damit eine Wahrheit ausgesprochen wird, beweist ein Blick auf die moderne Technik: Sie funktioniert tadellos, wenn sich nicht ein Fehler einschleicht. Dass damit aber nicht die ganze Wahrheit erfasst wird, zeigen die Grenzbereiche der materiellen wissenschaftlichen Möglichkeiten. „Die Wissenschaft ist gegenüber den Fragen des Seelen- und Geisteslebens machtlos geworden." Das stellte der Anthroposoph Rudolf Steiner schon vor über 100 Jahren fest.[152] Die Problematik spannt einen weiten Bogen von den klassischen Fragen zu Tod, Krankheit und Schicksal bis zu aktuellen Themen wie Digitalisierung, Gentechnik und Organspende, wie das auch im „Phänomen der Zeit" aufgezeigt ist und in den nächsten Absätzen in Erinnerung gerufen werden soll.[153]

Ebenso sprachlos scheinen hierzu Traditionen und Konfessionen. Man merkt fast schon täglich, wie sie an Einfluss verlieren. Der Philosoph Martin Heidegger (1889 – 1976) kennzeichnete den Menschen der Moderne durch seine „Seinsvergessenheit". Er befinde sich in völliger Unkenntnis, worum es überhaupt geht.

Dieser philosophische Aspekt, das transzendente Sein vergessen zu haben und nur im irdischen Seienden das Dasein zu erkennen, wirft die Frage auf, ob sich die Menschen in ihrer materiellen Welt als die einzigen Hausherren vorkommen, die alle Schätze dieser Erde ausbeuten und verjubeln dürfen, um sich – einmal überspitzt formuliert – nach der lautstarken Party um Wohlstand, Konsum und Macht ungestraft aus dem Staub zu machen. Dass ihre hochgelobte materielle physische Konstitution dabei ganz wörtlich genommen einmal in Staub versinken wird, das hört man nicht so gerne, wird verdrängt. So gehen sie auf in ihrer geschäftigen Tätigkeit, in Versorgungsnotwendigkeiten, wie Heidegger schon bemerkte, und flüchten sich in fremde inhaltliche Zusammenhänge und den elektronischen Unterhaltungsdienst.

Das führt zu der Konsequenz, die der Anthroposoph und Theologe Emil Bock in einem aussagekräftigen Bild beschrieb: „Die irdische Verzauberung" des Menschen sei so weit fortgeschritten, dass er sich nur noch materiell auffasst und nicht mehr weiß, dass er ein geistig-übersinnliches Wesen ist: „In dem Turm des Menschenwesens, der einst als Leuchtturm der irdischen Kreatur erleuchtete, erlosch das Licht."[154]

Auf den Weg der einseitigen Ausrichtung nach rein naturwissenschaftlichen materiellen Aspekten brachte uns der Philosoph Immanuel Kant (1724 – 1804) mit seiner Forderung, nur das als wissenschaftlich haltbar gelten zu lassen, was sich empirisch, also mit materiellen Hilfsmitteln, nachweisen lasse. Ab sofort lastete auf allen geistigen Erkenntnissen das Stigma der Unwissenschaftlichkeit. Das blieb bis heute. Daran änderte auch der deutsche Idealismus nichts. Diese philosophische Neuorientierung gründete sich auf geistige Fundamente, wie sie die Ideen eines Platon veranschaulichten. Daher auch der Name des Idealismus.

In diesem Streben nach Wiederentdecken geistiger Grundlagen appellierte Gottfried Wilhelm Friedrich Hegel (1770 – 1831), der Verstand müsse wieder zur Vernunft gebracht werden. Das Absolute, also das so wörtlich vom Irdischen, vom Materiellen Losgelöste, dürfe nicht nach irdischen, empirischen Maßstäben gemessen werden. Das führe den Menschen nur zu einem „unglücklichen Bewusstsein", da er von der Wahrheit getrennt sei. Hegels Aufruf blieb ungehört. So entschwand das Absolute aus dem Blickfeld des Menschen. Er nahm das Endliche, diese materielle Welt, sein Leben als das Absolute an: Stirbt sein irdischer Bestandteil, stirbt alles. Einen tieferen Aspekt zur Verbindung von Materie und Geist nach Hegel findet der Leser im Anhang unter dem Kapitel „Materie und Unendlichkeit". Es soll verdeutlichen, dass es bei der Behandlung des Materiellen und des Geistigen keineswegs um die Herabsetzung oder Höherwertung des einen oder anderen geht, sondern um die eigenständige Bedeutung beider Inhalte.

Das Eliminieren der geistigen Welt machte natürlich auch nicht vor dem Höchsten halt. Die Menschheit gelangte wie schon so oft auf ihrem Werdegang durch die Jahrhunderte wieder einmal zur Nichterkenntnis Gottes. Er wurde bestenfalls noch in ein abstraktes deistisches Jenseits katapultiert, ein Weltenkonstrukteur, der nicht mehr reparierend eingreift, aber vom Niemandsland aus den Urknall zündete und die Welt ihrem chaotischen Lauf überließ. Die meisten sogenannten aufgeklärten Bürger unserer heutigen Gesellschaft gehen dem Fehlurteil des materialistischen Urknalls nach Kant-Laplace auf den Leim.[155] Heinz Grill bekräftigte diese Tatsache, die viele Themen unseres Denkens betrifft, mit der Analyse: „Der Materialismus verdrängt jede Wahrheit, behauptet sich in seinem Absolutismus, als ob er die ewige Wahrheit wäre."[156]

Den Abstieg unserer Tage sah der Geisteswissenschaftler Rudolf Steiner voraus. Eigentlich stünden wir vor einer neuen Epoche: „Ein neues Zeitalter beginnt, das Zeitalter des spirituellen Denkens."[157] Stattdessen verlor sich das Gros der Menschheit in den „Glauben an die Allmacht der Materie". Das ist nach Steiner der „intellektualistische Sündenfall".[158]

Gerade heute, wo wir in einer materiell geprägten Welt leben, sollten wir uns zumindest darüber im Klaren sein, was Materie und Materialismus wirklich bedeuten. Heben wir einmal im Sinne der *Aletheia* den Vorhang auf und blicken hinter das Wortphänomen auf das Wesen! Der Erste, der sich systematisch philosophisch mit „Materie“ befasst hat, war Aristoteles[159]. ὕλη (*Hylä*), Bauholz, Stoff im heutigen Sinn von Material war hierfür sein Ausdruck. Der Philosoph und Staatsmann Cicero[160] brachte ihn in seiner Übersetzung mit *materia* in die römische Philosophie. Unter dieser Bezeichnung verstehen wir heute noch, was Materie ausdrücken will. Sie ist verwandt mit dem Wort *mater* für Mutter und *matrix* für Gebärmutter: Die stoffliche Grundlage, aus der etwas Neues entstehen kann. So sagen wir heute auch Material dazu. Dabei bleibt Materie nicht nur „materiell“, sie kann aus verschiedenen Grundlagen bestehen. Es gibt ja auch die geistige Materie: Wir sammeln Ideen für einen Aufsatz, Material, kein Holz, Beton, Stahl, sondern Gedanken und Ideen: also geistige Materie.

Die Materie allein bildet jedoch nicht das Ganze. Aristoteles verwendete dafür den Begriff des Hylemorphismus[161]: Die Materie, der Inhalt, braucht eine äußere Struktur, eine Form. Der stoische Philosoph Seneca[162] führt in diesem Zusammenhang alles auf zwei Ursachen des Geschehens zurück. Erstens die Materie und zweitens, was diese Materie in den Zustand der Formung bringt. Seneca erläutert das an einem Beispiel in seinen Moralbriefen.[163] So nennt er für eine Statue eines Speerträgers nach aristotelischem Vorbild vier Grundlagenfragen. „Woraus?“ ist die erste und wird beispielsweise mit Bronze beantwortet. Das ist die Materie. Dann heißt es: „Wodurch?“. Das hinterfragt die Ursache, den Menschen, der es fertigte und die Idee hatte. Die Antwort mag hier ganz pauschal „der Künstler“ lauten. Dann führt er die Form an, in der schließlich der Urheber die Materie gegossen hat, und nennt beispielsweise einen Speerträger.

Die vierte Frage bezieht sich im „Wozu?“ auf den Zweck der Verwirklichung und kann als Grund den Verkauf haben. Als Fünftes ergänzte hier Platon mit einem „Wonach?“ die Frage nach dem Vorbild, das dem Künstler vorlag. Die Antwort heißt dann: Die Idee, das Urbild eines Speerträgers. Platon führt die Systematik auf das Weltenganze und erklärt das „Wodurch“, wer die Welt geschaffen hat, mit Gott, das „Woraus“ mit der Materie, das „Worin“, die Form, mit der sichtbaren Welt, das „Wonach“ im Urbild, der Idee der Welt, und das „Wozu“ mit der Verwirklichung des Guten, wie sie auch Leibniz die bestmögliche Welt nannte.

Weiter folgert Seneca: Was nun Gott (*deus*) für die Welt, die Materie, bedeute, bedeutet der Geist (*animus*) für den Menschen. Den Körper als „Fessel der Freiheit“ vermag der Geist zu motivieren, denn – und das mag beispielgebend für die gesamte Materie sein – ein freier Geist bewohnt „dieses hinfällige Gebäude“ des Körpers.[164]

Die Naturphilosophen nun, die in der Philosophiegeschichte als die Vorsokratiker eingegangen sind[165], machten sich auf die Suche nach dem Urstoff, der Arche (ἀρχή), dem Auslöser von allem, was da war. Davon haben die Archäologen ihren Namen, weil sie ebenfalls nach dem Ursprung graben. Archä ist latinisiert das *principium* in der Bedeutung von Anfang und Grundsatz. Hesiod[166] stellt in seinem Werk der „Theogonie“ (Entstehung der Götter) die Frage nach dem Woher der Welt, nach dem Ursprung der Götter und der Erde: „Sagt mir dies alles, ihr Musen, Bewohnerinnen des Olymps, ganz von Anfang[167], und sagt, was davon als Erstes entstand.“ Die Antwort nennt als erste Erscheinungen das berühmte *Chaos*, das biblische *Tohuwabohu*[168], dann die Erde, *Gaia*, ferner die Unterwelt, *Erebos*, und den Himmel, *Ouranos*.

Thales fand heraus, das Wasser stehe am Anfang. Anaximander nannte das *Apeiron*, das Unbegrenzte, das Ungewisse. Anaximenes erkannte die Luft, die Seele als Ursprung. Heraklit, auf den sich der deutsche Philosoph Hegel gerne bezog, zitierte das Feuer und setzte damit den Geist an den Ursprung. Von ihm kennen wir die berühmten Thesen *Panta rhei*, alles fließt, vergleichbar mit dem „Werden" Hegels, und „der Krieg ist der Vater aller Dinge"[169]. Damit wollte er nicht der Verherrlichung des Krieges dienen, sondern den Kontrast, die Polaritäten als Charakteristikum des Weltengeschehens ausdrücken.

Parmenides führte das Sein als Ursprung an und stellte den philosophischen Grundsatz auf: *Ex nihilo nihil* (Von nichts kommt nichts). Empedokles sah die vier Elemente Feuer, Wasser, Luft und Erde als grundlegend. Leukipp und Demokrit waren die ersten, die das Atom zitierten. Im Gegensatz zur heutigen Atomlehre hieß es jedoch: Es sei unentstanden, unteilbar und unvergänglich. Daraus ging das mechanistische Weltbild hervor, das auch Seele aus Atomen zusammengefügt glaubte.

Platon dagegen hielt an der Transzendenz fest: Die Ideen seien die Ursachen der Erscheinungen, die wir auf Erden vorfinden. Der Dualismus zwischen Geist und Materie tat sich damit auf. Den Geist stufte er als übergeordnet ein. Weiter nennt er den Demiurgen, der aus Chaos Weltordnung schafft, die Weltseele[170] und Materie. Seele vermittelt zwischen Geist und Materie, so Platon. Das Universum, der Makrokosmos, verfüge ebenso über eine Seele wie der Mensch als Mikrokosmos.

Den Dualismus, der die Materie in Gegensatz zum Geist stellt, formulierte später dann auch Descartes[171]: Er nannte auf der einen Seite das Objekt, die *res extensa*, den ausgedehnten Gegenstand, also die Materie, auf der anderen die *res cogitans*, das Denkende, den Geist. Problematisch für die kommenden Jahrhunderte sollte sich gestalten, wie das eine auf das andere wirkt. Was von beiden die Oberhand behält.

Diesem klassischen Dualismus aus dem Zahlwort *duo*, zwei, steht der Monismus gegenüber, der sich vom griechischen μόνος (*monos*) für „allein", das den Mönchen ihren Namen gab, ableitet. Das eine Weltbild setzt zwei Ursachen für alles: Materie und Geist. Das andere nur eine. Das ergibt dann jedoch zwei Arten von Monismus. Der eine gründet sich nur auf die Materie, die empirisch nachweisbaren Objekte, der andere sieht als Ausgangspunkt für alles den Geist, die Idee und heißt demnach Idealismus.

Beide Versionen erfuhren im Verlauf der Jahrhunderte einige Interpretationen bis hin zum dialektischen Materialismus, zur materialistischen Dialektik, der Monadologie von Leibniz oder dem transzendentalen Idealismus von Kant. Die Menschheit spaltete sich. Ein Teil erkannte nur die Materie als existent an. Der andere ließ dazu auch den Geist gelten. Wieder andere sahen mit dem geistigen Monismus den einzigen Ausgangspunkt alles Seins.

Heute behält der Materialismus die Oberhand. Als „materialistischer Naturalismus" hatte er nach Rudolf Steiner vom 15. Jahrhundert an bereits den „Zusammenhang von Sinnlichem und Übersinnlichem getötet".[172] Das „Verderbliche dieser Denkungsart" liegt seiner Meinung nach nicht darin, dass der Materialist auf die stoffliche Erscheinung das

Augenmerk lege, sondern dass er dabei nicht mehr merkt, „dass er in Wahrheit Geist vor sich habe, der nur in der stofflichen Form erscheint“.[173]

Ein radikaler Vorgänger dieser fundamentalistischen Einseitigkeit heutiger Materiegebundenheit war der im französischen Saint-Malo 1709 geborene Julien Offray de La Mettrie. Der Arzt, Aufklärer und Schriftsteller forderte die Menschen auf: „Erst recht aber Du, dem die Lust über alles geht, Du solltest Dich nicht um Deine Seele und den Seneca sorgen, denn Du kannst ohne intensive Freuden überhaupt nicht zum glücklichen Leben gelangen. All die stoischen Tugenden sind leere Worte für Dich. Es reicht, wenn Du an Deinen Körper denkst … Ergreife also das Glück, wann und wo immer es sich anbietet! Genieße die Gegenwart, vergiss die Vergangenheit und fürchte die Zukunft nicht! ... Mögen die Orgasmen, die Dich bei Nacht und bei Tag in höchster Lust zerschmelzen lassen, auf Deine Seele die gleiche wohltuende Wirkung haben wie auf Deinen Leib...Trink, iss, schlafe, schnarche, träume!“ [174]

Viel Anstoß erregte seine Schrift „L'Homme machine“, „Die Maschine Mensch“, die er 1748 herausbrachte und seine Flucht aus Frankreich notwendig machte. Hier manifestierte er zum Entsetzen seiner Mitbürger den Materialismus in Anwendung auf das Menschenbild und resümierte: „Ziehen wir also kühn den Schluss, dass der Mensch eine Maschine ist (*Concluons donc hardiment que l'Homme est une machine*) und dass es im ganzen Weltall nur eine Substanz gibt, die freilich verschieden modifiziert ist.“ [175] Alle, die nicht so dachten wie er, nannte er Menschen, „die willentlich Sklaven der Vorurteile sind“. Denen sei es ebenso unmöglich, zur Wahrheit zu gelangen, wie den Fröschen zu fliegen.

Als Materialist war er bald verrufener Atheist, den schließlich der liberale und philosophisch aufgeklärte Preußenkönig Friedrich II. aufnahm und in Sanssouci sogar an seine Tafelrunde lud. Die Welt werde nur dann glücklich, behauptete Mettrie in seinem Werk „Die Maschine Mensch", „wenn sie atheistisch ist" (*„à moins qu'il ne foit Athée"*). Hatte man ihn ja schon mit dem Spitznamen „Monsieur machine" bedacht, so bekrittelte der Philosoph Voltaire den unter den Fittichen des „Alten Fritz" Schutz suchenden materialistischen Monisten als „Hofatheisten".

Alles Geistige sei nur eine Funktion des Gehirns, nahm Mettrie die heutige Neurobiologie vorweg und stufte konsequenterweise auch die Seele nach dem Vorbild des Lukrez als sterblich ein: „Darum stimmt es, dass auch sie [die Seele] teilhat am Tode." Ähnlich hatte es der Epikureer Lukrez formuliert: „Sie (animus) muss also auch am Tod teilhaben." (*„Participem lethi quoque convenit esse."*)[176] Hingegeben an das lustvolle Leben soll der französische Materialist mit nur 41 Jahren an seiner Fresslust auch gestorben sein, behaupteten Zeitgenossen. Voltaire berichtet, König Friedrich sei mit Entsetzen zu Ohren gekommen, der eingefleischte Materialist La Mettrie habe kurz vor seinem Tod noch gebeichtet. Der Monarch forschte nach, habe aber die Verleumdung entlarven können. Voltaire: „La Mettrie sei gestorben, wie er gelebt habe: Gott und die Ärzte verleugnend. Seine Majestät war befriedigt, verfasste auf der Stelle seine Leichenrede, ließ sie bei der öffentlichen Akademie-Versammlung in seinem Namen von Darget, seinem Sekretär, verlesen und setzte einem Freudenmädchen, das La Mettrie aus Paris mitgebracht hatte, als er seine Frau und seine Kinder verließ, eine Pension von 600 Livres aus."[177]

Anklang fand La Mettrie als radikaler Materialist in der heutigen Neurowissenschaft. Schon 1802 hatte der Physiologe

Cabains die Formel des biologischen Materialismus aufgestellt: *„Le cerveau sécrète la pensée comme le foie la bile."* („Das Gehirn sondert Gedanken ab wie die Leber Galle").[178] Der Molekularbiologe und Medizin-Nobelpreisträger Francis Crick stimmte zu: „Sie sind nichts weiter als ein Haufen Neuronen". Demnach gilt das Gehirn vielen modernen Forschern als neuronale Biomaschine. Das Bewusstsein werde von einem „Haufen Neuronen" produziert.

Der Mensch entschied sich einst für den Gang durch die materielle Entwicklung, um sich zu vervollkommnen, um im Klassenzimmer Erde, abgeschirmt von aller transzendenter Wahrheit das zu lernen, was er in seinem jenseitigen Aufenthalt nicht lernen kann, vor allem die Freiheit im Unterscheiden von Gut und Böse. Die Gegenkräfte, so Rudolf Steiner, wollen ihn aber heute „erst recht hineintreiben in die physische Welt", so, dass er auf seinem Gang durch die Materie steckenbleibe.[179] Betrachtet man den Fortgang des letzten Jahrhunderts, scheint dieses Steckenbleiben direkt greifbar. Immer mehr verfestigte sich das materialistische Weltbild auf der Basis von Naturwissenschaft und Technik, immer weniger zählten die traditionellen Glaubensinhalte. Das bedeutet für die Zukunft keineswegs, dass die alten Glaubensinhalte wieder aufpoliert und einer Renaissance zugeführt werden sollen. Der Neuanfang, die zweite Aufklärung, ist schließlich gefragt, mit dem die Menschheit auf Basis von Wissenschaften, Geisterkenntnis und Vernunft vorangeht. Dann braucht es nicht mehr den blinden Glauben, der sich im Gegensatz zum Intellekt positioniert. Dann steht er auf dem Fundament des Wissens, das ihm den Glauben vermittelt.

So darf man nach Rudolf Steiner „nicht sagen, dass der Materialismus, wenn er auch die Unwahrheit ist, etwas Schlechtes ist".[180] Man habe zuerst „alle Geistigkeit materiell gedacht, und nachher hat man den Geist geleugnet". Er prophezeite die Dominanz des Materialismus. Für die Kultur werde er „immer richtiger und richtiger": „Wir können es schon mit dem Beginn des 3. Jahrtausends erleben, dass die Menschheit sich so entwickelt haben wird, dass der Materialismus die richtige Anschauung ist." [181] Das äußere Leben werde künftig dadurch beeinflusst, „dass es für die Lebenspraxis so viele Materialisten gibt". Materialist werde man, „wenn man vom Stofflichen ganz abhängig ist, dass man gezwungen ist, mit seiner Seele nachzulaufen den Bedürfnissen, die das Leben uns zudiktiert".[182] Zu „kurieren" sei diese Abhängigkeit schließlich nur mit „Versenkung in die Geisteswissenschaft".

Schließlich drückt sich im Materialismus nach der Erkenntnis Steiners der menschliche Hochmut aus. Er wolle kein „Abglanz des Göttlich-Geistigen sein, sondern ... bloß das höchste der tierischen Wesen".[183] Diesen Hochmut schilderte Theodor Fontane humorvoll aus: „Ich habe es noch erlebt, wie das mit den Affen aufkam, und dass irgendein Orang-Utan unser Großvater sein sollte. Da hättest du sehen sollen, wie sie sich alle freuten! Als wir noch von Gott abstammten, da war eigentlich gar nichts los mit uns, aber als das mit den Affen Mode wurde, da tanzten sie wie vor der Bundeslade." [184] Diese materialistische Ansicht widerspricht nach Rudolf Steiner der Wahrheit. Vor allem, wenn sie passiv übernommen wird, wirke sie wie ein Nahrungsmittel, „das nicht verdaut wird, das die Kräfte nicht entwickeln kann, wonach die Seele wirklich hungert".[185]

Auf Druck der Vorurteile dieses Materialismus fänden auch so wenige Menschen zur Geisteswissenschaft, sodass sich die Menschheit heute an der „Grenzscheide zweier Zeitalter" befinde: der geistigen oder materiellen Orientierung.[186]

Diese „derb materielle“ Einstellung eigne sich der Mensch nicht ungestraft an. „Merkwürdige Krankheiten und Epidemien“ träfen ihn dafür. Wie oben bereits angemerkt moniert auch er, dass die materialistische Gesinnung „zum Allerintolerantesten“ gehöre. Überraschenderweise nennt Steiner dafür einen sehr frühen Vorläufer materialistischer Vorurteile, den Kirchenlehrer Augustinus. Die Reinkarnationslehre sei in Urzeiten allgemein gewesen, sei lange noch in der „Mönchsesoterik“ gelehrt worden wie bei den Trappisten, die eine Inkarnation hindurch schweigen müssten, um in der nächsten gute Redner zu werden.[187]

Im Zeitalter des Materialismus sollte auch die Kirche die Reinkarnation nicht mehr lehren. So habe Augustinus die Prädestinationslehre aufgestellt. Sie prägt den Menschen von vorneherein zum Verderben oder zur Rettung und macht die gesamte Ewigkeit von einem einzigen Leben abhängig: „Hiermit hängt nun wiederum das tief Materialistische des Christentums zusammen …“ Das führte dazu, dass man heute „kein Bewusstsein mehr vom Jenseits“ habe. Und weiter: „Um die materialistische Kultur herbeizuführen, mussten die Menschen durch eintausendreihundert Jahre hindurch eine solche Lehre haben, wie das Christentum sie brachte, dass der Mensch von dem einen Erdenleben die ganze Ewigkeit abhängig macht.“

Das Spirituelle sei schon zur Zeit Christi verraten worden. Judas hing am Geld. In ihm inkarniere sich die materielle Zeit: „Diese materielle Zeit hat das Spirituelle verdunkelt und verdüstert. Christus wird durch seinen Tod der Erlöser der materiellen Zeit.“

Auf diesem Weg kann der Materialismus unserer Tage durch geistige Erkenntnisarbeit im christlichen Sinne überwunden werden. Dann benötigen wir keine Dogmen mehr, kein äußeres Zurechtweisen und all die vielen „Päpstlein", die sich alle für unfehlbar halten. Denn auch jetzt schon gilt, dass die Wahrheit nicht von der Majorität entschieden wird, sondern von der Erkenntniskraft und Entwicklung des Einzelnen. Er ist ja gerade Individuum, das aus *„in"* für „nicht" und *„dividere"* für „teilen" seine Unteilbarkeit im Irdischen ausdrückt. Unteilbar einerseits Geist, Seele, andererseits Körper, Materie. Erst mit dem Tod fällt diese Regel: Das Individuum wird geteilt: Ein Teil, die Materie geht in die Erde zurück, der andere, Seele und Geist, streben ins Jenseits.

12. Jüngster Tag: Wer nicht auferstehen will, soll liegenbleiben!

Zu einer kniffligen Frage gestaltete sich in Moderne und Postmoderne die Auferstehung. Immer weniger Gläubige in den Religionen empfinden es als Wahrheit, dass der Mensch nach seinem Tod für ein jenseitiges Reich aufersteht, ob das nun in leiblicher oder anderer Form, in den Himmel, ein Nirwana oder Fegefeuer hin passieren soll. Eine Umfrage vom April 2011 ergab, dass 62 Prozent der Befragten nicht an die Auferstehung Christi glauben, vier Prozent fand keine Antwort darauf, der Rest hielt am traditionellen Auferstehungsglauben fest.[188] Nicht verwunderlich für die heutige Zeit, wie schon Rudolf Steiner vermerkte: „Wie sollte auch in die Weltanschauung des modernen Menschen die Auferstehung als eine historische Tatsache hineinpassen?"[189]

Demgegenüber bezeichnet der Apostel Paulus die Auferstehung als das zentrale Ereignis: Ohne Auferstehung habe das Christentum keine Bedeutung. Er erkennt darin das Wesentliche des Christentums, wie er im Brief an die Korinther schreibt: „Ist Christus nicht auferstanden, so ist unsere Verkündigung ohne Sinn und euer Glaube ohne Inhalt.“ [190] Schon die „Aufklärung“ stellte sich gegen die Tradition dieses Osterereignisses, da es mit den Naturgesetzen nicht vereinbar sei. Der Philosoph Immanuel Kant versuchte, Glauben und Gott im Rahmen einer „Vernunftreligion“ als Trost für den suchenden Menschen gelten zu lassen.[191]

Heute scheinen sich wenige Christen mit diesen Inhalten ernsthaft zu beschäftigen. Wen interessiert schon, wie eine leibliche Auferstehung, die nach wie vor von den Kirchen so behauptet wird, vor sich gehen könnte? Da hatte man einst gegrübelt, um welchen „Wunderstoff“ es sich handle, wenn der Körper neu gebildet wird. Denn sollte er nur wie ein physisch-materieller Corpus, den wir in unserem Dasein jetzt auch haben, auferstehen, dann wäre er ja wieder sterblich. Das betrifft den Gedanken der Reinkarnation, die mit Auferstehung nichts zu tun hat und damit nicht verwechselt werden darf. Reinkarnation heißt ja „wieder in das Fleisch“, also in die Materie gehen, die vergänglich ist.

Weiter fragte man sich einst, welche Gestalt man denn dann annehme. Das Aussehen, als man 40 war, 20, 70? Auf welche Inkarnation sollte überhaupt zugegriffen werden? Die Verkörperung zur Zeit der Römer, im Mittelalter, in der Moderne? Im Philippus-Evangelium sind die Bedenken einiger aufgeführt, die Angst davor haben, nackt auferstehen zu müssen. Wenig helfen die Äußerungen des emeritierten Papstes Joseph Ratzinger: Es gebe keine Vorstellung über den Materiebezug und den Auferstehungsleib.

Die Leugnung der Auferstehung gab es ja schon vor der Auferstehung Christi. Wie wir aus den Auseinandersetzungen der Evangelien nachvollziehen können, stritten sich darüber die Sadduzäer und die Pharisäer. Die Sadduzäer, aus deren Reihen sich die Hohe-Priester-Familien über Jahrhunderte rekrutierten, lehnten den Auferstehungsgedanken ab. Sie stellten Christus auch die Fangfrage, zu welchem Mann eine Frau nach der Auferstehung gehöre, wenn sie siebenmal verheiratet war.[192]

Das glatte Gegenteil verkörperten die Pharisäer, die ursprünglich aus einer geistig strebenden Ordensgemeinschaft hervorgegangen waren. In ihnen lebte der Glaube an die Auferstehung der Toten aus den Gräbern bei der Wiederkunft Christi. Diese pharisäische Eschatologie, also Endzeiterwartung, sagt der Steiner Schüler und Anthroposoph Emil Bock, habe sich gerade in der späteren Zeit durch den heute geltenden Weltanschauungsmaterialismus verfestigt.[193] Dabei handle es sich um einen materialistischen Grundirrtum – die Materie möchte alles materiell bewiesen haben. Gerade die Kirchen hätten es vorgezogen, so Bock, „auf der allgemeinen Heerstraße der Verweltlichung und des Denktodes mitzumarschieren".

Es hilft uns auch nicht weiter, wenn wir die Thematik humorvoll behandeln, wie es der Alte Fritz, Friedrich II. von Preußen, einst handhabte. Ihm brachten nicht nur die Staatsbediensteten ihre Sorgen in Briefen und Fragen zum Ausdruck, sondern auch die Pfarrer. Einer beschwerte sich über einen aus der Reihe seiner „Schäfchen": Der glaube nicht, dass er am Jüngsten Tag auferstehen werde. Was solle er mit ihm tun?, fragte der Pfarrer. Friedrich kommentierte die Nachfrage, wie er es meist tat, mit einer Randnotiz. Sie lautete in diesem Fall: Wenn er am Jüngsten Tag nicht auferstehen will, soll er liegenbleiben.

Maria von Magdala nennen die Evangelien die erste Augenzeugin der Auferstehung:

„An dem ersten Wochentag aber kommt Maria Magdalena früh, als es noch finster war, zur Gruft und sieht den Stein von der Gruft weggenommen. Sie läuft nun und kommt zu Simon Petrus und zu dem anderen Jünger, den Jesus lieb hatte, und spricht zu ihnen: Sie haben den Herrn aus der Gruft weggenommen, und wir wissen nicht, wo sie ihn hingelegt haben. Da ging Petrus hinaus und der andere Jünger, und sie gingen zu der Gruft. Die beiden aber liefen zusammen, und der andere Jünger lief voraus, schneller als Petrus, und kam zuerst zu der Gruft; und als er sich vornüberbeugt, sieht er die Leinentücher daliegen; doch ging er nicht hinein. Da kommt Simon Petrus, der ihm folgte, und ging hinein in die Gruft und sieht die Leinentücher daliegen und das Schweißtuch, das auf seinem Haupt war, nicht zwischen den Leinentüchern liegen, sondern für sich zusammengewickelt an einem besonderen Ort. Da ging nun auch der andere Jünger hinein, der zuerst zu der Gruft kam, und er sah und glaubte. Denn sie verstanden die Schrift noch nicht, dass er aus den Toten auferstehen musste. Da gingen nun die Jünger wieder heim.

Maria aber stand draußen bei der Gruft und weinte. Als sie nun weinte, beugte sie sich vornüber in die Gruft und sieht zwei Engel in weißen Kleidern dasitzen, einen bei dem Haupt und einen bei den Füßen, wo der Leib Jesu gelegen hatte. Und jene sagen zu ihr: Frau, was weinst du? Sie spricht zu ihnen: Weil sie meinen Herrn weggenommen und ich nicht weiß, wo sie ihn hingelegt haben. Als sie dies gesagt hatte, wandte sie sich zurück und sieht Jesus dastehen; und sie wusste nicht, dass es Jesus war. Jesus spricht zu ihr: Frau, was weinst du? Wen suchst du? Sie, in der Meinung, es sei der Gärtner, spricht zu ihm: Herr, wenn du ihn weggetragen, so sage mir, wo du ihn hingelegt hast! Und ich werde ihn wegholen. Jesus spricht zu ihr: Maria! Sie wendet sich um und spricht zu ihm auf Hebräisch: Rabbuni! - das heißt Lehrer. Jesus spricht zu ihr: Rühre mich nicht an! Denn ich bin noch nicht aufgefahren zum Vater. Geh aber hin zu meinen Brüdern und sprich zu ihnen: Ich fahre auf zu meinem Vater und eurem Vater und zu meinem Gott und eurem Gott! Maria Magdalena kommt und verkündet den Jüngern, dass sie den Herrn gesehen und er dies zu ihr gesagt habe." [194]

Warum erkannte sie ihn nicht? Rudolf Steiner erklärt: „So haben wir okkult die Auferstehung zu begreifen und brauchen gar nicht in Widerspruch zu kommen mit den Evangelien. Denn ich habe schon oft darauf aufmerksam gemacht, dass Maria von Magdala den Christus nicht erkannte, als er ihr begegnete. Wo würde sich denn einer nicht getrauen, jemanden, den er vor ein paar Tagen noch gesehen hat, wiederzuerkennen, besonders wenn dies eine solche wichtige Persönlichkeit ist, wie es der Christus Jesus war? Wenn erzählt wird, dass Maria von Magdala ihn nicht erkannte, so musste er ihr in einer anderen Gestalt entgegengetreten sein. Sie erkennt ihn erst, als sie sozusagen ihn sprechen hört. Da wird sie aufmerksam." [195]

Im Mittelpunkt der ersten Auferstehungsszene des Johannes vor den Jüngern steht der Apostel Thomas, der bekanntlich aufgrund seiner skeptischen Reaktion künftig als der Zweifler galt. Er führte den Beinamen Didymus, Zwilling, und soll nach Indien zur Verkündigung des Evangeliums gegangen sein. Auch hier tritt ganz markant, ohne dass eine Verwechslung im Spiele wäre, das körperliche Phänomen auf. Hatten wir noch bei Maria Magdalena die schroffe Ablehnung des

„Noli me tangere!" („Berühre mich nicht!"), stoßen wir hier auf das Gegenteil: Thomas soll den Körper des Auferstandenen berühren. Und wieder stehen wir vor dem Rätsel: Was war das für ein Leib?

Als es nun Abend war an jenem Tag, dem ersten der Woche, und die Türen, wo die Jünger waren, aus Furcht vor den Juden verschlossen waren, kam Jesus und trat in die Mitte und spricht zu ihnen: Friede euch! Und als er dies gesagt hatte, zeigte er ihnen die Hände und die Seite. Da freuten sich die Jünger, als sie den Herrn sahen. Jesus sprach nun wieder zu ihnen: Friede euch! Wie der Vater mich ausgesandt hat, sende ich auch euch. Und als er dies gesagt hatte, hauchte er sie an und spricht zu ihnen: Empfangt Heiligen Geist! Wenn ihr jemandem die Sünden vergebt, dem sind sie vergeben, wenn ihr sie jemandem behaltet, sind sie ihm behalten.

Thomas aber, einer von den Zwölfen, genannt Zwilling, war nicht bei ihnen, als Jesus kam. Da sagten die anderen Jünger zu ihm: Wir haben den Herrn gesehen. Er aber sprach zu ihnen: Wenn ich nicht in seinen Händen das Mal der Nägel sehe und meine Finger in das Mal der Nägel lege und lege meine Hand in seine Seite, so werde ich nicht glauben. Und nach acht Tagen waren seine Jünger wieder drinnen und Thomas bei ihnen. Da kommt Jesus, als die Türen verschlossen waren, und trat in die Mitte und sprach: Friede euch! Dann spricht er zu Thomas: Reiche deinen Finger her und sieh meine Hände, und reiche deine Hand her und lege sie in meine Seite, und sei nicht ungläubig, sondern gläubig! Thomas antwortete und sprach zu ihm: Mein Herr und mein Gott! Jesus spricht zu ihm: Weil du mich gesehen hast, hast du geglaubt. Glückselig sind, die nicht gesehen und doch geglaubt haben![196]

Ferner erfahren wir aus den Evangelien, er habe sich zweien „in anderer Gestalt" offenbart. Das geschah auf dem berühmten Gang nach Emmaus:

Und siehe, zwei von ihnen gingen an demselben Tage in ein Dorf, das war von Jerusalem etwa zwei Wegstunden entfernt; dessen Name ist Emmaus. Und sie redeten miteinander von allen diesen Geschichten. Und es geschah, als sie so redeten und sich miteinander besprachen, da nahte sich Jesus selbst und ging mit ihnen. Aber ihre Augen wurden gehalten, dass sie ihn nicht erkannten. Er sprach aber zu ihnen: „Was sind das für Dinge, die ihr miteinander verhandelt unterwegs?" Da blieben sie traurig stehen. Und der eine, mit Namen Kleopas, antwortete und sprach zu ihm: „Bist du der einzige unter den Fremden in Jerusalem, der nicht weiß, was in diesen Tagen dort geschehen ist?" Und er sprach zu ihnen: „Was denn?" Sie aber sprachen zu ihm: „Das mit Jesus von Nazareth, der ein Prophet war, mächtig in Taten und Worten vor Gott und allem Volk; wie ihn unsre Hohenpriester und Oberen zur Todesstrafe überantwortet und gekreuzigt haben. Wir aber hofften, er sei es, der Israel erlösen werde. Und über das alles ist heute der dritte Tag, dass dies geschehen ist. Auch haben uns erschreckt einige Frauen aus unserer Mitte, die sind früh bei dem Grab gewesen, haben seinen Leib nicht gefunden, kommen und sagen, sie haben eine Erscheinung von Engeln gesehen, die sagen, er lebe. Und einige von uns gingen hin zum Grab und fanden's so, wie die Frauen sagten; aber ihn sahen sie nicht."

Und er sprach zu ihnen: „O ihr Toren, zu trägen Herzens, all dem zu glauben, was die Propheten geredet haben! Musste nicht Christus dies erleiden und in seine Herrlichkeit eingehen?" Und er fing an bei Mose und allen

Propheten und legte ihnen aus, was in der ganzen Schrift von ihm gesagt war. Und sie kamen nahe an das Dorf, wo sie hingingen. Und er stellte sich, als wollte er weitergehen. Und sie nötigten ihn und sprachen: „Bleibe bei uns; denn es will Abend werden, und der Tag hat sich geneigt." Und er ging hinein, bei ihnen zu bleiben.

Und es geschah, als er mit ihnen zu Tisch saß, nahm er das Brot, dankte, brach's und gab's ihnen. Da wurden ihre Augen geöffnet, und sie erkannten ihn. Und er verschwand vor ihnen. Und sie sprachen untereinander: Brannte nicht unser Herz in uns, als er mit uns redete auf dem Wege und uns die Schrift öffnete? Und sie standen auf zu derselben Stunde, kehrten zurück nach Jerusalem und fanden die Elf versammelt und die bei ihnen waren; die sprachen: „Der Herr ist wahrhaftig auferstanden und Simon erschienen." Und sie erzählten ihnen, was auf dem Wege geschehen war und wie er von ihnen erkannt wurde, als er das Brot brach.[197]

Bei Lukas findet die Emmaus-Szene eine Fortsetzung. Als die Jünger den Auferstandenen sahen, erschraken sie, fürchteten sich und meinten, sie sähen einen „Geist". Da stellt sich für uns ja wohl zudem die Frage, was den Vertrautesten des Christus Jesus, die sich ja wohl im Umgang mit ihm auf einer geistigen Ebene vertraut gemacht hatten, so furchterregend erschien.[198]

Was uns jetzt wohl etwas erstaunt, ist die einhellig überlieferte Tatsache, dass die Apostel nicht an die Auferstehung glaubten. Die erste Sorge der Frauen wie Apostel besteht darin, man könne den „Herrn" gestohlen haben. Soll das nun heißen, sie haben nicht richtig aufgepasst oder haben nichts verstanden, als ihnen Christus die Auferstehung voraussagte? Wir haben das beispielsweise bei Markus zitiert. Da heißt es nach der Luther-Übersetzung: Denn er lehrte seine Jünger und sprach zu ihnen: „Der Menschensohn wird überantwortet werden in die Hände der Menschen, und sie werden ihn töten; und wenn er getötet ist, so wird er nach drei Tagen auferstehen." Sie aber verstanden das Wort nicht und fürchteten sich, ihn zu fragen.[199]

Es ist ja nicht so, dass es ihnen selbst am Auferstehungstag nicht gesagt würde. „Er ist auferstanden, wie er gesagt hat", lesen wir bei Matthäus. Dasselbe sagt der „Jüngling" am leeren Grab bei Markus. Maria Magdalena berichtete es den Jüngern – sie glaubten ihr nicht. Genauso bei Lukas im Wortlaut der „zwei Männer". Unsicher waren sich auch die Emmaus-Jünger: Die Frauen hätten berichtet, der Leichnam sei weg und Engel seien ihnen erschienen. Seinen Beinamen von diesem Zweifeln erhielt gar der ungläubige Thomas, der sozusagen eine Sondervorführung erhielt. Davon auch das Bibel-Bonmot nach Johannes: „Selig sind, die nicht sehen und doch glauben."[200]

Wäre der Auferstandene nun den Frauen wie Männern so erschienen, wie er sich ihnen zu Lebzeiten im gewohnten Anblick gezeigt hatte, so hätte es nicht zu diesem Erschrecken geführt, von dem die Evangelisten berichten. „Sie fürchteten sich", heißt es allgemein bei Markus. Nach Lukas betritt Christus den Versammlungssaal, das Coenaculum. Da fürchten sich die Anwesenden und halten ihn für einen Geist.

Dieses Erschrecken liefert uns nun eindeutig das Indiz, dass die Auferstehung nicht eins zu eins stattgefunden hat, also dass Christus im selben fleischlichen Körper, wie er vor seinem Tod auf Golgatha den Jüngern gegenübergetreten war, als Auferstandener erschienen ist. Er muss wohl etwas anders ausgesehen haben. Wenn wir jemand kennen, von dem wir erfahren, dass er gestorben sei, und wir ihn unvermutet treffen, dann erschrecken wir nicht, wenn wir ihm begegnen, sondern fragen ihn etwa, wie es zu so einer Fehlmeldung gekommen sei. Er ist der gleiche wie vorher – das war der Auferstandene nicht.

An der leiblichen Auferstehung im physischen Körper halten jedoch die Kirchen fest. Die katholische Kirche spricht von der *resurrectio carnis*, der ἀνάστασις τῶν νεκρῶν (*anastasis ton nekron*), also der „Auferstehung des Fleisches". Diese Überzeugung verankerte die Dogmatik im Glaubensbekenntnis mit dem Satz: „Ich glaube … an die Auferstehung des Fleisches." Das gelte für alle, so die Theologie nach Denzinger: Das *Symbolum Quicumque* (Glaubensbekenntnis) betone die Allgemeinheit der Auferstehung: „Bei seiner Ankunft müssen alle Menschen mit ihren Leibern auferstehen."[201] – Also katholisch gilt nicht, was Friedrich der Große geraten hatte: Er solle liegenbleiben.

Die katholische Dogmatik stützt sich in der Auferstehungsfrage auf den Kirchenlehrer und Philosophen Thomas von Aquin, der neben anderem betont: Vorbild der Vergeistigung sei der auferstandene Leib Christi, der aus dem verschlossenen Grab hervor- und durch verschlossene Türen hindurchgegangen sei (Joh 20,19). Der innere Grund der Vergeistigung liege in der vollständigen Beherrschung des Leibes durch die verklärte Seele, insofern sie die Wesensform des Leibes ist.[202] Der Grad der Verklärung des Leibes werde gemäß 1 Kor 15,41 verschieden sein, und zwar entsprechend dem Grade der Klarheit der Seele; letzterer richte sich aber nach dem Maße der Verdienste.[203]

Was ist nun die Wahrheit? Gibt es hier überhaupt eine Wahrheit?

Prinzipiell hält Paulus die beiden Leiber auseinander, wie uns das Original des Korintherbriefes belegt: *„Seminatur corpus animale, resurgit corpus spiritale."* (σῶμα ψυχικόν – σῶμα πνευματκόν; soma psychikon – *soma pnematikon).*[204] Gesät werde ein „beseelter Leib", auferstehen werde ein Geistesleib. Und kurz zuvor: „Gesät wird in Verweslichkeit, auferweckt in Unverweslichkeit." Im Kontrast formulieren Übersetzungen wie von Schäfer, Adler [205]: „sinnlicher Leib" und „geistiger Leib". Rudolf Steiner präzisiert in „verweslicher Leib" – „unverweslicher Leib".

Was ist das nun für ein Leib, der aufersteht, der spirituelle Leib? Das Zauberwort nach Rudolf Steiners Forschungen heißt Phantom. Jeder Mensch verfüge über einen Phantomleib, Christus Jesus ebenfalls, jedoch über einen besonderen. Beim Phantom handelt es sich um die „geistige Formgestalt". Jeder Leib konzentriert sich nach dem physischen Tod des Menschen in eine Quintessenz: Der Ätherleib zu einem Ätherleib-Extrakt, der Astralleib zu einem Astralleib-Extrakt und der physische Leib zu einem Körperextrakt, das man Phantom nennt. Das Wort stammt vom griechischen Verbum φαντάζεσθαι (*phantazesthai*) im Sinne von „sichtbar werden, erscheinen" und vom Substantiv φάντασμα (*phantasma*) in der Bedeutung „Erscheinung", aber auch „Gespenst". In der Medizin kennt man das Phantom als Nachbildung eines Körperteils für Übungszwecke und den Phantomschmerz, der von einem fehlenden Glied ausgeht.

Philosophisch gründet sich das Phantom in der Form, in der platonischen Idee. Steiner nennt es einmal das „Geistgewebe der physischen Stoffe" und vergleicht es mit einem Netz voller Äpfel. Das Netz verleiht dem Inhalt, der rein stofflicher Natur ist, die äußere Form. Rudolf Steiner fasst zusammen: Bei seinem Tod verschwand das Physische in der Erde. Aus dem Grab erhob sich das reine Phantom. „Das Phantom Christi blieb drei Jahre unberührt von materiellen Teilen", sagt Rudolf Steiner. Dieses Phantom sah Maria von Magdala. Dieses Phantom sah Paulus vor Damaskus. Paulus folgert, dieser Geistleib Christi vermehre sich durch seine Verbindung mit der Erde wie ein Samenkorn und gehe über auf alle Menschen. Der Mensch kann diesen Samen aufnehmen oder nicht. Dieser aus dem Grabe auferstandene Leib des Christus teilt sich jedem mit, der eine Beziehung zu ihm aufbaut, betont Rudolf Steiner.[206] Der Mensch nehme dadurch den „unverweslichen Leib" auf, gestalte sein Ich-Bewusstsein heller. Darin liege die Quintessenz des Christentums: Christus habe seinen Auferstehungsleib gegeben, um so wiederum der Menschheit zur geistigen Auferstehung zu verhelfen.

Diese Auferstehung falle dem Menschen nicht in den Schoß, wie sie von den Religionen oft in Heilsversprechungen prophezeit wird. Er muss sich um seinen geistigen Erkenntnisweg und seine daraus folgende ganz persönliche Entwicklung kümmern, um diesen Samen, wie ihn Paulus nennt, auch aufnehmen zu können. Jeden Tag sollen wir uns durch die Kraft des Auferstandenen wandeln, indem wir uns um eine fortwährende Durchgeistigung des Irdischen bemühen. Das ist der Auftrag der Auferstehung heute: Die fortwährende Transsubstantiation oder – wie Goethe sagte – die Metamorphose. Beides fordert wörtlich von uns stete Wandlung im Werdegang.

13. Die Biologen mit Gummistiefeln in den Hallen der Philosophie

Schon Sokrates lehrte die Menschheit, dass sie ein Wissen von der Wahrheit in sich trägt. Heute noch legt die Tatsache, dass jeder in diese Welt Geborene von Haus aus über gewisse Kenntnisse und Grundfähigkeiten verfügt, die er sich nicht angelernt haben kann, der Wissenschaft Rätsel auf. Zu dem Problem des *„Apriori"*, dem, was zuerst war, umgangssprachlich die Henne oder das Ei, äußern wir uns im Schlusskapitel. Demnach verfügt der Mensch über ein a-priori-Wissen, ein Wissen, das er von vorneherein (*a priori*) ohne Vermittlung und Erfahrung ins Leben mitbringt, quasi Ideen, Gedanken, die ihm unbewusst zur Verfügung stehen. Demgegenüber steht das a-posteriori-Wissen, das er sich im Nachhinein (*a posteriori*) seit seiner Geburt im Laufe der Erfahrungen des Lebens aufbaut.

In früheren Jahrhunderten, als man noch über ein intuitives Gespür einer göttlichen Ordnung verfügte, kam kein Zweifel darüber auf, dass wohl ein überirdischer Schöpfer speziell dem Menschen als Krone der Schöpfung die geistigen Fähigkeiten mit in den Schoß gegeben hatte, quasi als *„idea innata"*, „eingeborene Idee". In die neuen Bahnen der nur „empirisch nachweisbaren Erkenntnisse" verwiesen die Epistemologie, die philosophische Erkenntnistheorie, dann die englischen Empiristen von John Locke über George Berkeley bis David Hume, die „Kritik der reinen Vernunft" Kants, die Deszendenztheorie Darwins und naturwissenschaftliche Erkenntnisse der Neuzeit wie Moderne. So stehen sich heute eine evolutionäre und transzendentale Erkenntnistheorie gegenüber. Auf einen Nenner gebracht: Baute sich der Mensch im Verlaufe seines langen Weges evolutionärer Entwicklung seinen Verstand und seinen Geist auf oder stehen ihm diese

Fähigkeiten grundsätzlich als transzendentes geistiges Wesen zur Verfügung? Und noch prägnanter: Schaltete von Anfang an der Geist die Initialzündung für alles Werden oder entflammte das Licht der Erkenntnis eines Tages während des Aufstiegs zum Homo sapiens?

Der österreichische Biologe und Zoologe Franz Manfred Wuketis folgert: „In der evolutionären Erkenntnistheorie heute werden die angeborenen Ideen, die Kategorien ... durchwegs als *Aposteriori* der Evolution erklärt."[207] Damit sagt er, dass sich der Mensch alle Vernunft im langen Entwicklungsgang durch die Evolution in Erfahrungsarbeit aufgebaut hat. Er zitiert dafür namhafte Vorgänger dieser Theorie wie den Arzt und Naturwissenschaftler Ludwig Büchner, der behauptete: „Körperliche oder stoffliche Anlagen, auf deren Grund sich später geistige Qualitäten entwickeln werden, können und müssen diese Keimstoffe freilich besitzen; aber von einem wirklich seelischen Inhalt derselben kann auch nicht im Entferntesten die Rede sein." Den Mediziner und Philosophen Ernst Haeckel lässt er die Anfangsgründe der Naturwissenschaft vergleichen. Kant habe sie metaphysisch und transzendental gedacht, „für unsere monistische[208] Weltanschauung hingegen" sei sie „physikalisch und empirisch".

Wuketis' Meinung nach habe Darwin „klar" gezeigt, „dass der Mensch nur von dieser Welt ist und dass er nicht allein hinsichtlich seiner somatischen Organisation in der ‚Tierreihe' verwurzelt ist, sondern auch hinsichtlich seiner psychischen bzw. geistigen Fähigkeiten". Also sei es Zeit für eine „Neuformulierung verschiedener altehrwürdiger Probleme (wie Leib-Seele-Problem usw.)". Die evolutionäre Erkenntnistheorie gehe auf Bedingungen des menschlichen Wissens, der menschlichen Erkenntnis zurück, die unergründbar bleiben mussten, solange nicht entsprechende, empirisch fundierte Erkenntnisse zur Hand waren …" Die organische Evolution lege auch eine Evolution „höherer Fähigkeiten" nahe. Das schließe die Lücke zwischen Natur und Geist, der Mensch sei durch diese Entwicklung, die den Geist aus der Materie hervorgehen ließ, kein „gespaltenes Wesen" mehr. Heute vermöge die Wissenschaft die noch unter Platon „statischen, unwandelbaren Wesenheiten" als „Resultate einer langen Entwicklungsgeschichte" zu sehen. Angeborene Strukturen seien eine Tatsache, aber evolutionär zu verstehen als „Resultate der Auseinandersetzung unserer Vorfahren in der Stammesgeschichte". Nun müssten auch Kants synthetische Urteile a priori „auf das Plateau der Stammesgeschichte gehoben" werden: „Sinnliche Wahrnehmung wie verstandesmäßige Ordnung folgen einer natürlichen Entwicklung des menschlichen Erkenntnisapparates, der selbst ein Resultat des organischen Werdens ist und nicht künstlich aus diesem herausgesondert werden darf."

Man versuche, vermutet der österreichische Wissenschaftstheoretiker Erhard Oeser, „die vulgären Biologen mit ihren nassen Gummistiefeln von den höheren Gefilden der Philosophie" abzuhalten, dass sie ihr nicht schon wieder etwas wegnehmen.[209] Die Erkenntnistheorie rangiere heute nur noch als „Teildisziplin der Biologie". „Bloß theoretisches Wissen" sei für die Evolution nicht mehr relevant: „ … es dient nicht zum Überleben der biologischen Art Mensch. Das bedeutet den Primat des praktischen oder technischen Wissens vor dem theoretischen." Damit erkläre sich auch der „ungeheure Erfolg und die Durchsetzungskraft der naturwissenschaftlichen Erkenntnis gegenüber Philosophie und Geisteswissenschaft".

Der Physiker und Philosoph Gerhard Vollmer bringt die Thematik auf einen knappen Nenner: „Die Evolutionäre Erkenntnistheorie (EE) geht aus von der naturalistischen These, dass Erkennen eine Gehirnfunktion und als solche zugleich ein Ergebnis der biologischen Evolution ist."[210] Da diese „kopernikanische Wende", die nicht den Geist, sondern die Materie an den Ausgangspunkt stellt, alles über den Haufen schmeißt, habe man sie als „Blendwerk des Teufels" verschrien, als „Sünde wider den Geist" und als „Fingerzeig auf die Macht des Bösen". Der Fehler der Fakten der Evolutionären Erkenntnistheorie liege nach dem amerikanischen Philosophen Hilary Putnam aber darin, „dass sie keine einzige philosophische Frage beantworten". Kritisch sehe er es ferner, wenn neben den Menschen und Primaten „selbst der Amöbe"[211] Erkenntnisfähigkeit zugestanden werde: „Für einen solchen Erkenntnisakt ist offenbar Gedächtnis erforderlich … Auf Moleküle, Einzeller, Pflanzen und wirbellose Tiere lässt sich unser Erkenntnisbegriff jedenfalls nicht anwenden, wohl aber auf Menschen und höhere Wirbeltiere …"

Die Evolutionäre Erkenntnistheorie, die sich selber als „Biologie der Erkenntnis" einschätze, verfüge nicht über den Status einer philosophischen Theorie. Probleme sieht Vollmer in der Erklärung der dem Menschen angeborenen Kausalität, dass er also alles aus einer Ursache (*causa*) hervorgegangen glaubt. Man behaupte nämlich, sie sei durch die Evolution entstanden, bedeute einen Überlebensvorteil, lasse sich empirisch festmachen. Kausalität, warum etwas so und so geworden ist, lasse sich aber „aus der EE nicht ableiten": „Sie kann nur eine Existenzbehauptung aufstellen und die Erfahrungswissenschaft auffordern, diese Differenz ausfindig zu machen."

Diese Argumente bergen nach Ansicht des Schweizer Philosophen und Schriftstellers Peter Bieri die Gefahr des „biologischen Dogmatismus“, da die Evolutionäre Erkenntnistheorie „nichts zu der Frage beitragen“ könne, ob unsere Meinungen wahr oder korrekt sind, da diese „Perspektive … überhaupt nicht auf Meinungen anwendbar“ sei, „sondern nur auf elementare kognitive Fähigkeiten wie beispielsweise die Aufnahme und Verarbeitung sensorischer Information“.[212]

Wir werden uns im Schlusskapitel speziell den Erkenntnismöglichkeiten zur Annäherung an die Wahrheit über die Bedingungen von evolutionärer und transzendentaler Erkenntnistheorie noch einmal befassen.

Nachdem wir uns nun etwas umgehört haben, wie uns denn die Wahrheit entgegentritt, wie sie gekannt, erahnt, aber auch missverstanden, missachtet werden kann, wollen wir uns auf den Weg machen, um sie näher zu ergründen. Einen bedeutenden Ausgangspunkt nimmt dabei das sogenannte Götterwort ein: Wie uns die Religionen in aller Welt berichten, stand das Göttliche einst ganz am Anfang – muss also doch mit der Wahrheit etwas zu tun haben.

V. Wahrheit in der Religion

1. Am Anfang stand das Götterwort

a) Unverstandene Wahrheit wird zum Dogma

Die meisten Religionen leiten ihren Glaubensinhalt vom Götterwort ab, das offenbart wurde. Für das Christentum gelten hier die Quellen der Evangelien, für den Islam die Mitteilungen des Erzengels an Mohammed, für die Mormonen die Visionen des Joseph Smith und ganz speziell für den Evangelisten Johannes die Apokalypse (ἀποκάλυψις). Das heißt wörtlich Enthüllung und erinnert an das bildliche Aufdecken der Wahrheit im griechischen Ausdruck Ἀλήθεια (*Alätheia*).

Der Apostel Paulus verwendet einen ähnlichen Terminus. In seinem Brief an die Christengemeinde der Galater[213] sagt er im Original: *„Neque enim ego ab homine accepi illud, neque didici, sed per revelationem Iesu Christi."* (Das habe ich weder von einem Menschen noch habe ich es gelernt, sondern durch die Offenbarung Christi). Dieses *„revelatio"*, das man mit „Offenbarung" übersetzt, beinhaltet die Präposition *„re"* für „zurück" und das Nomen *„velum"*, das „Tuch", also „das Tuch wegnehmen".

So bildeten für das Christentum die Evangelien das Fundament der Offenbarung. Die Wahrheit war in diesen Schriften beinhaltet. Gewisse Inhalte rückten dabei im Verlaufe der Jahrhunderte immer weiter weg von der Erkenntnisfähigkeit der Gläubigen. Die daraus entstehenden Streitigkeiten belegt die Geschichte der Dogmen bis hin zur „Infallibilität", der Unfehlbarkeit des Papstes. Bevor sie 1870 auf dem ersten Vatikanischen Konzil verkündet wurde, verließen 60 Bischöfe unter Protest die Versammlung und reisten ab, darunter die Altkatholiken, die sich seitdem eigenständig formierten.

Die Kirche musste den Glaubenszwang ausüben, um gewisse Wahrheiten, die früher als selbstverständlich galten, aufrecht und im Katechismus[214] zu erhalten. Allein der Werdegang des Glaubensbekenntnisses lässt das Ringen um die Wahrheit erahnen. Immer mehr musste erklärt werden. In den alten Wahrheiten lebten Nachklänge hellseherischer Erkenntnisse, die dem rationalen Verstand späterer Zeiten nicht mehr zugänglich waren. So wurde die erste Fassung des Glaubensbekenntnisses, das „Apostolikum", nach Rudolf Steiner heute nahezu unverständlich.[215] Die ersten Zeugnisse, dass das Urbekenntnis des Christentums im Kreis der Jünger entstanden war als Schöpfung des unter ihnen waltenden Pfingstgeistes, traten im dritten Jahrhundert auf. Es handelt sich um 12 Artikel des Credos, die mit den „Vaterworten" des Petrus beginnen. Das „Apostelcredo" nannte man danach das „apostolische Bekenntnis". Der Wortlaut stammt wohl aus dem 2. Jahrhundert, in schriftlicher Form aus der Zeit 337 n. Chr. Da erscheint er in einem griechisch geschriebenen Brief, der die Rechtgläubigkeit eines Bischofs belegen soll.

Das älteste „Apostolikum" nannte man „Romanum", das nach „römischem Geist" eine Rechtsnorm und Regel in das Bekenntnis legte. So hieß der Anfang zunächst im „Romanum": „Ich glaube an Gott, den allmächtigen Vater.", im „Apostolikum": „Ich glaube an Gott, den allmächtigen Vater, Schöpfer des Himmels und der Erde." Einen der Streitfälle um die Wahrheit warf die Frage nach der Schöpfung auf. Stand Gott-Vater dahinter? Oder der Sohn, der Logos, wie es das Johannes-Evangelium verkündete: „Das Wort (*logos*) war bei Gott und das Wort war ein Gott. Alles ist aus ihm geschaffen worden.“ [216]

Die Fassung des Credos aus dem Konzil zu Nicaea, das Nicaeno-Constantinopolitanum aus dem Jahr 451 n. Chr. erweitert: „Ich glaube an den einen Gott, den allmächtigen Vater, der Himmel und Erde gemacht hat, und auch alles Sichtbare und Unsichtbare.“ Noch deutlicher fiel die Erweiterung im Zusammenhang mit dem Heiligen Geist aus, da man sich nicht einigen konnte, wer ihn denn schickt, der Vater oder der Sohn oder beide. So steht im Nicaeno-Constantinopolitanum: „Und an den Heiligen Geist, den Herrn und Leben-Erwecker, der aus dem Vater und dem Sohne [217] hervorgegangen ist.“

Es fielen so einige Wahrheiten unter die Dogmen von der Dreifaltigkeit über die „Gottesgebärerin“ bis hin zur „Unbefleckten Empfängnis“ und der oben bereits erwähnten Unfehlbarkeit des Papstes. Sie erfuhr ihre erneute Bestätigung im Zweiten Vatikanischen Konzil von 1964: „Die Gesamtheit der Gläubigen, welche die Salbung von dem Heiligen Geist haben, kann im Glauben nicht irren.“ [218]

b) Regeln für das Kleinkind – Zehn Gebote für die Menschheit

Die Exegese, die Auslegung, über die Jahrhunderte wandelte das Bild der geoffenbarten Wahrheit. Dass es schlichtweg um die Wahrheit geht, unterstrich Christus des Öfteren. Er meldete auch den Garanten der Wahrheit an als den Heiligen Geist: „Wenn jener gekommen ist, der Geist der Wahrheit, wird er euch zur ganzen Wahrheit hinführen.“ [219]

So war die Wahrheit zumindest im Urchristentum präsent. Man bräuchte also bloß nachzulesen. Doch da beißt es aus, wie man umgangssprachlich zu sagen pflegt. Die wenigsten verstehen, was das heißt, was da im Original geschrieben steht. Die meisten machen sich gar nicht die Mühe, im Original nachzulesen, sondern schenken den zahlreichen Übersetzungen und Interpretationen Glauben – so haben wir Tausende von Wahrheiten.

Was sollen wir überhaupt glauben? Wem dürfen wir glauben, wenn es um so etwas Bedeutendes wie die Wahrheit geht? Rudolf Steiner zeigt uns dafür eine interessante Parallele auf.[220] Wie dem Kleinkind zum Start seines Lebens so manches von höherer Stelle aus – in diesem Falle meist die Eltern – gesagt wird, das es bereitwillig aufnimmt, so erfuhr auch die Menschheit in einem frühen Zustand gewisse Regeln von übergeordneter Stelle. In der ersten Phase seines Menschendaseins kann das Kind weder sprechen noch denken, übernimmt also alles. Für die gesamte Menschheit gab es die erste Offenbarung durch die Zehn Gebote auf dem Berge Sinai, die dem Moses ausgehändigt wurden. Rudolf Steiner dazu: „In diesen ist etwas gegeben, was als Gesetz, seitdem es gegeben worden ist, durch die Welt geht und was im Grunde genommen heute noch gilt, was im Grunde genommen den Gesetzgebungen aller Länder des Erdenkreises zugrunde liegt. Es ist etwas Umfassendes, Großartiges, Universelles der Menschheit geoffenbart worden" – also eine Wahrheit, die auf ein „Urwesen" wie auch auf ein Ich des Menschen hinweist.

In der zweiten Phase kann das Kind zwar sprechen, aber noch nicht denken. Die Parallele der Menschheitsentwicklung weist uns auf die Zeit der Inkarnation des Christus Jesus und die Evangelien. Auf gleicher Höhe sieht Steiner das

Kind, das sich abmüht, die Sprache und das Verstehen zu lernen, und die gesamte Menschheit, die ihre Schwierigkeiten beim Erfassen der Evangelien hat.

Beherrscht nun der Mensch Sprache wie Denken, muss er sich des Gedankeninhaltes bewusst werden. Bestimmte Inhalte, die bislang nur als Begriffe verwendet wurden, erfahren einen neuen, tieferen Gehalt, sei es nun Freiheit, Schicksal, Verantwortung, Tod, Daseinssinn. Für die Menschheit ist auf dieser Stufe angesagt, dass sie den Gehalt der Evangelien als Fundus der Wahrheit zu Bewusstsein bringt. In dieser Phase befinden wir uns jetzt.

Auch für die Menschheit dauerte es einige Zeit, bis sie sich den Zugang zur Wahrheit über den Verstand verschaffen konnte. Bevor sie wie das Kind sprechen und denken lernte, vor allem in der griechisch-römischen Kultur, erlebte sie die Offenbarung in Imaginationen, in Bildern. Die Entwicklung, somit das Erfahren der Wahrheit, drehte sich: Zunächst sah der Mensch die Bilder. Wenn er sein Auge auf die Dinge richtete, schlüpfte ihm aus jeder Pflanze etwas hervor, raunte ihm jedes Wässerchen etwas zu. Den alten Griechen waren die Nymphen und Elementarwesen noch vertraut. Dann wurden die Bilder immer verschwommener, je mehr er in Materie und Intellekt eintauchte, bis sie verschwanden. Heute sieht er, erkennt er, wertet naturwissenschaftlich bis ins Detail aus und muss im umgekehrten Weg wieder lernen, ein Gespür für das hellseherische Wahrnehmen aufzubauen, um das Geistige hinter und in allem zu erfassen – eben die Wahrheit des vordergründigen Scheins. Die Philosophen trennen hier strikt Wesen und Phänomen.

2. Der Sündenfall

a) Adam und Eva gehen die Augen auf

Aus der biblischen Schilderung des Sündenfalls erfahren wir in bildreichen Worten, wie sich der Mensch in seinen ersten Entwicklungsschritten von seinem Schöpfer abwendete und seine eigenen Wege ging. Damit verbunden war der Verlust der Wahrheit. Nach geisteswissenschaftlichen Erkenntnissen aus der Forschung Rudolf Steiners zeigt uns die Paradiesgeschichte der Genesis[221] die Frühphase des Menschen, in der er als wohlbehüteter Musterknabe der Schöpfung auf transzendenter, nicht irdisch-materieller Ebene die Nähe zu den geistigen Wesenheiten erleben durfte. Gedanken und Sorgen standen ihm noch fern, hatte er ja noch keinen Zugang zur eigenen Verstandesfähigkeit, da ihm verboten war, die Früchte vom Baum der Erkenntnis zu essen.

Das sollte sich ändern. Eine luziferische Wesenheit in Gestalt der Schlange verführte ihn zum Übertreten des Gebotes. Die Bibel schildert das mit folgenden Worten über den berühmten Biss in den Apfel vom Baume der Erkenntnis, den Eva Adam reichte:

> *„Die Schlange war schlauer als alle Tiere des Feldes, die Gott, der Herr, gemacht hatte. Sie sagte zu der Frau: Hat Gott wirklich gesagt: Ihr dürft von keinem Baum des Gartens essen? Die Frau entgegnete der Schlange: Von den Früchten der Bäume im Garten dürfen wir essen; nur von den Früchten des Baumes, der in der Mitte des Gartens steht, hat Gott gesagt: Davon dürft ihr nicht essen und daran dürft ihr nicht rühren, sonst werdet ihr sterben. Darauf sagte die Schlange zur Frau: Nein, ihr werdet nicht sterben. Gott weiß vielmehr: Sobald ihr davon esst, gehen euch*

die Augen auf; ihr werdet wie Gott und erkennt Gut und Böse. Da sah die Frau, dass es köstlich wäre, von dem Baum zu essen, dass der Baum eine Augenweide war und begehrenswert war, um klug zu werden. Sie nahm von seinen Früchten und aß; sie gab auch ihrem Mann, der bei ihr war, und auch er aß. Da gingen beiden die Augen auf und sie erkannten, dass sie nackt waren. Sie hefteten Feigenblätter zusammen und machten sich einen Schurz." [222]

Das erste Bewusstsein trat schlagartig ein – sie bemerkten, dass sie nackt waren. Schwer fällt die historische Zuordnung dieser Episode. Geisteswissenschaftlich setzt man sie in die Frühphase von Lemurien, die Rudolf Steiner in die Nähe des Mesozoikums nach geologischer Zeitskala gerückt haben soll. Das entspräche nach heutigen Forschungen einer Zeit von 250 Millionen Jahren vor Christi Geburt. Jedenfalls hätte der Mensch den sehr wohl von seinem Schöpfer vorgesehenen Schritt in die Selbständigkeit erst viel später zur Zeit der berühmten Atlantis antreten sollen. So aber löste er sich vorzeitig aus der paradiesischen Wahrheit und Nähe zu den geistigen Wesenheiten, wofür er auch die Konsequenzen zu tragen hatte.

Die luziferischen Geister selbst waren zurückgeblieben. Sie wollten den geistigen Aufstieg nicht mehr mitmachen und brachten dadurch Unordnung in den Lauf der Zeiten, u.a. damit, dass sie den Menschen zu einem verfrühten Abstieg in das Irdische überredeten. Früher oder später benötigte der Mensch für seine Entwicklung die Fähigkeit zur Erkenntnis, zum Unterscheiden zwischen Gut und Böse. Er brauchte das Böse allein schon als Gegengewicht zum Guten. Das gilt für die gesamte Evolution. Wäre er der paradiesisch behütete Musterknabe der Schöpfung geblieben, hätte er zunächst keine Herausforderungen zu meistern gehabt, hätte mit diesem „dolce vita“ jedoch auch keine Fortschritte in seiner Entwicklung gemacht. Widersachermächte, in diesem Fall die luziferischen Geister, brachten ihn vom geradlinigen Weg ab, aber auch von weiterer Reifung im behüteten Umfeld. Durch den verfrühten Abstieg in die Materie musste er im Schweiße seines Angesichtes in Konfrontation zu Schicksal, Krankheit und Tod weiterkämpfen.

Diese „Widersacher“ blieben selber zurück oder eilten voraus, um sich dem schöpferischen Werden hemmend entgegenzustellen. Sie erhoben sich auch nicht aus freiem Willen gegen die Schöpferkraft, sondern sind in Steiners Worten „abkommandiert“, dass sie mit ihrer „bösen“ Handlung ein Opfer bringen und wiederum im klassischen Sinne Goethes ein „Teil von jener Kraft“ sind, „die stets das Böse will und stets das Gute schafft“. Rudolf Steiner zusammenfassend: „Durch den Widerstand, den sie leisten, erfüllen sie auch wichtige positive Aufgaben in der Weltentwicklung und ohne ihre Hilfe könnte der Mensch niemals zur Freiheit gelangen, zu der ihn die guten Götter bestimmt haben.“

Das verfrühte Eintreten eines Ereignisses oder einer Entwicklung kann Böses bewirken, also wenn etwas noch ausreifen müsste, aber dann in frühreifer Form auftritt. So handelt es sich beim Bösen um ein „zeitversetztes Gutes“: „Der Kampf zwischen dem Guten und Bösen besteht in der Auseinandersetzung des Früheren mit dem Späteren, des Alten mit dem Neuen. Man könnte mit Heinz Grill auch sagen, des richtig Platzierten mit dem falsch Platzierten: „Es liegt weiterhin die Anschauung zugrunde, dass das Böse nur deshalb böse ist, da es an falscher Stelle im Leben zur Macht und Wichtigkeit gelangt. Ein Wurm im Erdboden sorgt für Auflockerung der Erde, während er aber, wenn er in eine Mahlzeit gerät, Ekel hervorruft. So ist das Böse ein Gutes, das nur an der falschen

Stelle angekommen ist und von dieser Stelle aus zerstörerisch wirkt."[223]

Dazu zählen jene bekannten Beispiele, die dem Menschen auf den ersten Blick eine Katastrophe für seinen Schicksalsweg bescheren. Er verliert beispielsweise durch üble Nachstellungen seine Arbeit, steht mittellos mit einem Haufen Schulden da. Gerade dadurch kann er dann jedoch zu einer ganz neuen, sinnerfüllenderen Art von Beschäftigung und Lebensinhalt finden – und im Rückblick nach zehn Jahren, ist er überzeugt: Etwas Besseres als die Katastrophe damals hätte mir nicht passieren können. Also „Ich bin ein Teil von jener Kraft, die stets das Böse will und stets das Gute schafft."[224]

Im Auf und Ab des Werdens und Vergehens tritt kein absolut Gutes und kein absolut Böses auf. Ausschlaggebend wird immer sein, wie der Mensch für sein Denken und Handeln seine Wahl trifft. Gut und Böse treffen im Werdenden konträr aufeinander. Der Mensch kann sich davon lösen, indem er sich durch sein geistiges Streben vom Zeitlichen zum Ewigen erhebt. Er konnte ja gerade erst über das Wissen von Gut und Böse zu einer bewussten Entwicklung vorstoßen.

b) Haben der „Naturbursche" Adam und seine Eva, die „Unschuld vom Lande", ausgedient?

Heute haben es die Kirchen schwer, diese gewichtigen Themen zu vermitteln. Schon Rudolf Steiner verwies auf die „Inkommensurabilität"[225], die Unvereinbarkeit, zwischen moderner Wissenschaft und christlicher Überlieferung: „Aber jedenfalls haben wir es da durchaus zu tun mit einer Inkommensurabilität zwischen unserer modernen Auffassung von der Entwicklung des Menschen und der Auffassung der Evangelien ..."[226] Er nannte es schlichtweg eine Unehrlichkeit, wenn man sich nicht eingestehe, „dass man eigentlich nicht zu gleicher Zeit ein Anhänger der modernen naturwissenschaftlichen Denkweise und ein Christ sein kann". Der moderne Theologe finde an der Theologie keine Stütze mehr.

Wo liegt die Wahrheit? Bei Adam und Eva? Im Monogenitismus[227]? In der Deszendenztheorie Darwins? Viele Theologen forderten den „Abschied von der Erbsünde".[228] Auch die Kirche müsse heute einräumen, dass der „prälapsarische Status", der Zustand vor dem Sündenfall, niemals eine situative Gegebenheit innerhalb der empirisch zugänglichen Welt gewesen sei. Der evangelische Theologe Gunther Wenz zitiert in seiner „Hamartiologie"[229]: „Ist ein erster Mensch historisch nicht namhaft zu machen und der Fall der Ursünde keiner chronologisch fassbaren Zeit zuzuweisen, dann kann von einem in geschichtlichen Generationenfolgen sich fortpflanzenden Sündenerbe nicht länger die Rede sein."[230] Die Schwierigkeit der „Rezeption klassischer Vorstellungsweisen christlicher Theologietradition" scheint unüberbrückbar.

Noch problematischer empfindet man heute die Behauptung des Kirchenlehrers Augustinus[231], dass Gott schon bei der Schöpfung die Sünde des Menschen voraussah, dass er eine gewisse Prädestination, Vorbestimmung jedes einzelnen Menschen vornehme, die ihn entweder zur Verdammnis oder zur Seligkeit führe. Der Theologe Friedrich Schleiermacher[232] war dagegen noch überzeugt, die Sünde stelle generell einen „partiellen Sieg des Fleisches über den Geist" dar und aus der Erbsünde gehe in allen Menschen die wirkliche Sünde hervor.[233] Kein Verständnis fand die Aufklärung für die Erbsünde. „Wir haben in Adam nichts verloren", protestierte der Theologe Johann Gottlieb Töllner bereits 1774.[234] Man behauptet nun, das „afrikanische System", das man nach der Herkunft des Augustinus so nannte, spreche gegen alle Vernunft. Schuld dürfe nur dem Menschen zugerechnet werden, der eine Untat begangen habe, sie sei nicht vererbbar.

Die Antitrinitarier[235], die sich im 16. Jahrhundert wieder zusammenscharten und nicht nur gegen das Dreifaltigkeitsdogma auftraten, wie ihr Name besagt, nannten Adam einen „Naturburschen" mit unterentwickelten Fähigkeiten und Eva die „Unschuld vom Lande". Man wollte sogar schon das Ende der Sünde verkünden, zumindest das Ende der Erbsünde. Da überrascht der „Vater der Aufklärung", Immanuel Kant[236], als er sich mit seinen Thesen zum radikalen Bösen in der Schrift „Die Religion innerhalb der Grenzen der bloßen Vernunft" in eine „bemerkenswerte Nähe zur traditionellen Doktrin vom peccatum originale[237]" stellte.[238]

Im „Decretum de Peccato Originali" (Beschluss über die Erbsünde) beschloss das Konzil von Trient, das sich von 1545 bis 1563 in Reaktion auf die Reformation vor allem mit einer Reform der Kirche befasste, dass die Menschheit in Nachfolge Adams von der Erbsünde befleckt sei. Die Taufe könne diese Erblast tilgen. Die Erlösung verdanke man dem Kreuzestod Christi. Der Katechismus der Katholischen Kirche lehrt: „Im Anschluss an den hl. Paulus lehrte die Kirche stets, dass das unermessliche Elend, das auf den Menschen lastet, und ihr Hang zum Bösen und zum Tode nicht verständlich sind, ohne den Zusammenhang mit der Sünde Adams und mit dem Umstand, dass dieser uns eine Sünde weitergegeben hat, von der wir alle schon bei der Geburt betroffen sind und ‚die der Tod der Seele' ist [Vgl. K. v. Trient: DS 1512.]. Wegen dieser Glaubensgewissheit spendet die Kirche die Taufe zur Vergebung der Sünden selbst kleinen Kindern, die keine persönliche Sünde begangen haben [Vgl. K. v. Trient: DS 1514]."[239]

Einzuräumen bleibt nach Vorgabe des Katechismus, dass der Mensch dieses „Geheimnis" „nicht völlig verstehen" könne. Die persönliche Sünde von Adam und Eva mit ihrer Abwendung von Gott treffe die gesamte Menschheit und werde durch Fortpflanzung weitergegeben: „Sie ist eine Sünde, die man ‚miterhalten', nicht aber begangen hat, ein Zustand, keine Tat." Es kam zu zahlreichen Interpretationsversuchen, so sprach sich in diesem Zusammenhang Papst Benedikt XVI. gegen den *Limbus puerorum,* die Vorhölle für ungetauft gestorbene Kinder, aus.

Luther hatte in Anlehnung an Paulus und Augustinus die Begierde (*concupiscentia*) und den Egoismus (*amor sui*) als ausschlaggebend (*causa deficiens*) für die Sünde deklariert. Sünder sei der Mensch durch Adams Ungehorsam geworden, dadurch Tod und Teufel unterworfen. Das nenne man Hauptsünde oder Erbsünde.

Schwierig blieben die Vorgaben des Augustinus, wie Gunther Wenz betont: „Erhebliche Probleme hat bereitet und bereitet nach wie vor, dass Augustin anzunehmen scheint, Gott behalte seine Gnade der Schar der electi und prädestinati[240] vor, die er von Ewigkeit her und ohne präszienten[241] Bezug auf ihren nachfolgenden Glauben aus der massa perditionis[242] des Menschengeschlechts erwählt und zum Heil bestimmt habe."

Augustinus schmiedete für die großen Religionen die Grundlage der Erbsündenlehre. Danach verlor der Mensch durch diese Abwendung von Gott die Fähigkeit, sich allein aus seinem weiteren Abstieg und Bindung an die Materie zu befreien und zum Guten, zum Aufstieg in sein geistig geprägtes Menschsein zu entwickeln. Gunther Wenz spricht im Rahmen der Hamartiologie vom Verlust des soteriologischen[243] Eigenvermögens: Aus eigener Kraft ist kein Aufstieg möglich. Daraus folgere Augustinus: „Errettung aus der universalen Verderbnis, welcher die ganze natürliche Menschheitsgattung durch Schuld der Adamssünde verfallen ist, kann nach Augustin nur das Sakrament der Taufe vermitteln, durch welches Gott in der Kraft seines Hl. Geistes die Gnade Jesu Christi zeichenhaft wirksam werden lässt und aus verlorenen und verdammten Menschenkindern Kinder Gottes macht."[244]

Da die Generationsfolge der Menschheit geschlechtlich erfolgt, wird auch die Erbsünde so weitergegeben und im wahrsten Sinne des Wortes „vererbt". Der Begierde, vor allem der geschlechtlichen Begierde (*concupiscentia*) weist der Kirchenlehrer Augustinus dabei keinen so negativen Beigeschmack zu. Nicht die sinnliche Lust präge diese sündige Begierde, sondern vielmehr das „sinnliche Streben nach sozialer Anerkennung und Ehre".

In schroffen Gegensatz dazu positionierte sich Pelagius, der Mönch, der aus Britannien nach Rom gekommen war. Nach Rudolf Steiner war er bereits „erfüllt von dem Individualimpuls des Abendlandes".[245] Der Mensch sei nicht an ein aufgesagtes Schicksal gefesselt, ohne sich selber während seines Erdenlebens zu entwickeln, um so auch die Erbsünde zu überwinden. So bleibe er auch nicht ohnmächtig der Gnade seines Schöpfers ausgeliefert, sondern habe einen freien Willen. Die Christenheit war gespalten. Augustinus rechtfertigte seine Prädestination und setzte sich durch. Pelagius musste 410 aus Rom fliehen, als der Westgotenkönig Alarich die Stadt stürmte. Er wurde auf Betreiben des Augustinus in der Synode zu Karthago als Häretiker verurteilt. Die Stimmung seiner Gegner drückt heute noch eine englischsprachige Unterschrift zu seinem Porträt aus: Verfluchter Pelagius, unter welchem Vorwand wagst du es, dem Menschen seine schändliche Konkupiszenz zu verzeihen oder die Erbsünde (*Sin original*) zu leugnen oder dass der Mensch durch die Liebe Gottes auserwählt (*predestinate*) ist?“ [246]

c) Eine „ewig gültige Geschichte“

Die Wahrheit über diese Zusammenhänge scheint der Mensch im Laufe der Jahrhunderte zunehmend verloren zu haben. Auch die Kirchengelehrten taten sich schwer mit Erbsünde, Prädestination und freiem Willen. Doch die Dogmatik setzte sich durch: So schwächte sich die Richtung des „Pelagianismus“ zunächst in einen „Semipelagianismus“ („halben“ Pelagianismus) ab, um dann auch in dieser Form auf der Synode zu Orange 529 ausgebremst zu werden. Der freie Wille wurde dem Menschen noch nicht voll zugestanden. Heute fehlt den meisten Bürgern der sogenannten Postmoderne schlichtweg das Gespür, dass daran überhaupt etwas Wahres sein könne. Sie ordnen den Paradiesesmythos mit seinen Konsequenzen für den Werdegang des Menschen in das Reich der Märchen und Legenden ein.

Eine Vertiefung auf philosophischer Ebene ermöglichen dazu die Ausführungen Hegels zum Urzustand der Religion.[247] „Viele Völker haben so ein Paradies im Rücken liegen“, so der Philosoph in seiner Vorlesung. Diese Vorstellung stuft er „a priori“ ein, das bedeutet, dass der Mensch von Haus aus eine Ahnung davon gehabt habe, nach Gottes Ebenbild geschaffen zu sein. So befand er sich anfangs wohl auch in unmittelbarer

Gottesnähe und erlebte eine Einheit, eine Reinheit mit Gott und der Natur. Hegel verbindet dieses unbesorgte Dasein mit den Erzählungen der Antike über das Goldene Zeitalter.

Das Paradies vergleicht der Philosoph mit einem Tiergarten. Der Mensch habe sich nämlich im Zustand der Unschuld ohne Böses befunden wie das Tier. Er lebte in Bewusstlosigkeit, war sich also seines Daseins nicht bewusst. Er hatte ein Sein, aber noch kein bestimmtes Dasein, da ihm die Erkenntnis fehlte. Den Sündenfall in Formulierung der Versuchung zum Apfelbiss definiert Hegel ganz speziell: Eine für den Menschen ewig gültige „Geschichte" sei hier mythisch verpackt. Das müsse automatisch zu Inkonsequenzen führen, zu den bekannten Ungereimtheiten über Adam und Eva als erstes Menschenpaar, da ein geistiger Vorgang in sinnlichen Worten ausgedrückt werde.

Indem sich der Mensch die Erkenntnis aneignet, erringt er seine Freiheit. Aus der Dumpfheit seiner zwar geistbegabten, aber noch nicht erkenntnisbegabten Natur wagt er den Schritt in das Licht der Erkenntnis. Das ist die erste Negation: Er geht in die Entzweiung. Damit packt er auch das Böse in den Rucksack für seine irdische Wanderung. Andererseits erkennt er nun auch das Gute, die Quelle der Heilung. So vermag er auch die Erkenntnis über sich selbst, sein ideales Menschsein, aufzubauen. Das steckt philosophisch ausgedrückt im „Ansich" des Menschen, wie er „an sich", von Grund aus ausgestattet ist. Und diese Ausstattung definiert die Philosophie des Idealismus, somit auch Hegel, ganz anders als die Philosophie der Moderne. Die heutige Sicht prägen die Richtlinien des Reduktionismus[248], der in kausal-deterministischen Schritten die gesamte Entwicklung auf einen materiellen Ursprung zurückführen möchte und sogar die Gedanken und das Bewusstsein als emergente[249]

Eigenschaften des Gehirns bezeichnet. Daneben respektiert der moderne Philosoph meist nur den Szientismus, der, wie das Wort schon besagt, von *scientia*, dem Wissen, kommt und die aktuelle Wissenschaftsgläubigkeit widerspiegelt.

Hegel betont dagegen: „Die Grundbestimmung ist keine andere als diese, dass der Mensch kein Naturwesen als solches, kein Tier ist, sondern Geist." Er habe die „Allgemeinheit der Vernünftigkeit" an sich, „die Tätigkeit des konkreten Denkens". Dabei verfolge auch die Natur ihren Zweck, „teleologisch", „zielbestimmt" würde es Aristoteles nennen: „Die Natur ist vernünftig eingerichtet, von einem weisen Schöpfer geschaffen."[250]

So könnten wir dialektisch folgern: Mit der ersten Negation tritt der Mensch aus seinem Urzustand heraus und verneint diesen, steigt von geistiger Ebene herab in die Materie. In der zweiten Negation trifft er die Feststellung, dass er nicht nur irdisch-materiell ist, dass sich sein Zweck nicht allein im physischen Wohlergehen erschöpft, sondern dass er aufgrund seiner Geist- und Erkenntnisbegabung zu höherer Entwicklung berufen ist. Die Synthese schließt dann den Kreis in seiner Rückkehr zum göttlichen Sein.

Die offensichtliche Problematik, mit der sich der Mensch so schwertut, seinen Status zu durchschauen, liegt nun nach Hegels Worten darin, dass der Schritt des „Sündenfalls" die Trennung des Unmittelbaren und Vermittelten brachte. Also: Auf der einen Seite im „Diesseits" ist das unmittelbar Vorliegende, die physische Welt mit Mensch, Flora und Fauna. Auf der anderen jenseits der irdischen Wahrnehmungsfähigkeit hinter dem Vorhang der Maya, der Täuschung, der Verhüllung, wie es der Sanskritausdruck der altindischen Philosophie ausdrückt, das transzendente „Jenseits".

Somit lebt der Mensch in einer natürlichen Unmittelbarkeit, er sieht halt nur das, was unmittelbar um ihn herum über die Sinne wahrnehmbar ist. Das bildet nach Hegel die „unwahrste Stufe".

3. Christus: „Ich bin der Weg, die Wahrheit und das Leben."

Alle Religionen beanspruchen die Wahrheit für sich. Wie selten ein Religionsgründer münzte Christus Jesus diesen Anspruch auf sich persönlich: „Ich bin der Weg, die Wahrheit und das Leben."[251] Auf den einfachsten Nenner gebracht bedeutet das, der Mensch hat die Möglichkeit, über Christus zum Schöpfer, zum Vater, zur Quelle des Göttlichen zu gelangen. Das ist der Weg, der ihn zur Wahrheit führt. Um nicht vom Weg abzukommen, wies Christus auf diese Grundregel: *„Si vos manseritis in sermone meo ..., veritatem cognoscetis et veritas liberabit vos."*[252] („Wenn ihr in meinem Reden verbleibt ..., werdet ihr die Wahrheit erkennen, und die Wahrheit wird euch befreien.")

Der Weg, der zur Wahrheit führt, ist auf die Worte Christi gebaut. Das sind die Evangelieninhalte. Meist zitiert man die Kurzversion: „Ihr werdet die Wahrheit erkennen, und die Wahrheit wird euch frei machen." Da fehlt die Voraussetzung für das Erkennen: Die Hinwendung an die Worte Christi. Nur das Studium dieser spirituellen Inhalte gewährleistet ein Erkennen, das dem Anspruch der Wahrheit gerecht wird. Dann befindet man sich auf dem rechten Weg: Je mehr man erkennt, umso besser kann man sich von den materiellen

Bindungen lösen, gelingt die Befreiung. Diese Befreiung von irdischen Abhängigkeiten, seien es oberflächliche Meinungen oder suggerierte Verpflichtungen, funktioniert nur mit dem Instrument der geistigen Entwicklung: Wenn es mein Ich beispielsweise nicht mehr nötig hat, über materielle Kompensationen aufgewertet zu werden, weil es auf ein ideelles Fundament gegründet ist, brauche ich als Prestigeobjekt kein Auto, das mehr PS hat als das des Nachbarn.

Den Zusammenhang des Christus Iesus mit der Wahrheit stellt das Johannes-Evangelium bereits im Prolog her: Er brachte Wahrheit auf die Erde: *„Quia lex per Moysen data est, gratia et veritas per Iesum Christum facta est."*[253] („Da nun das Gesetz durch Moses gegeben ist, wurden die Gnade und die Wahrheit durch Iesus Christus geschaffen.") Wenn wir zum Geist, zur Wahrheit gelangen, sind wir die „Eingeborenen", ein schwieriger Ausdruck der Schrift. So fasste Hieronymus den „Einziggeborenen" (μονογενής, *monogenes*) auf, wie ihn die Vulgata auch *„unigenitus filius"* nennt.[254] Martin Luther übersetzte: „dessen eingeborener Sohn". Etwas daneben liegt wohl die Interpretation, der Ausdruck unterstreiche, dass Gott nicht mehr Söhne hatte.

Lüften wir den Vorhang im Sinne der Aletheia, verstehen wir den Christus als den „von einem" göttlichen Vater geborenen Sohn. Im Vergleich zu ihm ist jeder Mensch „zweigeboren", nämlich aus Vater und Mutter. Daraus gewinnt Rudolf Steiner die Kenntnis: „Der physische Mensch ist der ‚Zweigeborene', der Geistesmensch ist der ‚Eingeborene'."[255] Wir sind von Vater und Mutter zweigeboren, gelangen wir dann aber über unsere Erkenntnisarbeit zum Geist, dann werden wir neu geboren: Aus einem, dem Geist – wir sind „Eingeborene" im Sinne der Wahrheit. Steiner folgert, alle

Illusion und Sinnestäuschung komme aus dem Zweigeborensein. Den Gegensatz dazu bilde die Lehre Christi, des Lehrmeisters und Logos, der die Wahrheit bringt.

Über wahre Geistesinhalte kommen unter denen, die sich darum bemühen, auch keine Differenzen auf. Das rechtfertigt die Argumentation Christi: „Jeder, der aus der Wahrheit ist, hört meine Stimme." („*Omnis, qui est ex veritate, audit vocem meam.*")[256]

Christus führt unser Ich-Bewusstsein bis zur höchsten Stufe zum heimgekehrten Sohn, wenn wir uns nach langer irdischer Schulung dem Göttlichen durch Entwicklung wieder nähern. Das gibt er uns als Ziel des Weges vor: „Werdet vollkommen, wie euer Vater im Himmel vollkommen ist."[257] Dahin führen keine Nebenstraßen, Abkürzungen oder Umwege: „Niemand kommt zum Vater denn durch mich."[258]

Die Verbindung zu Christus und somit zur Wahrheit stellt nach Rudolf Steiner auch ein Aspekt der deutschen Sprache her. Diesen Vorzug genießen nur wir, die wir zu uns selber „ich" sagen. Dieses „Ich" nämlich beinhaltet die Abkürzung für Iesus Christus". Nicht das „J" ist für Iesus original, sondern das „I", wie schon im Griechischen nachzuvollziehen ist: Ἰησοῦς Χριστός (*Iesous Christós*, „Iesus, der Gesalbte"). Über so ein Personalpronomen verfügen nicht alle Sprachen. Das klassische Latein drückte die Person des Verbums stets in der Endung aus: laudo (ich lobe), laudas (du lobst), laudat (er lobt) … Demgegenüber verfügte das Altgermanische bereits über Personalpronomina. Das belegt die Bibelübersetzung Wulfilas[259], in der wir für „ich" im Nominativ das „*ik*" haben, für „mich" im Dativ das „*mik*" und für den Genetiv ein „*meina*".

Das „Ich“ als Symbol für das „Iesus Christus“ ist bewusst in das Herz des Menschen hierzulande gelegt und lässt damit schon äußerlich den Christus-Impuls als Entwicklungsauftrag ahnen.

4. Augustinus: Wir müssen das Vernunftlicht entzünden

Für den Kirchenlehrer Augustinus[260] stand fest: Die Wahrheit ist Jesus Christus. Ihn verstand er auch als Basis seiner Existenzphilosophie. Auf diesen Urgrund, das Prinzip aller Prinzipien, gründe sich alles. Darin liege die Entscheidung über Sinn oder Unsinn des Lebens. Sinn ist hier ganz wörtlich gemeint. Es leitet sich vom mittelalterlichen *„Sin“* in der Bedeutung Weg ab: Sinn führt den rechten Weg, Unsinn mündet in der Sackgasse. Augustinus ist der Vorgänger des bekannten Ausspruchs von Descartes[261] *„Cogito, ergo sum.“* – „Ich denke, also bin ich.“ Den Zweifel an allem, auch an der eigenen Existenz, räumten beide Denker mit der Feststellung aus, dass sie allein aus dem Denken, so bei Descartes, und aus dem Zweifel, so bei Augustinus[262], sichergehen konnten, dass sie da sind und nicht alles, sie selbst und die Welt, auf Täuschung basiere.

Die Wahrheit gilt es nach Augustinus, durch Meditation zu erfahren, was er *„in medium ire“* (in die Mitte gehen) nennt. Wenn wir so die Wahrheit entdecken, dürfen wir nach platonischer Vorstellung an der göttlichen Lichtfülle teilhaben und unser eigenes Vernunftlicht entzünden. Wir können viele Wahrheiten betrachten. Auf diesem Weg (*„Sin“* als Sinn des Lebens) stoßen wir dann auch zur höchsten Wahrheit vor, die unveränderlich über allem thront. Der Mensch brauche die Begegnung mit dem „über-innerlichen Licht der Wahrheit".[263] Das forme den Intellekt, der sich nach Augustinus aus dem *„interlegere"*, dem „innerlichen Lesen", ableitet und im Menschen das unveränderliche Licht (*lux incommutabilis*) entzünde.

Wahre Philosophie hat nach Augustinus zwei Ziele: Der Mensch muss sich selber erforschen und den Urgrund alles Seienden. Wer so nach der Wahrheit forscht, „gelangt zum Licht."[264] Die irdische *„Ratio"*, die Vernunft, verbunden mit dem überirdischen Geist, leuchtet dem Menschen auf seinem Weg. Zu achten hat er dabei auf die harmonische Übereinstimmung mit sich selbst, mit Gott und mit dem gesamten Sein.

VI. In vino veritas

Was hat der Wein mit der Wahrheit zu tun? Fast so alt wie die Menschheit scheint die Verknüpfung dieser beiden Begriffe. Nicht nur Wein, Alkohol allgemein, lehrt die Erfahrung, löst die Zunge. In angeheiterter Stimmung geht der Mensch leichter aus sich heraus, plaudert, gibt sich ungezwungen und unverfälscht.

Wie man herausfand, weist der Ursprung dieses so charakteristisch lateinisch auftretenden Spruchs viel weiter zurück: Nicht die Römer, sondern die Griechen kreierten ihn. Auf seine Spuren führt uns der Humanist und Gelehrte Erasmus von Rotterdam.[265] Der Theologe, Chorherr und Philologe schrieb in Griechisch und Latein, unter anderem das berühmte „Lob der Dummheit“ (*Laus stultitiae*). Er stand Pate bei der Gründung des Collegium Trilingue, das in Latein, Griechisch und Hebräisch lehrte. In seinen Studien entdeckte er bei dem griechischen Lyriker Alkaios von Lesbos[266] die Zeile „οἶνος, ὦ φίλε παῖ, καὶ ἀλάθεα“ (*oinos, ō phile pai, kai alāthea*)[267], also „Wein, liebes Kind, und Wahrheit“ oder „Wein, liebes Kind, ist auch Wahrheit“.

Der gelehrte Humanist Erasmus von Rotterdam übersetzte das in die weltbekannt gewordene lateinische Spruchweisheit *„In vino veritas“*. Bekannt wurde in diesem Zusammenhang auch die Bemerkung des römischen Gelehrten Plinius[268]: *„Vulgoque veritas iam attributa vino est.“* (Allgemein schreibt man die Wahrheit dem Wein zu). Einen Nachklang drückt das deutsche Sprichwort „Kinder und Narren sagen die Wahrheit“ aus.

Die Germanen zeigten dagegen eine Vorliebe für das Bier, wie der römische Historiker Tacitus[269] in seiner „Germania" schon belegte: *„Potui umor ex hordeo aut frumento in quandam similitudinem vini corruptus"* (Zum Trinken haben sie ein Getränk aus Gerste oder Weizen, das durch Gärung gewissermaßen dem Wein ähnlich ist). Der die Germanen erforschende Römer sehr erstaunt, dass dieses nordische Volk „dem Durste gegenüber nicht dieselbe Mäßigung" bewahrte: „Tag und Nacht in einem fort zu zechen ist für niemanden eine Schande." Dabei verrieten sie zwanglos ihre Gesinnung. So führten sie ihre Beratungen im Rahmen eines Gelages durch. Die Beschlüsse fassten sie am nächsten Tag.

Müssten die Politiker heute im Parlament also mehr trinken, dass die Wahrheit eine Chance hätte? Meist dauert es eine Zeit, bis die Geschichte ihre Wahrheit schreibt. „Wahrheit, die Tochter der Zeit" lautete der Wahlspruch von Maria I., von 1553 bis 1558 Königin von England, Irland und Frankreich. Den Grundstein zu dieser Aussage legte der römische Schriftsteller Aulus Gellius[270], der einen Dichter zitierte, der gesagt haben soll: „Die Wahrheit ist eine Tochter der Zeit."[271] Daraus spricht das Vertrauen, dass sich die Wahrheit am Ende immer wieder durchsetzt. Diese Überzeugung fand der tschechische Reformer Jan Hus[272] im altbiblischen Buch Esra schon formuliert. Im Original stand da: „… der eine schrieb: ‚Am stärksten ist der Wein.' (11) Der andere schrieb: ‚Am stärksten ist der König.' (12) Der Dritte schrieb: ‚Am stärksten sind die Frauen, über alles aber siegt die Wahrheit.'"[273] Hus übersetzte zusammenfassend: *„Super omnia vincit veritas."* (Über alles siegt die Wahrheit)[274]

Danach lautet heute noch der Wahlspruch Tschechiens *„Pravda vítězí"* (Die Wahrheit siegt). 1916 entwarf Tomáš Garrigue Masaryk, der spätere erste tschechoslowakische Präsident, das Motto in seiner heutigen Form. 1918 wurde er zum offiziellen Wahlspruch der Tschechoslowakei erklärt und war dies bis 1992, wobei nach der Samtenen Revolution in der Zeit von 1990 bis 1992 die lateinische Version „*Veritas Vincit*" verwendet wurde. „*Pravda vítězí*" ist der heutige Wahlspruch des tschechischen Präsidenten und in der Verfassung als nationales Symbol festgeschrieben.[275]

Was nun die Verbindung der Wahrheit zum Wein betrifft, schildert Rudolf Steiner den Zusammenhang in den frühen Entwicklungsschritten des Menschen.[276]

„Wir können die Prozesse verfolgen, durch welche der physische Leib vorbereitet wurde, ein Träger des selbstbewussten, des ‚Ich-bin'-begabten Menschen zu werden. Sogar in der Bibel wird uns das angedeutet: dass derjenige, der Stammvater wird in einer gewissen Beziehung in der nachatlantischen Zeit, dass Noah der erste Weintrinker ist, als erster die Wirkung des Alkohols erlebt. Da kommen wir auf ein Kapitel, das wirklich für manchen schockierend sein kann. Was in der nachatlantischen Zeit als ein besonderer Kultus hervortritt, ist der Dionysosdienst[277]. Sie wissen alle, wie der Dionysoskult in Zusammenhang gebracht wird mit dem Wein. Dieser merkwürdige Stoff wird der Menschheit allerdings erst in der nachatlantischen Zeit zugeführt, und dieser Stoff wirkt auf die Menschheit. Sie wissen, jeder Stoff wirkt irgendwie auf die Menschen, und der Alkohol hat eine ganz bestimmte Wirkung auf den menschlichen Organismus. Er hatte nämlich eine Mission im Laufe der Menschheitsentwickelung; er hatte – so sonderbar das erscheint – die Aufgabe, sozusagen den menschlichen Leib so zu präparieren, dass dieser abgeschnitten wurde von dem Zusammenhang mit dem Göttlichen, damit das persönliche ‚Ich-bin' herauskommen konnte …"

Der Weingenuss bewirkte also, dass der Mensch Abstand nahm von den göttlichen Welten, mehr auf sich, sein Ich schaute. Er sollte die Zäsur erleben zwischen seiner früheren Gottnähe, die bildlich in den Paradieseszeiten ihren Ausdruck fand, und der weiteren individuellen Entwicklung hinein in das Irdische, das Materielle. So sei der Alkohol „nicht umsonst in der Menschheit gewesen", wie es Steiner ausdrückt. Er zog den Menschen „in die Materie herunter", damit er egoistisch wurde. Er nahm ihm die Fähigkeit, sich mit höheren Welten verbunden zu fühlen. Der Dionysoskult, der das Zusammenleben in einer Art äußeren Rausches pflegte, dürfe als Symbol für die Mission des Alkohols gelten. Jetzt sei die Zeit angesagt, dass „eine gewisse Reaktion gegen den Alkohol eintritt ..., um wieder den Zusammenschluss mit dem geistigen Ganzen zu finden".

Uta Kluge, Teilnehmerin an den Themennachmittagen Wahrheit, verwies für diesen Zusammenhang auf die frühe Bedeutung des Weins: „Zur Zeit der Pharaonen galt der Weinstock als Baum der Erkenntnis."[278] Der Kirchenlehrer Augustinus habe bemerkt, Wein verjage die Müdigkeit der Seele. Die Tiefe der Wurzeln des Weinstocks, die bis zu 20 Meter erreichen könne, zeige uns bildhaft „die tiefe Verbundenheit des Weinstocks mit der Erde". Uta Kluge rundete ihre Ausführungen mit einer Feststellung von Heinz Grill ab: „Der Wein mit seinen Trauben ist ein Sinnbild für das Süße." Diese Süße enthalte „mit einer seelenwarmen Besonderheit" zugleich „das zarte erdgerichtete Herbe".

Im Blick auf die Erde, die Materie, liegen nach dem Geistforscher Rudolf Steiner auch die Wahrheit und die tiefere geistige Bedeutung der Hochzeit von Kana.[279] Christus verwandelte Wasser in Wein. Der Alkoholgenuss schnitt den Menschen vom unmittelbaren Schauen der geistigen Welt ab. Er sollte jedoch trotzdem glauben – ohne dass er die geistige Wirklichkeit vor Augen hatte, ausgedrückt in dem Christus-Zitat: „Selig sind die, die nicht sehen und doch glauben." [280] So verlor der Mensch auch den Gedanken an Reinkarnation und Karma. Das Verständnis für diese fundamentalen Wahrheiten muss er sich heute wieder zurückerobern.

Also hatte und hat auch der Alkohol eine Mission für die Wahrheit: *in vino veritas.*

Dass der Weinstock als Beispiel der Verbundenheit Christi mit den Menschen stehe, betonte Maria Meindl, Teilnehmerin an den Themennachmittagen Wahrheit.[281] Die entsprechende Stelle im Johannes-Evangelium[282] aus der Abschiedsrede beim Letzten Abendmahl unterstreiche das Christus-Prinzip. In diesem Zusammenhang erwähne er neben anderem die Ankunft des Heiligen Geistes und das Gebot der Liebe. Im Weinstockgleichnis werde die Welt mit einem Weingut verglichen, Christus als Weinstock, Gottvater als Winzer, der ernte und jede Rebe, die keine Frucht bringe, wegnehme. Die fruchtbringenden Reben dagegen werden gereinigt, damit sie noch mehr Frucht bringen. Früchte aus dem „wahren Weinstock" sind die Erkenntnisse geistiger Wirklichkeiten und spiritueller Fortschritt. Als Parallele zum Verständnis könne das Zitat „Ich bin der Weg, die Wahrheit und das Leben" [283] dienen. Der Mensch gelange nur über das Christus-Prinzip auf den wahren Weg: „Wie die Rebe nicht aus sich selbst Frucht bringen kann, wenn sie nicht am Weinstock bleibt, so auch ihr nicht, wenn ihr nicht in mir bleibt."

So soll der Mensch nach dem Vergleich „Ich bin der Weinstock, ihr seid die Reben" als Vermittler der Wahrheit auf Erden dienen. Nur er, kein Tier, keine Pflanze, kein Mineral verfügt über die dazu nötige geistige Fähigkeit.

VII. Die Wahrheit und die Philosophie

1. Parmenides und die Heliadenmädchen

Wahrheit und Philosophie liegen eng beieinander. Die Weisheit, die Tochter der Wahrheit, bildet das Objekt der Liebe (φιλεῖν, *philein*), also bedeutet Philosophie „die Weisheit lieben". Der Wahrheit erging es im Verlaufe der Jahrhunderte wie so manchen Phänomenen. Sie lebte in der Vorstellung der alten Griechen ganz munter personifiziert als Göttin. Später nahmen sie die Menschen, je „aufgeklärter" und „moderner" sie wurden, nur noch als abstrakten Begriff wahr. Sie abstrahierten ganz wörtlich die Person, wie in der Mathematik nahmen sie das Persönliche weg. Das gleiche Schicksal erfuhr die Mathematik. Der Abstraktion fielen sogar die Musen zum Opfer. Hesiod[284] nennt ihrer neun, darunter Kleo, die Muse der Geschichtsschreibung, Urania, die der Astronomie und Kalliope, die der Dichtung.

Die antiken Dichter wandten sich an die Muse in persona, gingen nicht einfach so an eine „Dichtung" heran. Die Inspiration durch die Götter schien ihnen sehr wichtig. Danach klingt Homers[285] Auftakt der „Odyssee" so: „Ἄνδρα μοι ἔννεπε, Μοῦσα, πολύτροπον" (*Andra moi ennepe, Musa, polytropon* – „Nenne mir, Muse, den vielgereisten Mann"). Der römische Dichter Vergil[286] bittet zur Verfassung seiner „Aeneis": „*Musa, mihi causas memora …*" („Muse, nenne mir die Gründe …"). Sogar der frivole Ovid[287] bittet die Götter um Eingebung: „*Coeptis … aspirate meis*" („Aspiriert mein Vorhaben!")

Pindar[288] nennt die Wahrheit die Tochter des Zeus[289]. Parmenides[290], der griechische Naturphilosoph, stattet der Göttin Wahrheit persönlich einen Besuch ab, wie er in seinem Lehrgedicht „Über die Natur" (Περὶ φύσεως) erzählt. Die Heliadenmädchen, die Töchter des Sonnengottes Helios, hätten ihn persönlich im Wagen abgeholt und in die himmlischen Höhen chauffiert, wo ihn Aletheia begrüßt und an der Hand genommen habe. So erfuhr er Wesentliches aus dem „unerschütterlichen Herzen der wirklich überzeugenden Wahrheit".[291] Demgegenüber wohne den Meinungen der Sterblichen keine wahre Verlässlichkeit inne.

Parmenides' Schwerpunkt bildeten das Sein und das Nichtsein. Er spitzte erstmals Essenz und Existenz des gesamten Kosmos auf die Polaritäten Sein oder Nichtsein zu, salopp ausgedrückt: Was ist, das ist, was nicht ist, gibt es auch nicht. Das zieht als Konsequenz nach sich, was bayerisch kurz gefasst besagt: „Vo nix kimmt nix." Dahinter steht der philosophische Grundsatz *„Nihil ex nihilo fit"*. Kant präzisierte in philosophischer Kategorisierung: „Es kann nichts anfangen, weder insofern etwas ist, noch insofern es nicht ist. Denn insofern es ist, fängt es nicht erst an. Insofern es nicht ist, fängt es auch nicht an."[292]

Hegel folgert aus der Alternative des Parmenides wie Immanuel Kants: „Wenn die Welt oder irgendetwas angefangen haben sollte, so hätte sie im Nichts angefangen, aber im Nichts – oder das Nichts – ist nicht Anfang." Anfang beinhalte nämlich Sein. Doch das Nichts enthalte kein Sein: „Nichts ist nur Nichts." Wo ist hier die Wahrheit? Diese Gegensätze, wie sie Parmenides auftischte, sind heute noch nicht gelöst. Auf der einen allgemein anerkannten naturwissenschaftlichen Seite will man den Anfang der Welt mit dem Urknall belegen, was Parmenides' Formel „Vo nix kimmt nix" widerspricht. Auf der anderen Seite sprachen die Religionen immer schon von einer *„Creatio ex nihilo"*, der Schöpfung aus dem Nichts. Wenn das Universum nämlich nicht aus Nichts geschaffen wäre, sondern aus bereits vorhandenem „Material", handelte es sich auch um keine Schöpfung.

2. Platon: Aus der Höhle zur Sonne der Erkenntnis

Parmenides gründete sich teilweise noch auf uraltes, hellseherisches Wissen. Das gilt auch für Platon[293], wie Rudolf Steiner betont: „Aber Philosophen im eigentlichen Sinne des Wortes sind auch nicht einmal Platon oder Pythagoras, die beide ihre Quellen im Sehertum haben."[294] Die Persönlichkeit, die „eigentlich zuallererst als der Philosoph im engsten Sinne dasteht", sei Aristoteles. Platons berühmte Ideenlehre vermittelt uns die Dialoge, in denen Sokrates zentraler Gesprächsführer ist. In seiner Akademie, die so benannt war, weil sie sich im Hain des Gottes Akademos befand, gliederte der klassische Philosoph Platon den Begriff der Wahrheit nach drei Aspekten:

a) Ontologisch: Die Offenbarkeit der seienden Dinge (*he aletheia ton onton*[295] oder die Wahrheit der Sachen (*he aletheia ton pragmaton*[296]). Auf einen Nenner gebracht: Was da ist, ist wahr.

b) Epistemologisch: Die Wahrheit von Erkenntnissen, Meinungen, Aussagen[297]. Im Dialog „Kratylos", der ein Standardwerk zur Bewertung der Wahrheit in der Sprache wurde[298],bestimmt Platon den wahren Satz als den *„logos"*, der das Seiende so sagt, wie es ist. Also: Wahr ist es, wenn die Aussage mit dem übereinstimmt, was da ist.

c) Moralisch: als Wahrhaftigkeit im Gegensatz zur Lüge.[299]

In drei Beispielen erläuterte Platon Ursache und Bedeutung der Wahrheit. Im Sonnengleichnis[300] stellt er das Gute ganz oben in der geistigen Welt hin als Quelle von Wahrheit und Wissen. Im Irdischen entspreche das der Sonne als Quelle des Lichtes im Bereich des Sichtbaren. Die Idee des Guten (τὸ ἀγαθόν, *to agathon*) soll auch das Fundament des Politikers bilden und sich aus den Grundtugenden Gerechtigkeit, Besonnenheit, Tapferkeit, Weisheit aufbauen. Das Ziel der Philosophie sei das Erkennen der Idee des Guten und somit das Erkennen der Wahrheit. Wie die Sonne auf der Welt das Unsichtbare sichtbar macht und dem Werdenden Wachstum verschafft, so lässt das Gute im transzendenten Bereich das Erkennbare erfahren, bewirkt das Sein und Wesen der geistigen Wirklichkeit. Der Philosoph erkennt dies durch das Licht der Wahrheit. Das Gute gilt Platon somit als das seinstranszendente, also das Dasein überschreitende, absolute, losgelöste, unabhängige Prinzip. Im Neuplatonismus formte man daraus das „Eine“, in der Theologie Gottvater, die Sonne der Sonne.

Im Liniengleichnis[301] ist die erkennbare Wirklichkeit wie eine senkrechte Linie mit vier Abschnitten, den Erkenntnisweisen, eingetragen. Zwei Hauptabschnitte trennen das sinnlich Wahrnehmbare unten und das rein Geistige oben. Die Idee des Guten ist höchstes Erkenntnisobjekt.

Am bekanntesten wurde das Höhlengleichnis Platons[302]. Platon setzte es an den Beginn des siebten Buches seiner „Politeia“, dem Buch über den Staat. Grundthema des Dialogs seines Lehrers Sokrates mit dem Dialogpartner Glaukon[303] ist die Bildung des Philosophen, der in Platons Staat die Führung übernehmen soll. In der Mitte des „Staates“ steht:

„Wenn nicht in den Staaten entweder die Philosophen Könige werden oder die, welche man jetzt Könige und Herrscher nennt, echte und gründliche Philosophen werden, und wenn nicht diese beiden, die politische Macht und die Philosophie, in eines zusammenfallen und all die vielen Naturen, die heute ausschließlich nach dem einen oder dem anderen streben, zwingend ausgeschlossen werden, dann, mein lieber Glaukon, gibt es kein Ende der Übel für die Staaten und, wie ich meine, auch nicht für die Menschheit." [304]

Im Höhlengleichnis erzählt Sokrates nun in Auszügen und zitiert auch die Antworten seines Gesprächspartners (grau):

Sokrates: Danach, fuhr ich fort, betrachte nun unsere menschliche Natur in Bezug auf Bildung und Unbildung (φύσιν παιδείας τε πέρι καὶ ἀπαιδευσίας) mit folgendem Zustand: Stelle dir nämlich Menschen vor in einer höhlenartigen Wohnung unter der Erde, mit einem nach dem Licht (τὸ φῶς) hin geöffneten und längs der ganzen Höhle hingehenden Eingang; darin Menschen, die von Kindheit auf an Schenkeln und Hals gefesselt sind, so dass sie dort bleiben und nur nach vorn schauen müssen, aber den Kopf wegen der Fesseln nicht umzudrehen vermögen; das Licht scheine ihnen von oben und von fern von einem Feuer hinter ihnen; zwischen dem Feuer und den Gefesselten sei oben ein Querweg; entlang diesem stelle dir eine kleine Mauer gebaut vor, wie sie die Gaukler vor dem Publikum haben, über die sie ihre Wunder zeigen.

Ich stelle mir das vor, sagte er.

So stelle dir nun weiter vor, entlang dieser Mauer trügen Leute allerhand Gerätschaften, die über die Mauer hinausragten, auch Statuen und Bilder von anderen Lebewesen aus Stein, Holz und sonst allerlei Stoff, wobei, wie natürlich, einige der Vorübertragenden reden, andere schweigen.

Ein seltsames Gleichnis, sagte er, und seltsame Gefangene!

Leibhaftige Ebenbilder von uns! sagte ich. Haben solche Gefangene zunächst wohl von sich selbst und von einander etwas anderes gesehen als die Schatten, die von dem Feuer auf die ihnen gegenüberstehende Wand fallen?

Unmöglich, sagte er, wenn sie gezwungen sind, ihr ganzes Leben lang den Kopf unbeweglich zu halten.

Wie aber die vorübergetragenen Gegenstände, ist es da nicht ebenso?

Allerdings.

Wenn sie nun miteinander reden (διαλέγεσθαι) *könnten, würden sie wohl nicht das für wirklich halten, was sie sehen?*

Notwendig.

Weiter: Wenn der Kerker auch ein Echo von der gegenüberstehenden Wand hätte, sooft jemand der Vorübergehenden redete, glaubst du wohl, sie würden glauben, etwas anderes rede, als der vorübergehende Schatten?

Nein, bei Zeus, sagte er, ich nicht.

Überhaupt also, fuhr ich fort, würden solche Leute nichts für wahr halten als die Schatten jener Gerätschaften?

Ja, ganz notwendig, sagte er.

Prüfe nun, fuhr ich fort, wie ihre Lösung aus den Fesseln und die Heilung von ihrem Irrwahn verliefe, wenn ihnen wirklich folgendes widerführe. Wenn einer entfesselt und genötigt würde, plötzlich aufzustehen, den Hals umzudrehen, umherzugehen, in das Licht (τὸ φῶς) *zu sehen, und wenn er bei all diesen Handlungen Schmerzen empfände und wegen des Flimmerns vor seinen Augen nicht jene Dinge anschauen könnte, deren Schatten er zuvor sah, was würde er wohl dazu sagen, wenn ihm einer erklärte, er habe vorhin nur Nichtigkeiten* (φλυαρίας) *gesehen, jetzt aber sei er dem wahren Sein* (τοῦ ὄντος) *schon näher und habe sich zu schon wirklicheren Gegenständen gewandt und sehe daher nunmehr auch schon richtiger? Und wenn man ihm so denn auch jeden der vorüberwandernden wirklichen Gegenstände zeigte und ihn durch Fragen zur Antwort nötigte, was es sei, glaubst du nicht, dass er ganz in Verlegenheit käme und glaubte, das zuvor Geschaute hätte mehr Realität als das jetzt Gezeigte?*

Ja, bei weitem, antwortete er.

Und nicht wahr, wenn man ihn zwänge, in das Licht selbst (αὐτὸ τὸ φῶς) *zu sehen, so würde er Augenschmerzen bekommen, davonlaufen und sich wieder dem zuwenden, was er ansehen kann, und glauben, dies sei wirklich deutlicher als das, was man ihm zeige?*

Ja so, meinte er.

Wenn ihn aber, fuhr ich fort, einer aus dieser Höhle mit Gewalt den rauhen und steilen Aufgang, ohne loszulassen, hinaufzöge, bis er ihn an das Licht der Sonne (εἰς τὸ τοῦ ἡλίου φῶς) *gezogen hätte, dürfte er da nicht Schmerzen empfinden und aufgebracht sein, dass er gezogen wird, und, nachdem er an das Licht gekommen, die Augen voll Blendung haben und so gar nichts von dem sehen können, was jetzt als wirklich angegeben wird?*

Wohl nicht, sagte er, jedenfalls nicht sofort.

Also dürfte er, glaube ich, der Gewöhnung bedürfen, wenn er die Dinge oben schauen (ὄψεσθαι) *soll. Und zunächst dürfte er wohl die Schatten am leichtesten anschauen können und die Spiegelbilder der Menschen und der übrigen Wesen im Wasser, später aber sie selbst. Danach würde er die Dinge am Himmel und den Himmel selbst erst nachts, indem er Sternen- und Mondlicht betrachtet, leichter schauen als die Sonne* (τοῦ ἡλίου) *und das Sonnenlicht am Tag.*

Ohne Zweifel.

Und zuletzt, denke ich, könnte er wohl die Sonne (τὸν ἥλιον), *nicht ihre Spiegelungen im Wasser oder auf sonst einer Fläche außerhalb von ihr, sondern sie selbst für sich an ihrem eigenen Platz anblicken und ihrem Wesen nach schauen* (θεάσασθαι, οἷός ἐστιν).

Ja, notwendig, sagte er.

Und danach dürfte er über sie die Einsicht gewinnen (συλλογίζοιτο), *dass sie die Urheberin der Jahreszeiten und Jahreskreisläufe ist, dass sie über alle Dinge im sichtbaren Bereich waltet und von allem, was sie dort sahen, gewissermaßen die Ursache ist* (πάντων αἴτιος).

Ja, entgegnete er, offenbar muss er danach dazu gelangen.

Wie nun? Wenn er an seinen ersten Aufenthaltsort zurückdenkt und an die dortige Weisheit (σοφίας) *seiner Mitgefangenen: wird er da wohl nicht sich wegen seiner Veränderung* (τῆς μεταβολῆς) *glücklich preisen* (εὐδαιμονίζειν), *jene aber bedauern?*

Ja, sicher …

Bedenke nun, fuhr ich fort, auch folgendes: Wenn ein solcher wieder hinunterginge und sich auf den selben Platz setzte, hätte er da die Augen nicht voll Finsternis, wenn er plötzlich aus dem Sonnenlicht käme?

Ja, ganz sicherlich, sagte er.

Wenn er nun aber, während sein Blick noch verdunkelt ist, in seinem Urteil wieder mit jenen ewig Gefangenen wetteifern sollte, und zwar ehe sich seine Augen wieder angepasst haben, und diese zur Gewöhnung erforderliche Zeit dürfte nicht ganz kurz sein, würde er da kein Gelächter hervorrufen, und würde es nicht von ihm heißen, weil er hinaufgegangen sei, käme er mit verdorbenen Augen zurück, und es lohne nicht einmal den Versuch hinaufzugehen? Und wenn er sie gar entfesseln und hinaufführen wollte, würden sie ihn nicht ermorden, wenn sie ihn ergreifen und ermorden könnten?

Ja, gewiss, antwortete er.

Dieses Gleichnis (τὴν εἰκόνα), *mein lieber Glaukon, fuhr ich fort, ist nun in jeder Beziehung auf unsere vorherigen Ausführungen anzuwenden. Die sich uns visuell offenbarende Welt vergleiche mit der Wohnung im unterirdischen Gefängnis, und das Licht des Feuers in ihr mit dem Vermö-*

gen der Sonne (τῇ τοῦ ἡλίου δυνάμει)*; den Aufstieg und die Schau der Dinge über der Erde stelle dir als den Aufschwung der Seele* (τῆς ψυχῆς) *in die nur erkennbare Welt vor, und du wirst meine Hoffnung nicht verfehlen, da du sie doch zu hören verlangst; ein Gott* (θεὸς) *mag aber wissen, ob sie richtig ist! Aber meine Ansichten hierüber sind nun einmal die: im Bereiche der Erkenntnis ist die Idee des Guten nur zu allerletzt und mühsam wahrzunehmen; hat man sie aber gesehen, muss man einsehen, dass sie für alles die Ursache jeder Regelmäßigkeit und Schönheit ist, indem sie sowohl in der sichtbaren Welt das Licht und die Sonne erzeugt, als auch in der erkennbaren Welt selbst als Herrscherin Wahrheit* (κυρία ἀλήθειαν) *und Einsicht* (νοῦν) *gewährt, und dass derjenige sie (die Idee des Guten) erblickt haben muss, der in seinem eigenen oder im staatlichen Leben verständig handeln will.*

Ja, ich teile deine Ansicht, so sehr ich es vermag.

Mit diesem markanten Beispiel führt uns Platon mit unserer irdischen Umgebung in einen unterirdischen Höhlenraum, der die Erdenwelt mit ihren empirischen Maßstäben darstellt. Die Menschen nehmen die schattenhaften Eindrücke, die Abbilder, die Geräusche als Wirklichkeit auf. Sie kommen gar nicht darauf, hinter dieser irdischen Realität eine außerirdische zu vermuten. Das gelingt nur dem, der sich auf den schwierigen Weg der Erkenntnis nach oben begibt. Diese Erkenntnis erwirbt sich der Aufstrebende nicht so leicht, wird zunächst geblendet und von seinen ehemaligen Mitbewohnern ausgelacht. Für Platon ist hier jedoch schon der Zweifel aus dem Weg geräumt, den erst später Kant mit der Behauptung aufwerfen sollte, das „Ding an sich", die Wahrheit hinter dem irdischen Vorhang, lasse sich vom Menschen nicht erkennen.

Eindringlich gilt dieses Höhlengleichnis heute noch als Appell an alle nach Wahrheit Suchenden, sich auf den Weg zu machen. Sie müssen nämlich nicht im Zustand des Gefesseltseins an die oberflächliche Kollektivmeinung gebunden bleiben. Eine weitere Konsequenz klingt hier wie bei jeder Errungenschaft auf geistiger Ebene an: Sie soll nicht nur dem individuellen Fortschritt dienen, einer egoistischen Spiritualisierung gewisser Strebender, sondern der allgemeinen Aufwärtsentwicklung der Menschheit, hin zu dem, was Menschsein bedeutet, Individualisierung und geistige Reifung.

Der Philosoph hat die Aufgabe als losgebundener Mensch, frei vom Kollektivdenken, die Menschen zu belehren. Dies kann lebensgefährlich werden, existenzbedrohlich, wie Sokrates' Tod belegt, wie das Vorgehen der Mächtigen gegen Andersdenkende auch in der Neuzeit anschaulich machte.

Das Höhlengleichnis eröffnet uns auch den Blick auf Platons Ideenlehre. Der Mensch glaubt sich fest eingebunden in seine irdische Umgebung. Wenn Zweifel aufkommen, dann meist nicht an der Situation vor Ort, sondern daran, dass außen herum auch noch etwas sein sollte, noch dazu die geistige Realität der Idee, von der in Wahrheit das gesamte Leben herkommt. Wir haben wieder die Sonne als Symbolum der Realität und Wahrheit, die dem Menschen nicht verborgen bleiben soll, wie auch Rudolf Steiner betont: „Unser Geist hat die Aufgabe, sich so auszubilden, dass er imstande ist, alle ihm gegebene Wirklichkeit in der Art zu durchschauen, wie sie von der Idee ausgehend erscheint.“[305]

3. Aristoteles: Die Wahrheit liegt im Grundinteresse des Menschen

Die Wahrheit stellt nach Aristoteles ein Grundinteresse des Menschen dar: „Alle Menschen streben von Haus aus nach Wissen.“ [306] (Πάντες ἄνθρωποι τοῦ εἰδέναι ὀρέγονται φύσει.) Das bedeutet, dass sich jeder Mensch um sie bemühen muss. Sie darf nicht, wie es in der langen Geschichte der Menschheit so häufig versucht wurde und wird, per „Mainstream“ oder „Zeitgeist“ kollektiv eingeimpft werden. Weil sie sich über all das, was da war, wunderten, hätten sie auch mit der Philosophie begonnen, so Aristoteles weiter. Er nennt die ersten Philosophen, die nach dem Prinzip, dem Ursprung und dem Grundsatz von allem, fragten. Die ersten Forschungen richteten sich nach dem Stoff, der aber nicht nur in seiner materiellen Erscheinung zählte. Anaximander glaubte das Fundament im Luftigen, in der Seele, Heraklit nannte das Feuer und damit den Geist, Parmenides legte allem das Sein zugrunde und setzte dagegen das Nichtsein, was ihn, lateinisch übersetzt, folgern ließ: *„ex nihilo nihil“* – „vom Nichts kommt nichts“. Empedokles führte die vier Elemente Feuer, Wasser, Luft, Erde ein. Mit *„elementum“* bezeichnete man im Mittelalter den „Grundstoff“.

Die Pythagoreer nannten die Zahl als Prinzip der Dinge. Leukipp und Demokrit stellten die ganz modern klingende Atomlehre auf. *„A-tomos“* mit Alpha-negativum heißt unteilbar. Dieser Ursprung galt ihnen ferner als unentstanden und unvergänglich, was uns an die Monaden des Philosophen Leibniz erinnert. Auch Epikur sprach vom Atom als erste Wahrheit. Und schon schieden sich die Geister: Sind die Atome im Grunde geistige Wesenheiten oder nur Materie? Das mechanistische Weltbild entstand. Man behauptete, auch die

Seele sei aus Atomen aufgebaut. Heute diskutiert man in der Quantenphysik wieder über die Teilchenontologie und fragt sich, ob das kleine Wesen, Individuen sind oder nur ziellos herumschwirrende Materiefragmente.

Auf Sokrates hin, der den Gedanken und die Definition in den Vordergrund rückte, warf Platon die Idee als Ursache aller Erscheinungen, also den ursprünglich geistigen Anstoß für jedes Sein in die Debatte und der Dualismus war geboren: Auf der einen Seite der Geist, auf der anderen Seite die Materie. Descartes[307] prägte ihn weiter aus und die Philosophen waren mit dem Problem beschäftigt, wie denn Materie und Geist voneinander abhingen und sich gegenseitig beeinflussten.

Es gab wieder zwei Wahrheiten. Der Dualismus, von *duo*, zwei, trennte Geist und Materie, wobei der geistige Impuls der Auslöser allen Geschehens wurde. Der Monismus, von *monos*, eins, dagegen ließ nur ein Prinzip gelten, das am Anfang stand. Neben dem Idealismus wurde hier der Materialismus, wie er die Naturwissenschaften heute dominiert, das heute allseits anerkannte Modell, das allerdings auf so wacklige Füße wie die Urknalltheorie gegründet ist.

Dem, was da wird, muss immer etwas zugrunde liegen, stellte Aristoteles fest.[308] Der Mensch wolle das Wahre wissen, aber auch seine Ursache. Folgerichtig behauptete er, die Prinzipien des ewig Seienden müssen auch die im höchsten Grade wahren sein. Alles, was wird, geht daraus hervor und ist deswegen notgedrungen ein „Zusammengesetztes". Es besteht aus der Form, die geistige Vorgabe, und der Materie, die Erscheinung in der Welt. Diese Kombination aus Materie (ὕλη, *hyle*) und Form (μορφή, *morphe*), Platons Idee, ging als der Hylemorphismus des Aristoteles in die Philosophie ein.

Natürlich kann auch hier die spitzfindige Frage „Woher kommt denn der Geist als Anfang?“ Rätsel aufwerfen. Dem entgegnet Aristoteles mit dem Hinweis auf das Axiom[309]. Für alles könne es keinen Beweis geben. Die heutigen Wissenschaften gründen sich auf zahllose solcher Voraussetzungen.

Einleuchtend gliedert Aristoteles die Ursachen (ἀρχαί, *archai*, Ur-Sachen) für alles Geschehen auf. Zugrunde liegt die Formursache, die Idee (*causa formalis*), für das zu bauende Haus zum Beispiel der Bauplan. Es folgt die materielle Ursache (*causa materialis*), sei es Ziegel, Beton oder Holz. Dann kommt mit der Wirkursache (*causa efficiens*) die ausführende Bewegung. In unserem Beispiel der Architekt. Alles umfasst schließlich der Zweck und das Ziel (*causa finalis*), für Aristoteles Teleologiesystematik das τέλος (*telos*, Ziel), in puncto Haus wohl die Absicht, damit Wohnraum, Schutz vor der Witterung und eine ansprechende Architektur zu schaffen.

Klar positioniert sich Aristoteles gegen die heutige Ansicht der Naturwissenschaft: „Bei einigen Denkern Meinung, Wahrheit liege in den Erscheinungen. Sie forschen nach der Wahrheit des Seienden, lassen als Seiendes aber nur die Sinnesdinge gelten. Daher sprechen sie zwar dem Anschein nach wahr, sagen aber nicht die Wahrheit. Das Bewegende ist von Natur aus früher als das Bewegte. Es gibt nämlich etwas, das stets das Bewegte bewegt, und das erste Bewegende ist selbst unbewegt.“[310]

4. Thomas von Aquin: „Wahr ist, was ist.“

Der Philosoph und Theologe Thomas von Aquin[311] formulierte die klassische Korrespondenztheorie[312]:

> *„Jede Erkenntnis aber vollzieht sich durch eine Anpassung des Erkennenden an das erkannte Ding, und zwar derart, dass die besagte Anpassung (assimilatio) Ursache der Erkenntnis ist […] Das erste Verhältnis des Seienden zum Verstand besteht also darin, dass Seiendes und Verstand zusammenstimmen, welche Zusammenstimmung Angleichung des Verstandes und des Dinges (adaequatio intellectus et rei) genannt wird, und darin vollendet sich der Sinngehalt von ‚Wahres‘. Dies also ist es, was ‚Wahres‘ zu ‚Seiendes‘ hinzufügt: die Gleichförmigkeit oder Angleichung eines Dinges und des Verstandes. Dieser Gleichförmigkeit folgt, wie gesagt, die Erkenntnis des Dinges. So also geht die Seiendheit eines Dinges dem Sinngehalt von Wahrheit voraus, die Erkenntnis aber ist eine gewisse Wirkung der Wahrheit.“*

Also: Was ist, muss auch mit dem, als was ich es erkenne, übereinstimmen. Der erweiterte Grundsatz lautet dann: „Wahr ist, was ist.“ Wenn etwas da ist, muss es auch wahr sein – immer vorausgesetzt, dass ich es so erkenne oder allgemein ein Subjekt das Objekt so wahrnimmt. Weiter fragt sich Thomas von Aquin im Sinne der philosophischen Grundfrage seines „Philosophen“, des Aristoteles, woher denn das alles sei, was er um sich vorfindet. Die Antwort steht für ihn als Theologen fest. Als Kenner und Verehrer des Aristoteles sagt er jetzt aber nicht „der erste Beweger“, sondern „Gott“. Aristoteles würde wohl bemerken: Das kommt aufs Gleiche hinaus.

Nach Thomas von Aquin können wir zusammenfassen: Alle Wahrheit stammt ursprünglich von Gott und ist auf seine Schöpfung zurückzuführen: Was Gott will – was also existiert – ist wahr.

Der menschliche Verstand erhält von den Dingen eine Art Impuls, durch den er deren Wahrheit erkennt. Kant formulierte es etwas anders: Die Dinge affizieren den Menschen. Da öffnet sich für die Wahrheitssuche eine große Differenz. Für Thomas von Aquin ist und bleibt nach aristotelischer Vorgabe die „Essenz" das Wesentliche, also das „Ding an sich".[313] Kant blickt nur auf das Phänomen, was sich zeigt, die Hülle.

Rudolf Eisler bringt es im Kant-Lexikon[314] auf folgenden Nenner:

> *„Kant gebraucht für das Verhältnis des ‚Ding an sich' (s. d.) zum wahrnehmenden Subjekt den Ausdruck ‚affizieren'. Hierbei wird das Ding an sich als Grund unserer Empfindungen gedacht, ohne dass aber die Kategorie der Kausalität (s. d.) hier einer Bestimmung, Erkenntnis des Ding an sich dient. Das Verhältnis desselben zum Subjekt wird nur nach Analogie (s. d.) einer Verursachung gedacht. Das Subjekt ist im Empfinden ‚affiziert', d. h. zunächst nur, es ist nicht selbst der Erzeuger seiner Empfindungen, es produziert sie nicht selbsttätig, sie sind vielmehr mit auf Rechnung eines an sich unbekannten Etwas zu setzen, mag dieses nun als Ursache gedacht (nicht erkannt!) oder nur nach Analogie einer solchen aufgefasst werden (vgl. Kategorie). Das Subjekt als Erscheinung wird von den Dingen als Erscheinung (von den Körpern, der Materie) affiziert (im empirischen Sinne). Das Ich (s. d.) ‚affiziert' sich selbst, seinen ‚inneren Sinn' (s. d.).*

Der Gegenstand wird uns (Menschen) nur dadurch gegeben, dass er ‚das Gemüt auf gewisse Weise affiziere.' Die Fähigkeit (Rezeptivität), Vorstellungen durch solche Affektion zu bekommen, heißt Sinnlichkeit (s. d.). Wodurch sollte das Erkenntnisvermögen sonst zur Ausübung geweckt werden, wenn nicht ‚durch Gegenstände, die unsere Sinne rühren', KrV Einl. I (I 47– Rc 45). Die ‚Wirkung eines Gegenstandes auf die Vorstellungsfähigkeit, sofern wir von demselben affiziert werden', ist Empfindung, ibid. tr. Ästh. § 1 (I 75 – Rc 92f.). Die Vorstellung eines Körpers (s. d.) enthält bloß die Erscheinungen von etwas und ‚die Art, wie wir dadurch affiziert werden', ibid. § 8 I (I 97 – Rc 115)."

Auf einen knappen Nenner gebracht, wird hier Kant der Vorwurf gemacht, zwar richtig zu betonen, dass wir bei jeder Wahrnehmung von außen aufmerksam gemacht werden, aber nicht zu benennen, was denn da zugrunde liegt. Die Ausführungen basierten demnach nur auf Analogien, auf Vergleiche, wie man sich eben vorstelle, wenn jemand durch etwas angeregt, „affiziert", werde. Kein Hinweis erfolge auf den Auslöser im Objekt und im Subjekt.

Im Gegensatz dazu zitiert Thomas von Aquin: „Seiend im ersten Sinn wird genannt, was das Wesen eines Dinges bezeichnet."[315] Also: Vom Wesen, nicht von der Erscheinung geht die Wahrheit aus. Kant würde widersprechen: Mag schon sein, aber ich kann das Wesen – also die Wahrheit – nicht erkennen.

VIII. Die Wahrheit in der Sprache

1. Platon: Das Wort als Abbild der Idee

Weiter könnte eingewandt werden, wenn wir die Wahrheit erkennen, dann ist noch lange nicht garantiert, dass wir sie richtig ausdrücken können. Die Sprache spielt eine wesentliche Funktion für das Erkennen der Wahrheit. Wieder einmal ist es Platon, der am Anfang der Sprachwissenschaft steht. Er behandelt in dem Dialog „Kratylos“ den semantischen Naturalismus auf der einen Seite und den Konventionalismus auf der anderen Seite erstmals philosophisch.[316] Kurzum erläutert bedeutet semantischer Naturalismus, in den Wahrnehmungen, den Dingen und Lebewesen liege schon der richtige Ausdruck dafür. Der Konventionalismus sieht das eher von der praktischen Seite: Der Mensch habe im Einvernehmen mit anderen zu dem einen „Blume“, zum anderen „Berg“ und so weiter gesagt.

Die Gesprächspartner sind Sokrates und Hermogenes. Ist man nun über eine Bezeichnung in einer Konvention übereingekommen oder ist der Name von Natur aus (φύσει, *physei*) zugeordnet? In einem ersten Schritt können wir uns über die Etymologie[317] Rückschlüsse auf das Wesen des Bezeichneten holen. Dafür gäbe es zahlreiche Beispiele wie das „lesen“, das sich vom einstigen „Auflesen“ der germanischen Buchenstäbe ableitet. Von den Stäben der Buche kamen die Buchstaben. Aus dem Lateinischen haben wir aus *„scribere“* das „schreiben“ geformt. Damals war der Mensch noch zu Sprachschöpfung fähig, heute ist er der Bequemlichkeit halber versucht, aktuelle Kreationen von Fremdworten wahllos zu übernehmen, so die E-Mail, das Handy, den Computer, Cyber-Kriminalität, virtuell, digital, App.

Es kam auch zu Verfälschungen über die Jahrhunderte. Die Autorität sahen die Römer durchaus positiv, dahinter stand der Gewährsmann, der sich auskannte. Die Praxis führte dann wohl zum „autoritären“ Verhalten und der Begriff ist bis heute negativ gezeichnet. Als „pädophil“ zu gelten, müsste durchaus positiv aufgefasst werden, da es schlichtweg „kinderfreundlich“ heißt. In der öffentlichen Diskussion als Schlagwort bekam es eine andere Färbung, so auch die „Kritik“, die ursprünglich die neutrale „Beurteilung“ ausdrückte und nicht das „Kritisieren“.

Sokrates vermutet im Dialog, den „Wortbildnern“ und „Namensgebern“ seien bereits Fehler unterlaufen. Objektive Begriffe wie „gut“, „schlecht“, „vernünftig“ seien überall gleich. Gemäß dem semantischen Naturalismus kann man schon beim Klang des deutlich ausgesprochenen Wortes das darin liegende Wesen heraushören. Rudolf Steiner wies in seinen Ausführungen zur Sprache einmal darauf hin, dass eine Bezeichnung wie „Quelle“ den Sachverhalt des hervorquellenden Wassers optimal ausdrücke.

Der Konventionalismus lässt jede Sprachänderung zu. Danach könne man mal so, mal so etwas bezeichnen. Jedem sei gestattet, seine Privatsprache zu erfinden. Schließlich hatte der Philosoph Protagoras die neue Devise vorgegeben „Der Mensch ist das Maß aller Dinge.“[318] Da zählt keine objektiv gültige Meinung über einen Ausdruck. Jeder nimmt die Dinge, wie sie ihm erscheinen. Sokrates’ Gesprächspartner Kratylos blieb skeptisch. Er zweifelte an der Richtigkeit der sprachlichen Kommunikation immer mehr und drückte seinen ganz eigenen Protest damit aus, dass er das Reden aufhörte und nur noch deutete. Sokrates erkannte, dass naturgemäße Regeln der Kommunikation, Namens- und Begriffsgebung nach objektiver Realität ausgerichtet sein müssen. „Das Wort ist das Werkzeug des Sprechenden, so wie ein Bohrer das Werkzeug eines Handwerkers ist", erklärte er. Und weiter unterstrich er die Bedeutung des semantischen Naturalismus: „So ist offenbar, dass die Dinge (τὰ πράγματα, *ta pragmata*) an und für sich ihr eigenes bestehendes Wesen (οὐσία, *usia*) haben … nicht nur nach unserer Einbildung." [319]

Eine schwierige Frage zur Wahrheit des sprachlichen Ausdrucks bestand in der Tatsache, dass es so viele verschiedene Sprachen gibt. Sollen die alle der Wahrheit entsprechen oder sind sie nur auf Konventionen hin ausgedacht? Die Ursprache soll es ja in grauer Vorzeit gegeben haben, bis dann die Differenzierung eintrat, die uns von der Bibel recht plastisch in der babylonischen Sprachverwirrung vorgeführt wird. Der Turmbau zu Babel soll das auslösende Moment der Sprachverwirrung hervorgerufen haben.

Zur Verschiedenheit der Sprachen lehrt uns Sokrates: Der Wortbildner (*dialektikos*) arbeite wie ein Schmied. Jeder verwende ein anderes Werkzeug und ein anderes Material. Alle aber orientierten sich an demselben Urbild, am εἶδος (*eidos*), der Idee Platons. Das Wort, das der Wortbildner diesem Gegenstand in der jeweiligen Sprache zuweise, sei ein Abbild jener Idee. Diese „Benennungsidee" drücke die Natur des zu Benennenden optimal aus.

2. Sprache ist etwas Heiliges

Nach geisteswissenschaftlichen Forschungen Rudolf Steiners[320] entwickelte sich Ende der lemurischen Zeit das Gedächtnis. In der Phase von Atlantis entstand die Sprache, damit man die Dinge, an die man sich erinnerte, auch benennen konnte. Über Atlantis sprach schon Platon in den Dialogen „Timaios" und „Kritias". Die anthroposophische Sicht bestätigt die Lage dieses Urlandes vor Millionen von Jahren zwischen Amerika und Europa. Als Vorgänger dieser Kultur wird Lemurien zwischen Afrika, Asien und Australien angenommen. Nur Menschen mit Gedächtnis können mit Namen für Dinge wie Menschen etwas anfangen. Damit war ein neues Band zwischen der Seele und den Dingen geschaffen, zwischen Mensch und Mensch. Der Mensch empfand die Sprache ursprünglich als etwas Heiliges. Das Wort hatte Macht, heilte, zähmte Tiere, ließ wachsen. Er entwickelte ein religiöses Gefühl gegenüber Natur und Sprache.

Die Atlantier kannten zunächst keine artikulierte Sprache, dafür aber verstanden sie die Sprache der Natur, wenn Blätter raschelten, der Bach plätscherte: „Der Geist drang aus der wassergeschwängerten Luft."

Eindrücke von außen erwiderten die Menschen mit Konsonanten. Demgegenüber drückten sie innerlich Erlebtes wie Gefühle, Schmerz, Freude mit Vokalen aus, so das „Ah!" beim Erstaunen, das „Au!" beim Schmerz.

Die Sprache erfuhr der Mensch anfangs aus der Sphäre des Geistigen durch Götterwort. Durch das Wort sprachen einst göttlich-geistige Wesen zur Menschenseele. Mit dem mythischen Turmbau zu Babel sei der letzte Rest des menschenverbindenden Wortes in der Menschensprache verstummt, erläutert Emil Bock:[321] „Es wird nicht mehr von oben her, sondern nur noch von unten her gesprochen."[322]

Ein gewisser Verfall trat ein, die Verflachung der Sprache über all die Jahrhunderte hin. „Das Gefühl für die Schönheit des Sprechens" fehlt, stellte Rudolf Steiner in seinen Sprachbetrachtungen fest. Ursprünglich sei das Gespräch künstlerisch gestaltet worden, nicht zweckmäßig als Kommunikationsmittel. Einst habe man nur rhythmisch gesprochen. Das hören wir noch in Redewendungen heraus, wie „er stolpert über Stock und Stein" und „untergegangen mit Mann und Maus".

Die Geistigkeit der Sprache repräsentiert das klassische Versmaß. Der Hexameter steht dabei im Verhältnis zum Blut- und Atemrhythmus des Menschen, weshalb ihm dieser Takt auch gleich so vertraut vorkommt. Homer gestaltete seine Dichtungen in diesem Rhythmus von sechs (ἓξ) Längen und zwei Kürzen im Walzertakt „eins, zwei drei".

Μῆνιν ἄειδε, θεά, Πηληιάδεω Ἀχιλῆος
οὐλομένην, ἣ μυρί' Ἀχαιοῖς ἄλγε' ἔθηκεν,
πολλὰς δ' ἰφθίμους ψυχὰς Ἄιδι προΐαψεν

Mänin aeide, thea, Päläiadeo Achiläos
Ulomenän, hä myri Achaiois alg(e) ethäken,
pollas d'iphthimus psychas Aidi proiapsen.

Singe, Göttin, den Zorn des Peleiaden Achilleus.
Der zum Verhängnis unendliche Leiden schuf den Achaiern
Und die Seelen so vieler gewaltiger Helden zum Hades sandte.

Das Wort der Götter degenerierte jedoch im Laufe der Zeit zur „Dienerin des intellektuell-erkenntnismäßigen und des geistfliehenden sozialen Lebens“. Ab dem 15. Jahrhundert, als bereits die Phase des modernen Intellektualismus einsetzte, benutzte der Mensch immer mehr die Gedanken, die vom Körper abhängen.

Einen Wahrheitsaspekt der Sprache können wir ihrer Wirkung entnehmen. Wir empfangen sie in Form von Inhalt und Laut. Der Geist äußert sich dabei im Inhalt, die Seele im Lautcharakter. So macht es wohl einen Unterschied, ob viele „i“ oder viele „u“ das Gesagte prägen oder mehr die Konsonanten. Gebärden als Begleiter der Sprache lassen uns ebenfalls auf den Wahrheitsgehalt des Gesagten schließen. Der Astralleib initiiert die Sprache, das Ich modifiziert. Rudolf Steiner verglich die Entwicklung der Sprache mit der Entwicklung des Seelenlebens.

Dabei ging sie immer mehr in das Eigentum des Menschen über, erfuhr eine Individualisierung. Mit einher verlief die Vereinfachung der Sprache. Ein frühes Beispiel gibt das Hinzunehmen des Pronomens. „Ich“, „du“, „er“ ..., also das Persönliche im Gesagten, war früher nicht so betont. Beim Sanskrit[323] liegt die Person in der Endung des Verbums: mi-ich, si-du, ti-er, mes-wir, tasi-ihr, anti-sie. So gestalteten auch Latein wie heute noch das Italienische ihre Konjugationen ohne Pronomen: vado, vai, va, andiamo, andate, vanno (ich gehe, du gehst, er geht, wir gehen, ihr geht, sie gehen). So war es noch im Althochdeutschen. Ich salbe hieß: salbom ohne „ich“, und die volle Konjugation lautete: salbom, salbos, salbot, salbomes, salbot, salbont.

Ein Charakteristikum des Niveaus jeder Sprache verrät die Grammatik. Gradmesser dafür ist neben anderem der Umgang mit den Geschlechtern. Das Indogermanische und Latein kennen drei Genera. Beispiel: Der Mann maskuliner Artikel, die Biene femininer Artikel, das Auto neutraler Artikel. Das Französische und Italienische verwendet zwei, so il gatto/lo spirito für das Maskuline, la luna für das Weibliche. Im Englischen blieb nur ein Genus: the man, the woman für das Männliche wie Weibliche.

Woher kam denn die Verteilung der Geschlechter? Warum ist das Gras Neutrum, also „sächlich", die Mücke feminin oder der Strohhalm maskulin? Wo ist hier die Wahrheit der Sprache?

Ursprünglich sah man in den frühen Zeiten der Sprachbildung hellseherisch das Lebendig-Geistige, erläutert Rudolf Steiner. Danach erarbeiteten die „Wortbildner", wie sie Sokrates nannte, die Zuteilung der Geschlechter, so die Erde (*Gaia*), der Himmel (*Uranos*). Generelle Unterschiede setzte das sogenannte starke und schwache Geschlecht, so der Elefant (stark) und die Maus (schwach). Bäume als Sitze der Göttinnen haben feminines Geschlecht.

Warum aber der neutrale Artikel für das Kind? Wir wissen doch, ob es ein Mädchen oder ein Bube ist. Dahinter steht noch die frühe exakte Wahrnehmung: Das Geschlecht des Kindes ist noch nicht gereift. Der Volksgenius weiß: Alles Sächliche „wird erst". Auch das Gras befindet sich noch im Wachsen, Hegel würde sagen: im Werden. Rudolf Steiner dazu wörtlich: „Wir sagen: der Mann, die Frau, das Kind. Das Kind, bei dem das Geschlecht noch nicht ausgesprochen ist, was noch nicht sein Endgültiges ist, was erst wird. Als das sächliche Geschlecht gegeben worden ist, ging es aus jener Stimmung beim Volksgenius hervor, wo man empfand, dass alles, was man als sächlich bezeichnet, erst etwas wird."[324]

Die Nähe zur Wahrheit verspürte der Mensch der Frühzeit in seiner Sprache noch darin, dass ihm Denken und Sprechen eins waren. Erst mit wachsender Sprechpraxis gewann er die Routine bei sich selbst so zu denken, nach außen hin aber ganz etwas anderes zu sagen. Bevor er mit dem Denken einsetzte, orientierte er sich über ein Bilderbewusstsein. Den bildhaften Ausdruck spiegeln in der Schrift noch die Hieroglyphen wider. Er verlor die Empfindung für den Sprachlaut. Im Gegenzug nahm die Kraft der Sprache ab. Als Beispiel führt Rudolf Steiner die Gebete an: „Die Gebete der alten Sprachen verlieren ihre alte Kraft, wenn sie in neuere Sprachen übertragen werden. In den lateinischen Worten des Paternoster liegt viel mehr Kraft als im Vaterunser. Die Sprache des alten Vaterunser ist die aramäische. Wer es sprach in der aramäischen Sprache, hat Zauberkraft empfunden." [325]

Nach vielen Kriterien werden heute die Menschen mit neuesten technischen Hilfsmitteln beurteilt. Mehr erfährt der aufmerksame Beobachter, wenn er die Sprache seines Gegenübers in seine Empfindung aufnimmt. Über die Sprache macht er sich von einem inneren individuellen Wesen zu einem äußeren sozialen Wesen. Seien es Emotionen, Traumata, Erkenntnis- und Bewusstseinsstufen, sie drücken sich alle in der ganz individuellen Kommunikationsfähigkeit des Einzelnen aus. Das wusste auch der Sprachforscher und Philosoph Ludwig Wittgenstein: „Die Grenzen meiner Sprache bedeuten die Grenzen meiner Welt." [326]

Je klarer die Sprache gestaltet wird, umso näher vermittelt sie den Wahrheitsbezug. Sie führt den Sprechenden zur Körperfreiheit, wogegen das nachlässige oberflächliche Gerede, das oft Alltag, Medien und Politik dominiert, an den Körper bindet. Eine bemerkenswerte Verbindung zwischen Sprache, Wahrheit und Ewigkeit stellt Heinz Grill her.[327] Zunächst gelte es zu bedenken: „Leise ist mit jedem Wort geboren ein neuerzeugtes Wesen.“ Das führe schließlich so weit, dass die durch die Kommunikation erzeugten Wesen nach dem Tod das Kleid der Seele bilden.

IX. Konsequenz der Unwahrheit: Phantome und Dekadenz

1. Seit wann gibt es die Wahrheit?

Es stellt sich die Frage: „Woher kommt die Wahrheit?" War sie immer schon da? Wer hat sie geschaffen? Wer hat sie entdeckt? Um diese Anfänge zu ergründen, müssen wir uns auf die Spuren begeben, die sie in der Geschichte, in der Religion und in der Philosophie hinterlassen hat. Als einer der ersten Philosophen definierte sie Aristoteles[328], als er sagte: „Nicht darum nämlich, weil unsere Meinung, du seiest weiß, wahr ist, bist du weiß, sondern darum, weil du weiß bist, sagen wir die Wahrheit, indem wir dies behaupten."[329]

Einen geheimnisvollen Vorhang lüftete der Anthroposoph Rudolf Steiner, als er im Rahmen seiner geisteswissenschaftlichen Forschungen von den drei großen Idealen der Menschheit berichtete: das Schöne, das Wahre, das Gute.[330]

Wenn Wahrheit zum Erlebnis wird, dann stecken wir so richtig in unserem physischen Leib drinnen. Erleben wir die Schönheit, stellen wir einen Bezug zu unserem Ätherleib her. Die richtige Verbindung mit dem Astralleib schaffen wir, indem wir das Gute erkennen.

Die Wahrheit trägt der Mensch unbewusst in sich, erkannte Rudolf Steiner. Er hat sie als Erbstück aus seinem vorirdischen Dasein. „Wir müssen die wahre Wirklichkeit in uns fühlen, wir müssen unseren Zusammenhang mit der geistigen Welt fühlen", sagt er. Die Welt verstehen wir nämlich erst dann richtig, wenn wir uns bewusst sind, dass sie ein Abbild der wahren Wirklichkeit ist. Demzufolge ist die Stimmung der Wahrheit von Traurigkeit gezeichnet, da sie der Mensch im Vergleich zur echten Wahrheit im Jenseits nur als Nachklang erleben kann.

Das wahre Gefühl für das Sein erfährt der Mensch durch die Verbindung zur geistigen Welt: „Nichts befestigt so sehr das ursprüngliche, echte Seinsgefühl des Menschen als der Sinn für Wahrheit und Wahrhaftigkeit. Sich verpflichtet fühlen, die Dinge, die man sagt, erst zu prüfen, sich verpflichtet fühlen, für die Dinge, die man sagt, erst die Grenzen zu suchen, innerhalb welcher man sie sagen kann, das trägt bei zur wirklichen inneren Konsolidierung des menschwürdigen Seinsgefühls." Dieses Seinsgefühl baut sich auf, wenn wir in unserem Körper die Geistigkeit fühlen – „so dass wir eine enge Verwandtschaft unseres physischen Leibes mit dem, was das Ideal der Wahrheit ist, anerkennen müssen".

Sein Gespür für Sein und Wahrheit vermag der Mensch an sich selber zu prüfen. Stehe ich im Leben als das, was ich bin? Als geistbegabtes Geschöpf, das im Rahmen seines Gestelltseins in die Welt seine Aufgaben erfüllt? Viele dringen in die kosmische Dimension ihres Seins und somit ihrer ganz persönlichen Wahrheit nicht vor. So brauchen sie als Kompensation Titel und Anerkennung der äußerlichen irdischen Welt. Man will etwas sein und glaubt das zu erreichen, wenn man den Titel des „Herrn Doktor" oder der „Chefsekretärin" zuerkannt bekommt. Da merken wir die Diskrepanz zwischen innerer Wahrheit und äußerer Unwahrheit.

So müssten wir im innersten Gespür auch die Unwahrheit erkennen: „Man möchte sagen, dieser physische Leib hängt durch viele Fäden mit dem vorirdischen Dasein zusammen, und die Hingabe an seine Unwahrhaftigkeit zerreißt solche Fäden."[331] Der „unwahre Mensch" verleugne seine geistige Vergangenheit.

Neben der Wahrheit zählt die Schönheit zur Trias dieses Menschenideals. Die Brücke dazu schlägt sein Ätherleib.[332] Das Anstarren des Schönen sei kein Erleben, erklärt Rudolf Steiner. „In dem Moment aber, wo die Schönheit erlebt wird, regt sich eben auch der ätherische Leib." Das hätten die alten Griechen noch eindringlicher erfahren, weil sie beim Anblick des Hässlichen eine Gänsehaut bekamen und vor einer Götterstatue sich mit Wärme erfüllt merkten. Im Gegensatz zur Wahrheit, die traurig stimmt, vermittelt die Schönheit Freude.

Das Gute als drittes Ideal baut sich der Mensch im Umgang mit dem Mitmenschen auf, wenn er auf den anderen eingeht und wenn er „sein eigenes Seelisches in das Seelische des anderen tragen" kann. Das sei wahre Moralität, „wirkliche gesellschaftliche Konfiguration". Somit schließt sich der Kreis: Wahrheit, Schönheit und das Gute stehen für ein menschenwürdiges Dasein, ein reales Sich-Verbinden mit der Welt.

2. Woher kommt die Lüge?

Werfen wir einen Blick auf die Gegenseite, stellt sich die Frage „Woher kommt die Lüge?", „Seit wann gibt es die Lüge?" Eine Antwort darauf ist in der Bibel zum berühmten Sündenfall nachzulesen, den wir später behandeln. Daraufhin folgte historisch schon etwas fassbarer der berühmte Dekalog, die

Zehn Gebote als erste Verhaltensnorm für das Zusammenleben der Menschen. Moses nahm sie von der Gottheit auf dem Berg Sinai entgegen. Das achte Gebot bezieht sich auf die Unwahrheit: „Du sollst nicht falsch Zeugnis reden wider deinen Nächsten!" Rudolf Steiner erläutert dazu, eine Unwahrheit setzt das Ich des anderen herab. Das dürfe nicht geschehen, auch nicht mit Lügen. Diese wirken scheinbar in den transzendenten Welten weit schlimmer als in der irdischen: „Jede Lüge ist in der Astralwelt ein Mord."[333]

Das Gespür dafür scheint der Mensch heute verloren zu haben, die Lüge wurde salonfähig. An erster Stelle verhalfen ihr Politiker und Medien zur Etablierung. Nach Steiner steht an erster Stelle die Kirche, erst an zweiter Stelle die Medien und die Politiker an Dritter. In der Politik gehört Lüge wie im Militarismus zum Geschäft. Man muss den Gegner täuschen, um erfolgreich zu sein. Schon im Ersten Weltkrieg kursierte das Schlagwort der „Lügenpresse", im Dritten Reich wurde die Presse mit einem Reichspropagandaleiter „gleichgeschaltet", zu den Zeiten der „Corona-Krise" dienten die Medien als verlängerter Arm der Regierung, da sie meist unhinterfragt gegen jedes journalistische Prinzip der Panikmache dienten.

Die Kanzlerin ging mit „gutem Beispiel" voraus. Sie selbst zitierte die „postfaktischen Zeiten", die wohl angekommen seien. Also das Faktum, die Handlung, wie sie wirklich war, kommt erst nachher (*post*). Vorher steht die Behauptung, das sei so oder so, wie eben Medien oder Politiker meinten. Nachher erst prüfe man – wenn überhaupt –, ob das mit den Tatsachen übereinstimme. Merkel kommentierte: „Die Menschen interessieren sich nicht mehr für Fakten, sondern folgen allein den Gefühlen."[334]

Ließen sich die Menschen dazu verführen, weil sie sich selber schon an das Lügen gewöhnt hatten? Oder ließen sie sich durch die neue Medienpropaganda der postfaktischen Postmoderne umerziehen?

Der traditionelle Volksmund widerspräche. Man kann ihm das Gespür für Wahrhaftigkeit noch von den Lippen lesen in Sprüchen wie „Lügen haben kurze Beine", da die Wahrheit am Ende doch aufgedeckt werde, oder „Wer einmal lügt, dem glaubt man nicht, und wenn er auch die Wahrheit spricht".

Der kleine Pinocchio wurde weltbekannt durch seine lange Nase. Sie wurde stets länger, wenn er log. Diese Kindergeschichte sollte zur Wahrhaftigkeit erziehen und das Bewusstsein vermitteln, dass Lügen nicht ungestraft bleibe. Man wusste noch, dass der Mensch an der Lüge viel zu tragen und ertragen habe. Davon stammt das Sprichwort „Einem einen Bären aufbinden". Es hat mit dem Tier nichts zu tun. „Bär" kommt vom germanischen „bar" im Sinne von „tragen". Soll uns also eine weise Volksetymologie zur Wahrheit auffordern? Oder stimmt Talleyrands[335] Behauptung: „Der Mensch hat die Sprache erhalten, um seine Gedanken verbergen zu können."[336]

Schon das „Buch der Sprüche", nach der „Vulgata" das „Liber proverbiorum Salomonis", das Buch der Sprüche Salomons, das bis ins vierte vorchristliche Jahrhundert zurückdatiert wird, warnt vor dem Lügen: „Wer Schätze erwirbt, mit verlogener Zunge, jagt nach dem Wind, er gerät in die Schlingen des Todes."[337] Demgegenüber zeichne sich der Gerechte als „Feind der Lüge" aus, nur der Gottlose handle schimpflich und schändlich.

Dass der Mensch der Wahrheit ursprünglich näher ist, deutet auch die Psychologie an: Wenn er nämlich lügt, zeigt er ganz unbewusst unnatürliche Merkmale, er meidet beispielsweise den Blickkontakt mit dem Gesprächspartner.

De iure, also nach dem Recht bemessen, wird die Lüge nicht generell bestraft, sondern nur, wenn ein *„falsiloquium dolosum"*, falsches Reden in betrügerischer Absicht, dahinter steckt. Ansonsten akzeptiert man die Lüge großzügig als Verstoß gegen die Tugend. Und die sei schließlich Privatsache. So gliedert sich die Lüge in der Gesellschaftspraxis in mehrere Nuancen: Die soziale Lüge, wenn man die Oma schonen will und ihr nicht erzählt, dass ihre Katze überfahren worden ist. Die Notlüge, wenn der Ehemann Ärger vermeiden möchte und behauptet, er habe ja nur zwei Bier getrunken, obwohl es fünf waren. Die Zwecklüge, mit der ein Älterer sich vor dem Lösen einer verbilligten Eintrittskarte bereits als Rentner bezeichnet. Die vorsätzliche Lüge, um jemanden absichtlich in die Irre zu führen und sich Vorteile zu verschaffen. Die pathologische Lüge unter Zwang, auch *Pseudologia phantastica* oder *Mythomanie* genannt, entwickelt eine permanente Manipulation der Umgebung aus einem Mangel an Selbstwertgefühl. Sie wurde auch als Münchhausen-Syndrom bekannt.

Schwieriger wird es wie meist, wenn Philosophen darüber ihre Meinung äußern. Kant[338] stand hier wohl unbewusst der geisteswissenschaftlichen Auffassung näher als manch anderer. Er ließ ein Recht auf eine Notlüge nicht gelten. Er klammert die Frage der persönlichen Haltung zur Lüge und damit die Frage der Güterabwägung aus und behandelt die Frage als Rechtsproblem. Für ihn kann es kein Recht auf Lüge geben.[339] Das Verbot der Lüge, die Pflicht zur Wahrhaftigkeit, gilt dennoch allgemein, weil sonst die Grundlage jeder Gemeinschaft und damit auch die Möglichkeit des Kategorischen Imperativs formal aufgehoben ist. Wann gelogen werden darf, würde dann nach subjektiven Maßstäben bestimmt werden. Wer diesem Prinzip folgt, schließt sich a priori von der Gemeinschaft aus. Deshalb kann auch kein Gesetz den Menschen zum Lügen zwingen.[340]

Den Anlass zum Streit hatte eine Schrift des Schweizers Benjamin Constant[341] gegeben. Der hatte 1797 seinen Standpunkt folgendermaßen geäußert: „Der sittliche Grundsatz: es sei eine Pflicht, die Wahrheit zu sagen, würde, wenn man ihn unbedingt und vereinzelt nähme, jede Gesellschaft zur Unmöglichkeit machen. Den Beweis davon haben wir in den sehr unmittelbaren Folgerungen, die ein deutscher Philosoph aus diesem Grundsatze gezogen hat, der so weit geht zu behaupten: dass die Lüge gegen einen Mörder, der uns fragte, ob unser von ihm verfolgter Freund sich nicht in unser Haus geflüchtet, ein Verbrechen sein würde."[342] Also er urteilt zugunsten der Notlüge: Wenn der Mörder schon an die Tür pocht, müssen wir ihm nicht verraten, dass der von ihm Gesuchte, unser Freund, sich im Keller versteckt. Mit dem „deutschen Philosophen" meint er natürlich Kant.

Constant räumte ein, dass es eine Pflicht sei, die Wahrheit zu sagen. Pflicht sei aber untrennbar mit dem Recht verbunden: Wo es keine Rechte gäbe, gäbe es keine Pflichten. Auf Wahrheit Anspruch habe nämlich auch nur der, der ein Recht auf Wahrheit hat. Und das stritt Constant einem Menschen, der anderen damit schaden wolle, ab.

Dagegen war Kant in seinen Ausführungen „Über ein vermeintes Recht aus Menschenliebe zu lügen" überzeugt, dass die Lüge generell schade, allein schon dadurch, dass sie das Recht unbrauchbar mache. Durch keine „Konvenienzen"[343] sei dieses heilige Vernunftgebot, die Wahrheit zu sagen, aus den Angeln zu heben. Der Mensch müsse immer ehrlich sein, so Kant, der in diesem Rahmen auch die Differenz zwischen erkenntnistheoretischer Wahrheit als Begriff und Wahrhaftigkeit im Sinne der Moral unterstrich.

So wollte Kant auch den Utilitaristen den Wind aus den Segeln nehmen. Diese Form der philosophischen Ethik entwickelten die Engländer wie Thomas Hobbes, David Hume und Jeremy Bentham. Der Name stammt vom lateinischen „utilis", „nützlich" und sagt alles: Nur diese Moral sei anzuwenden, die nützlich ist. Da zählt nicht mehr die Handlung, ob sie gut oder böse, falsch oder richtig ist, sondern lediglich, was dabei herauskommt, nach Benthams „Hedonistischem[344] Prinzip" auch die Lust.

Äußerst skeptisch definiert Nietzsche[345] den Stellenwert der Wahrheit im Werdegang des Menschen: „Der Intellekt als Mittel zur Erhaltung des Individuums entfaltet seine Hauptkräfte in der Verstellung; denn diese ist das Mittel, durch das die schwächeren, weniger robusten Individuen sich erhalten, als welchen einen Kampf um die Existenz mit Hörnern oder scharfem Raubtier-Gebiss zu führen versagt ist. Im Menschen kommt diese Verstellungskunst auf ihren Gipfel: hier ist die Täuschung, das Schmeicheln, Lügen und Trügen, das Hinter-dem-Rücken-Reden, das Repräsentieren, das im erborgten Glanze leben, das Maskiertsein, die verhüllende Konvention, das Bühnenspiel vor anderen und vor sich selbst, kurz das fortwährende Herumflattern um die eine Flamme Eitelkeit so sehr die Regel und das Gesetz, dass fast nichts unbegreiflicher ist, als wie unter den Menschen ein ehrlicher und reiner Trieb zur Wahrheit aufkommen konnte. Sie sind tief eingetaucht in Illusionen und Traumbilder, ihr Auge gleitet nur auf der Oberfläche der Dinge herum und sieht „Formen", ihre Empfindung führt nirgends in die Wahrheit, sondern begnügt sich, Reize zu empfangen und gleichsam ein tastendes Spiel auf dem Rücken der Dinge zu spielen." [346]

Zumeist gebrauche der Mensch seinen Verstand nach Nietzsche zur Verstellung. Er fixiere mit Hilfe der Sprache, was Wahrheit sein soll. So benutze der Lügner die gültigen Bezeichnungen, um das Unwirkliche als wirklich erscheinen zu lassen. Er behaupte, er sei reich, ist in Wirklichkeit aber arm. Nietzsche weiter: „Was ist also Wahrheit? Ein bewegliches Heer von Metaphern, Metonymien, Anthropomorphismen, kurz eine Summe von menschlichen Relationen, die, poetisch und rhetorisch gesteigert, übertragen, geschmückt wurden und die nach langem Gebrauch einem Volke fest, kanonisch und verbindlich dünken: die Wahrheiten sind Illusionen, von denen man vergessen hat, dass sie welche sind, Metaphern, die abgenutzt und sinnlich kraftlos geworden sind, Münzen, die ihr Bild verloren haben und nun als Metall, nicht mehr als Münzen, in Betracht kommen."

3. „Moral predigen ist leicht, Moral begründen sehr schwer."

Die Frage, woher die Lüge kommt, haben wir eigentlich schon beantwortet. Wir hörten vom Bild der Bibel zum Selbständigwerden des Menschen, als er aus der behüteten Umgebung des Paradieses in die irdischen Gefilde seiner materiellen neuen Heimat hinabstieg. Dabei führte er im Gepäck sehr wohl die göttergleiche Fähigkeit des Unterscheidens zwischen Gut und Böse mit, aber auch Krankheit, Mühe, Leid, Arbeit und Tod. Die Religionen sind sich meist in diesen Grundpositionen einig, dass sie – um es auf einen vereinfachten Nenner zu bringen – den Schöpfer oder Gott als die Quelle der Wahrheit bezeichnen und als Pendant den Teufel als den Urheber der Lüge.

Christus persönlich zitiert im Johannes-Evangelium den „Vater der Lüge", wenn er zu den Juden spricht (*ad Iudaeos*): „Ihr seid vom Vater Teufel (*Vos ex patre Diabolo estis*) und wollt die Wünsche eures Vaters tun. Jener ist ein Menschenmörder von Anfang an und nicht in der Wahrheit gegründet, weil keine Wahrheit in ihm ist. Wenn er eine Lüge sagt, dann redet er aus seinem Eigenen, weil er ein Lügner ist und der Vater derselben."[347]

Es gibt so manche Darstellung zur „Geschichte der Lüge". Selten findet man fundierte Erläuterungen, wie und warum sie in die Welt kam. War es reine Entwicklung, dass der Mensch, wie der oben zitierte Talleyrand behauptet, seine Sprache erhalten hat, „um seine Gedanken verbergen zu können"? Die Geisteswissenschaft eröffnet im Einklang mit den Kultur- und Religionstraditionen einen tieferen Blick in den Hergang des Menschen aus seiner reinen Ursprünglichkeit durch paradiesische Geborgenheit in die materielle Selbständigkeit. Mit Unterstützung der luziferischen Wesenheiten wagte der künftige Erdenbürger den Schritt in die Freiheit. Unter Luzifer versteht man ein hohes geistiges Wesen, das auch die Religionen kennen. Es brachte, wie sein Name sagt, das Licht (*lux*, Licht, *ferre*, bringen), setzte sich dann aber in Widerstand zum höchsten Wesen und wurde der Diabolos[348]. Dieses goss ihm in den astralischen Leib die Begierden und Leidenschaften, die Möglichkeit zum Bösen, zur Sünde, Lüge. Der Astralleib ist nach Erkenntnissen der Geisteswissenschaft der feinstoffliche, nicht sichtbare Leib des Menschen, der das Bewusstsein trägt und mit dem

Kosmos in Verbindung steht, daher „astral" von ἀστήρ (*astär*, Stern). Dadurch erkaufte sich der Mensch seine Freiheit von göttlicher Gebundenheit.

Damit war das Miteinander gefährdet. Eine frühe Weisung für richtiges Verhalten erhielten die Menschen, wie schon gesagt, im Dekalog[349] mit dem achten Gebot: „Du sollst nicht falsch Zeugnis reden wider deinen Nächsten!" Rudolf Steiner unterstreicht den Stellenwert dieses weltweit bedeutenden Entwicklungsschrittes für das menschliche Dasein: Das Ich des anderen darf durch eine Lüge nicht herabgesetzt werden, auch nicht mit Lügen: „Jede Lüge ist in der Astralwelt ein Mord."[350]

Das ist eine schier unfassbare Behauptung, die durch die Beschreibung Steiners verständlicher wird: „Aber bei einer Unwahrheit stimmt die Gedankenform, die von ihrer Aussage ausströmt, nicht überein mit derjenigen, die von der Sache selbst ausgeht. Die Formen platzen aufeinander und zerstören sich. So wirkt die Unwahrheit, die Lüge, lebenzerstörend und tötend auf andere. Im okkulten Sinne von Moral sprechen, heißt nicht nur sie predigen, sondern sie begründen durch Tatsachen der höheren Welten. Schopenhauer sagte mit Recht: „Moral predigen ist leicht, Moral begründen sehr schwer."[351]

Der Werdegang der Umsetzung von Recht und Gerechtigkeit zeigt, dass sich Juristen von diesen Wahrheitsmaßstäben oft weit entfernen. „Die Sicherstellung von Gerechtigkeit ist ein Aspekt der Grundideen des Rechts", führte die Rechtsanwältin Sabine Wagner aus.[352] Wo aber „die Lüge Raum greift, ist die Gerechtigkeit grundsätzlich bedroht". Wenn der Jurist „grundsätzlich" sage, dann schwinge die Ausnahme wortlos mit. Im Arbeitsrecht gäbe es sogar ein Recht auf

Lüge, wenn der Arbeitgeber unzulässige Fragen stelle. Weiter führte die Juristin aus:

„Das Blaue vom Himmel gelogen wird im Zivilrecht gern. Jede Partei trägt ihre Sicht der Dinge vor, die im Lauf der Zeit durch die gedanklichen Endlosschleifen oft eine fast schon fantastische Färbung bekommt. Manche Schriftsätze lesen sich wie ein Märchen. In einer Strafsache ergab sich nach dem Aktenstudium aufgrund systematischer Ermittlung und Überprüfung der einzelnen Aussagen der beteiligten zwei Personen und der beiden Zeugen auf Übereinstimmung, dass nur der Ort des Geschehens unstrittig war. In allen anderen Punkten wie Tathergang, Verletzungen und Beschädigungen gab es vier unterschiedliche gefühlte persönliche Wahrheiten. Das Verfahren wurde konsequenter Weise eingestellt", so Rechtsanwältin Sabine Wagner.

4. Die Lüge – ein Problem des Materialismus

Diese Einflüsse Luzifers, den auch die nordische Mythologie in Loki als den Verwandler und den Lügner kennt, wurden im Laufe der Jahrhunderte immer kritischer beurteilt. Die neuere Theologie, vor allem im Protestantismus, kann sich für solche paradiesischen „Geschichten" nicht mehr so richtig erwärmen. Wie einst die Neologen und Antitrinitarier, theologische Richtungen, die sich aus rationalen Gründen gegen den überlieferten Glauben auflehnten, meinen sie, die Erbsünde den Gläubigen von heute nicht mehr verständlich machen zu können. Wer sich für diese Zusammenhänge interessiert, mag die „hamartiologischen[353] Fallstudien" des Theologen Gunter Wenz studieren.[354]

Unwahrheit, Lüge, Irrtum bilden jedenfalls ein Faktum für das Dasein des Menschen auf Erden. Manchen Verfälschungsprozess, der heute auch wissenschaftlich umstritten ist, vermag die geistige Erklärung zu verdeutlichen. Der „Teppich der Sinneswelt" breitete sich vor den Menschen aus, als sie in ihre Freiheit traten. Dieses Bild Rudolf Steiners[355] führt uns wieder die Wirkung der Wahrheit, der Aletheia, die aufdeckt, vor Augen. Heben wir den Sinnesteppich, hellt sich vieles noch Unerklärte auf, so der Materialismus und die nach seiner Interpretation zu Wahrheiten erhobenen irdischen Erkenntnisse. Vorweg sei nur die „Weltenlüge" zitiert, die Emil Bock in seinen Ausführungen zu den Evangelien so benennt: „Was ist die Lüge, der Irrtum, der Irrwahn? Das ist, wenn man die Weltordnung auf den Kopf stellt und sagt: der Stoff geht nicht aus dem Geiste hervor, sondern die Materie ist das erste und der Geist ihr Produkt, ihre Ausdünstung sozusagen. Der konsequente Materialismus als Weltanschauung ist der Irrtum, *die* Lüge schlechthin, ist die *Weltenlüge*."[356]

Die Lüge sei ein schlechtes Charaktermerkmal, betont der geistige Lehrer Heinz Grill. Sie lebe meist ganz verwoben und tief in der Anlage eingebunden im Wesen des Menschen.[357] Moral und Aufrichtigkeit bezeichnet er als „das große Problem des Materialismus und der Konsumgesellschaft": „Denn es stellt sich die Frage, ob die Form unserer Kultur und dieses extrem nehmende Prinzip, das hedonistische Prinzip unserer Tage, tauglich ist für eine aufrichtige und klare Erziehung zu Wahrhaftigkeit. Es ist damit eine ernsthafte und durchaus sehr kritische Frage gestellt. Der Materialismus, der unsere Kultur prägt, stellt eine große Widersprüchlichkeit zur innersten Seelenstimmung und Seelenrealität unseres Menschseins dar." – Da geht es schlichtweg um die täglichen Erfahrungen der Grundwahrheit.

Durch die Bindung an den Materialismus, die der Mensch heutzutage von Kindheit an eingeht, unterwerfe er auch sein Denken materiellen Kategorien: „Wir trachten nach immer weiteren Sinnesreizen. Tatsächlich scheint uns die ursprüngliche Erfüllung und die wirkliche innere Seite der Seele vollkommen verlorengegangen zu sein. Wir suchen die Erfüllung heute in ständig neuen Reizen und wir suchen sie in einer sterblichen Welt. Der tiefe Sinn für das innere Heil der Seele, das sowohl im Irdischen eine Berechtigung besitzt, als auch nach dem Abscheiden des Körpers eine tiefe Bedeutung einnimmt, ist in unseren Tagen verlorengegangen."

Einige praktische Tipps zum Umgang mit der Lüge vermittelt Rudolf Steiner.[358] Die bewusst aufgenommene Lüge wirke sich weniger schlimm aus, da sie der Astralleib über Nacht in den Kosmos mit hinaus nehme, dort zum Bewusstsein bringe und verbessere. Andererseits bleibe die unbewusst aufgenommene Lüge, die man offen gar nicht mitkriegt, die über einen hinter dem Rücken erzählt wird, nachts im Ätherleib und Körper.

Die Konsequenz ist schwer verständlich für nicht geisteswissenschaftlich geschulte Ohren: Geistige Wesenheiten fänden sie auf dem „Acker der Vorstellungsfrüchte des Tages" vor, wenn der Mensch schlafe. Der Eindruck wirke an der Zerstörung der Menschheit. Ein Abdruck bleibe im physischen Leib. Diese Wesenheiten, die den Menschen nachts aufsuchen, lassen als Folge von Lüge und Heuchelei Elemente entstehen[359], die als Phantome das Umfeld durchschwirren und schädigen.

Sogar die Notlüge schaffe karmische Verbindungen. Der Angelogene und der „aus Not" Lügende blieben weiter verbunden, bis der Letztere dem Angelogenen einmal eine unangenehme Wahrheit sagen müsse. Durch Lüge gewinnen die Menschen gewisse Macht über andere, da in diesen die Lüge unbewusst weiter wirke. Bei der Lüge über einen Sachverhalt ströme die Falschaussage zur Sache, der Wahrheit entgegen. Das Aufeinandertreffen bewirke auf geistiger Ebene eine Explosion. Daraus entstehe ein grauenhaftes karmisches Wesen, das sich an den Verursacher hefte.

So erhält der Mensch im Namen der Wahrheit einen bedeutenden Auftrag für Zukunft: die Verantwortung für seine Gedanken. Wer eine Unwahrheit sagt, dessen Ich ist ab dem Zeitpunkt weniger wert, mahnt Rudolf Steiner. Die Lüge drücke sich im Ätherleib aus, schwäche. So ließe sich feststellen, dass Wunden bei Lügnern langsamer heilen. Die Wahrheit, den Schmerz über seine Lügen, werde der Mensch so richtig erst nach dem Tod im „Kamaloka“[360] erfahren. Dann habe er das Verlangen, das Leid, das er mit Lügen anderen zufügte, gutzumachen.

X. Die Wahrheit und die Verantwortung

1. Formen der Verantwortung

In der Verantwortung treffen sich die theoretische und die praktische Philosophie. Aristoteles gab die klassische Definition vor: „Denn das Ziel der betrachtenden Wissenschaft ist die Wahrheit, das der handelnden das Werk … Wir aber wissen um das Wahre nicht ohne die Ursache … die Prinzipien des ewig Seienden müssen die im höchsten Grade wahren sein. Diese sind nicht nur bisweilen wahr. Es gibt keine Ursache für ihr Sein. Sie sind die Ursachen des Seins für die anderen Dinge." [361]

Nach dieser Kurzdefinition liegen die Maßstäbe wie auch das Postulat nach Verantwortung in der Transzendenz, also im Geistigen begründet. Die Philosophie behandelt diese Inhalte in einem ihrer Fundamente neben der Metaphysik, der Ontologie, Logik, Epistemologie und Phänomenologie, nämlich in der Ethik, auch Moralphilosophie genannt.

Um jedoch einen Einblick, sowie auch einen Überblick über das speziell menschliche Phänomen der Verantwortung zu bekommen, müssen wir zu den philosophischen Anfängen hier auch geisteswissenschaftliche Wurzeln bemühen.

a) Der göttliche Auftrag: Schöpfung und Zehn Gebote

Wir werden sehen, dass auch dieses Phänomen wie viele einer Genese unterliegt. Werfen wir dazu parallel einen

Blick auf den Fortgang der Entwicklung der seelischen Eigenschaften des Menschen, dann können wir schon ahnen, dass damit einher auch das Wachsen der Verantwortung geht. Wann regte sich zum ersten Mal die Verantwortung des Menschen?

Einen sehr frühen Hinweis dürfen wir der Schöpfungsgeschichte der Bibel entnehmen.[362] Gott überträgt den Menschen das Geschaffene und legt es in ihre Verantwortung: „Und Gott der Herr nahm den Menschen und setzte ihn in den Garten Eden, dass er ihn bebaute und bewahrte."

Wie definieren wir diese Art von Verantwortung?

Es gibt ja zwei Versionen: Gesellschaftliche Forderungen, wie Gesetze, religiöse Gebote oder moralische Normen können Verantwortung auferlegen. Demgegenüber übernehmen die Menschen aber auch freiwillig Verantwortung, wenn sie eine Aufgabe annehmen und ehrenamtlich tätig sind.

Eine zweite formal zugeteilte Verantwortung durch besondere Verhaltensrichtlinien gab der Schöpfer den Menschen im berühmten Dekalog, den Zehn Geboten[363], die oben bereits Erwähnung fanden. Die Verantwortung, die hiermit den Menschen auferlegt wird, wiegt nach Rudolf Steiner mehr als die der historischen Gesetzgeber wie des Atheners Lykurg und der Babyloniers Hammurabi:[364] „So wird der Mensch neben den Menschen gestellt, dass er in jedem Ich ein Nachbild des göttlichen Ich achte und ehre ... Das war einer der größten geistigen Einschläge, die in die Menschheit hereingekommen sind."

Deutlich wird die Verantwortung in das Ich, das Individuum, gelegt von dem, der sich im brennenden Dornbusch als der „Ich bin der Ich bin" bezeichnet. Die Grundregel heißt: Die Menschen und die äußeren Dinge auf der physischen Ebene gedeihen, wenn das Göttliche verehrt wird. Die Eroberung der Erde soll „in Einklang mit dem Göttlichen" vollzogen werden.

Diese Frühphase des Menschen vergleicht Rudolf Steiner übrigens mit den ersten Lebensjahren des Kindes. Das müsse die Regeln der Eltern befolgen, könne auch noch nicht allein Verantwortung übernehmen, so wie die Menschheit zur Frühzeit die Zehn Gebote brauchte.

b) Die Eigenverantwortung: die Negation der Negation

Wann übernahm der Mensch dann aber die Eigenverantwortung aus freiwilligem Antrieb?

Das geschah mit dem klassischen Sündenfall, den wir im Zusammenhang der Wahrheit mit der Religion erläuterten. Hier übertrat der Mensch das Gebot, wandte sich in ersten Entwicklungsschritten von seinem Schöpfer ab, um seine eigenen Wege zu gehen. Wir kennen die Geschichte der Verführung durch die Schlange Luzifer aus der Genesis [365]. Gedanken und Sorgen standen ihm vorher noch fern, hatte er ja noch keinen Zugang zur eigenen Verstandesfähigkeit, da ihm verboten war, die Früchte vom Baum der Erkenntnis zu essen. Das sollte sich ändern.

Das erste Bewusstsein trat schlagartig ein – sie bemerkten, dass sie nackt waren. Früher oder später benötigte der Mensch für seine Entwicklung die Fähigkeit zur Erkenntnis, zum Unterscheiden zwischen Gut und Böse. Er brauchte das Böse allein schon als Gegengewicht zum Guten. Das gilt für die gesamte Evolution. Wäre er der paradiesisch behütete Musterknabe der Schöpfung geblieben, hätte er zunächst keine Herausforderungen zu meistern gehabt, hätte mit diesem „dolce vita" jedoch auch keine Fortschritte in seiner Entwicklung gemacht, hätte keine Verantwortung übernehmen müssen. Widersachermächte, in diesem Fall die luziferischen Geister, brachten ihn vom geradlinigen Weg ab, aber auch von weiterer Reifung im behüteten Umfeld. Durch den verfrühten Abstieg in die Materie musste er im Schweiße seines Angesichtes in Konfrontation zu Schicksal, Krankheit und Tod weiterkämpfen – und stand nun in seiner eigenen Verantwortung.

Der Philosoph Hegel nennt dies eine „ewig gültige Geschichte" [366], wie schon im Kapitel „Sündenfall" zitiert. Indem sich der Mensch die Erkenntnis aneignet, erringt er seine Freiheit. Aus der Dumpfheit seiner zwar geistbegabten, aber noch nicht erkenntnisbegabten Natur wagt er den Schritt in das Licht der Erkenntnis. Das ist die erste Negation: Er geht in die Entzweiung, die Entzweiung seiner selbst mit dem Schöpfer. Damit packt er auch das Böse in den Rucksack für seine irdische Wanderung – auch die Verantwortung.

So könnten wir dialektisch folgern: Mit der ersten Negation tritt der Mensch aus seinem Urzustand heraus und verneint diesen, steigt von geistiger Ebene herab in die Materie. In der zweiten Negation trifft er die Feststellung, dass er nicht nur irdisch-materiell ist, dass sich sein Zweck nicht allein im physischen Wohlergehen erschöpft, sondern dass er aufgrund seiner Geist- und Erkenntnisbegabung zu höherer Entwicklung berufen ist. Das ist nach Hegel die Negation der Negation. Er wird sich der Verantwortung seines Menschseins bewusst. Die Synthese schließt dann den Kreis in seiner Rückkehr zum göttlichen Sein, in einer verantwortungsbewussten Entwicklung zum geistgetragenen Menschsein.

Die offensichtliche Problematik, mit der sich der Mensch so schwertut, seinen Status und somit auch seine Verantwortung zu durchschauen, liegt nun nach Hegels Worten darin, dass der Schritt des „Sündenfalls“ die Trennung des Unmittelbaren und Vermittelten brachte. Also: Auf der einen Seite, im „Diesseits“, ist das unmittelbar Vorliegende, die physische Welt mit Mensch, Flora und Fauna. Auf der anderen, jenseits der irdischen Wahrnehmungsfähigkeit, hinter dem Vorhang der Maya, der Täuschung, der Verhüllung, wie es der Sanskritausdruck der altindischen Philosophie ausdrückt, das transzendente „Jenseits“.

Somit lebt der Mensch in einer natürlichen Unmittelbarkeit, er sieht halt nur das, was unmittelbar um ihn herum über die Sinne wahrnehmbar ist. Das bildet nach Hegel die „unwahrste Stufe“.

c) Das Gewissen: Sokrates und die Kontrollinstanz im Schlaf

Wir erfuhren bislang von zwei Arten der Verantwortungsübernahme: Einmal die aufgesetzte, sei es durch äußere Gesetze, sei es durch göttliche Gebote, dann die freiwillige. Nun zeichnet das Menschsein noch ein scheinbar dazwischen liegender Modus aus, wo er ebenfalls gesagt bekommt, wie er sich zu verantworten hat, wo ihm jedoch keiner dareinredet, wenn er so oder so handelt. Worum handelt es sich?

Das Gewissen. Dieses Gewissen reifte auch mit dem Menschen und wirkte nicht von Haus aus als stiller Mahner im

Hintergrund. Literarisch finden wir den Begriff bei den Griechen, und zwar in dem Drama „Orestes“ von Euripides aus dem Jahr 408 v. Ch. Davor, in der Orestes-Trilogie des griechischen Dramatikers Aischylos, regt sich beim Hauptakteur der Handlung noch kein Gewissen.

Zur Thematik dürfen wir in Erinnerung rufen: Orestes war der Sohn des Heerführers und Königs von Mykene, Agamemnon, und der Klytaimnestra. Während deren Mann zehn Jahre im Trojanischen Krieg in der Ferne weilte, lachte sich Klytaimnestra einen neuen Liebhaber an. Als Agamemnon aus dem Krieg heimkehrte, brachten ihn die beiden in der Badewanne um. Auch Agamemnon hatte eine neue Geliebte aus dem Krieg mitgebracht, die Seherin Kassandra. Den Mord, den seine Mutter begangen hatte, nahm wiederum Orestes zum Anlass, seine Mutter zu töten, um den Vater zu rächen.

Dieses Vergehen bestraften die Rachegöttinnen, die Erinnyen, indem sie den Rächer mit Wahnsinn schlugen. Das sind die römischen Furien. Hier ebnen die Götter nach griechischer Mythologie den Weg von der individuellen Rache zum ordentlichen Gericht an. Orestes verspürt bei Aischylos keine Gewissensbisse, keine Verantwortung für seine Tat. Ein halbes Jahrhundert nachher fragt ihn in der Orestes-Version des Dichters Euripides der Bruder des Agamemnon, Menelaos: „Was quält dich? Welche Krankheit richtet dich zugrunde?“ Orestes drauf: „Gewissensnot: Ich bin der Untat mir bewusst.“ Im Original: „ἡ σύνησις, ὅτι σύνοιδα δεῖν εἰργασμένος.“ [367] (Hä Synäsis, hoti synoida dein eirgasmenos.)

Der Begriff „*synoida*“ heißt wörtlich „Ich weiß es mit“, genauso wie das Lateinische „*conscientia*“, – heute noch im Italienischen „*coscienza*“, das der philosophisch gebildete

Apostel Paulus im Römerbrief erwähnt: *„Conscientia mea in Spiritu sancto"*, original: τῆς συνειδήσεώς μου ἐν πνεύματι ἁγίῳ. (*Täs syneidäseos mu en pneumati hagio*)[368]

Ferner überliefert uns die Antike sehr genau die Aussage, wie ein berühmter Philosoph vor seiner Verurteilung in seiner Verteidigungsrede über sein Gewissen sprach. Er nannte es „etwas Göttliches, Dämonisches", das ihm von „Kindheit an" widerfuhr, nämlich „eine Stimme", sagte er wörtlich, „die jedes Mal, wenn sie sich hören lässt, mir von etwas abredet, was ich tun will. Zugeredet aber hat sie mir nie."[369]

Heinz Grill zum Gewissen: „Das Hinhorchen auf diese feinen Stimmungen, die immer in der Seele anwesend sind, kann das sogenannte Gewissen auf eine Stufe führen, die man eventuell mit einem freien Gewissen oder meinetwegen mit einem humanitären Gewissen bezeichnen kann. Es ist jedenfalls dieses freie Gewissen nicht ein autoritativ besetztes, nicht ein von äußeren Moralstrukturen vereinnahmtes Gewissen. Dieses Gewissen des Menschen sollte so entwickelt werden, dass es zu einem brauchbaren Instrument für das Handeln wird. Wenn das Gewissen richtig entwickelt wird, dann merken wir manchmal schon in der Wortwahl, im Satzgefüge, ob wir wirklich authentisch und identisch mit uns selbst und mit den anderen werden oder ob wir uns mit der Sprache in das Unkonkrete, Emotionalisierte oder rhetorisch Gekünstelte, mit allen Beschönigungen, Beschwichtigungen oder Ausreden verwickeln.[370]

Rudolf Steiner bringt mit dem Gewissen ein Erlebnis des Menschen in Verbindung, das ihn stets in Zusammenhang mit seiner nächsten geistigen Kontrollinstanz führt. Was meint er? Den Schlaf:

„Der Mensch ist moralisch so gut oder so schlecht, als er es sein kann, je nach der Nähe, in die er schlafend zu den göttlich-geistigen Wesen kommen kann. Und er kommt näher oder bleibt ferner, je nachdem seine früheren Erdenleben in moralischer Richtung waren. Aus den Tiefen des wachenden Seelenwesens tönt herauf, was sich während des Schlafens in Gemeinschaft mit der göttlich-geistigen Welt in dieses Seelenwesen hat einpflanzen können. Was heraufklingt, ist die Stimme des Gewissens. So zeigt sich, wie dasjenige, was eine materialistische Weltansicht am meisten geneigt ist, bloß nach der Naturseite hin zu erklären, für die Geist-Erkenntnis auf der moralischen Seite gelegen ist. Im Gedächtnis wirkt im wachenden Menschen unmittelbar das göttlich-geistige Wesen; im Gewissen wirkt im wachenden Menschen mittelbar - als Nachwirkung - dieses göttlich-geistige Wesen.“ [371]

2. Kant: das „subjektive Prinzip“ der Verantwortung

a) Das Gewissen: der „innere Gerichtshof“

„Das Bewusstsein eines inneren Gerichtshofes im Menschen [...] ist das Gewissen“, sagt Kant.[372] Dadurch finde sich jeder Mensch durch einen inneren Richter beobachtet, bedroht und überhaupt im Respekt gehalten. Er stehe einer Gewalt gegenüber, die in ihm über die Gesetze wache. Diese Gewalt habe er sich nicht erworben, die sei „seinem Wesen einverleibt“. Weiter heißt es in seiner „Metaphysik der Sitten“: „Es folgt ihm wie sein Schatten, wenn er zu entfliehen gedenkt. Er kann sich zwar durch Gelüste und Zerstreuungen betäuben oder in Schlaf bringen, aber nicht vermeiden, dann und wann zu sich selbst zu kommen oder zu erwachen, wo er alsbald die furchtbare Stimme desselben vernimmt.

Der Mensch habe nicht die Pflicht, „sich ein Gewissen anzuschaffen", jeder habe es als „sittliches Wesen ursprünglich" in sich. Er habe ihm gegenüber aber die Pflicht, ihm Gehör zu verschaffen. Kant folgert: „Wenn man daher sagt: dieser Mensch hat kein Gewissen, so meint man damit: er kehrt sich nicht an den Anspruch desselben."

Wir kennen von Kant ja eine berühmte Richtlinie, die sein moralphilosophisches Prinzip auf einen Nenner bringt. – Den kategorischen Imperativ. Er führte ihn als Bestimmung des guten Willens in der „Grundlegung zur Metaphysik der Sitten" ein und entwickelte ihn dann genauer in der „Kritik der praktischen Vernunft" ausführlich. Er lautet in einer seiner Grundformen: „Handle nur nach derjenigen Maxime, durch die du zugleich wollen kannst, dass sie ein allgemeines Gesetz werde." [373]

b) Die „reine" und die „praktische" Vernunft

Ein grundsätzliches Verständnis Kants birgt diese Polarität seiner Kritik der „reinen Vernunft" und der „praktischen Vernunft". Reine Vernunft bedeutet ihm Erkenntnisse durch Denken ohne Rückgriff auf sinnliche Erfahrung. Das Denken nur mit Vorstellungen, also nur das, was in einem vorgegeben ist. „A priori" nennt er das, da es ohne Überprüfung durch Erfahrung vorgeht.

Generell beruhen die Erkenntnisse auf den Erfahrungen durch die Sinne und folgenden Reflexion im Verstand. So ist der

Inhalt des Denkens durch die Wahrnehmung bestimmt, Ideen und Begriffe beruhen auf Erfahrung. „Gedanken ohne Inhalt sind leer, Anschauungen ohne Begriffe sind blind“, sagt er.[374]

Im Gegensatz zur geisteswissenschaftlichen Erkenntnis wirken in der Welt wie auch in der Natur keine geistigen Wesenheiten, sondern nur die menschliche Ratio:

> *„Die Ordnung und Regelmäßigkeit an den Erscheinungen, die wir Natur nennen, bringen wir selbst hinein, und würden sie auch nicht darin finden können, hätten wir sie nicht, oder die Natur unseres Gemüts ursprünglich hineingelegt.“* [375]

Kants Strategie liegt in der Deduktion der reinen Verstandesbegriffe, die ihm nur als Werkzeug dienen, aber „an sich“ keine Essenz beinhalten: Auf einen Nenner gebracht heißt das: „Das Transzendentalobjekt ist reiner Reflexionsbegriff.“

Die praktische Vernunft[376] dient nun dazu, „ … dass die reine Vernunft praktisch werden kann.“[377] Sie begründet Moral, wie das sittliche Handeln durch praktische Vernunft bestimmt werden kann. Eine der fünf Varianten des kategorischen Imperativs hörten wir bereits:

> *„Handle so, dass die Maxime deines Willens jederzeit zugleich als Prinzip einer allgemeinen Gesetzgebung gelten könne.“ Seinen Studenten verriet er einmal eine einfachere Version: „Jeder mög sich so betragen, dass in allen Lebenslagen, an guten wie an faden Tagen vom Betragen andre sagen, dies könnt' als Gesetze tragen.“* [378]

Damit lehnt Kant die traditionelle Moralvorstellung, die auf einer göttlichen Forderung basiert, ab. Seinem Prinzip der

Moral bahnt die reine praktische Vernunft den Weg. Diese gründet sich nach seiner Standardfrage „Was kann ich wissen?" auf das Erkenntnisvermögen. Das ist Thema der *Kritik der reinen Vernunft.*

Das Pendant zum Erkennen liegt im menschlichen Handeln nach der zweiten Standardfrage „Was soll ich tun?". Das ist Inhalt seines Werkes zur *Kritik der praktischen Vernunft.* Dabei gebührt der Freiheit ein wichtiger Stellenwert. Sie soll durch das Bewusstsein des Sittengesetzes erkannt werden.

Ein eigener Gesichtspunkt ist das Sollen und Können mit Blick auf die Grenzüberschreitung, auf Endlichkeit und Unendlichkeit. Ganz kurz apostrophiert sei erwähnt, dass Kant die Forderung aufstellt: „Du kannst, denn du sollst." Hegel hält entgegen, es stimmt auch das Gegenteil: „Du kannst nicht, eben weil du sollst." Das Sollen habe eine Schranke, ist aber über seine Schranke erhaben. Nach Kant also forderte man nicht ein Sollen von einem, der nicht kann. Bei Hegel steht gerade die Forderung des Sollens, weil man nicht kann. Dahinter lässt Hegel die Gesamtverantwortung des Menschen durchklingen: „Das bedeutet, weil dein Sein immer etwas anders ist, als seine Bestimmung, sein moralisches Ansich lautet." [379]

c) Der „sittliche Grundsatz" vor Gericht

Kant stellt die rigorose Forderung nach Verantwortung auch an den Juristen. Damit geht er an die etymologische Wurzel dieses Wortes. Dem Substantiv liegt das Verbum „verantworten" zugrunde, das zunächst „antworten" bedeutet, besonders aber die Situation vor Gericht betrifft: Also vor Gericht für etwas einstehen, etwas vertreten, sich rechtfertigen.

Die Vorsilbe „ver“ deutet im althochdeutschen „vir“, „für“ auf ein „nach vorne“ und „heraus“ hin, das beinhaltet Änderung, wie es in vielen Verben mit „ver“ der Fall ist, so bei „verändern“, „verarmen“, „verhindern“, „vertun“ etc.

Im Lateinischen haben wir das *„respondere“*, dazu die *„responsio“* als „Antwort“, die *„purgatio“* als „Rechtfertigung“, die *„excusatio“* als „Entschuldigung“ und das *„periculum“* als das „Risiko“. *„Rationem reddere“* ist literarisch das „Verantwortung ablegen“. Davon die Responsabilität, im Italienischen „responsibilità“.

Auf Aristoteles resultiert das Prinzip „Unwissenheit schützt vor Strafe nicht“. Im Original: „Selbst die Unwissenheit bestraft das Gesetz, wenn sich herausstellt, dass man an ihr selber schuld ist … Auch die, welche eine Bestimmung der Gesetze nicht kennen, die sie kennen sollten und unschwer kennen könnten, trifft Strafe.“ [380]

Kant führt weiter aus: „Zurechnung (*imputatio*) in moralischer Bedeutung ist das Urteil, wodurch jemand als Urheber (*causa libera*) einer Handlung, die alsdann Tat (*factum*) heißt und unter Gesetzen steht, angesehen wird; welches, wenn es zugleich die rechtlichen Folgen aus dieser Tat *bei sich führt, eine rechtskräftige (imputatio iudiciaria s. valida*), sonst aber nur eine beurteilende Zurechnung (*imputatio diiudicatoria*) sein würde.“ [381]

„Völlige Gerechtigkeit“ gäbe es nicht, wenn man die ineinander wirkenden Faktoren von Freiheit, „bloßer Natur“, unverschuldeter Fehler des Temperaments oder Glück einbezieht.[382] Nicht rütteln ließ er an der Verantwortung des Menschen für die Wahrheit in dem oben[383] genannten Streit mit dem Schweizer Benjamin Constant[384]. Dieser urteilt zu

Gunsten der Notlüge: Wenn der Mörder schon an die Tür pocht, müssen wir ihm nicht verraten, dass der von ihm Gesuchte, unser Freund, sich im Keller versteckt. Dagegen war Kant überzeugt, dass die Lüge generell schade.

Mit seiner Fixierung der „reinen Vernunft" auf den reflexionslogischen Modus ohne geistigen Inhalt sagt er uns allerdings auch, dass seine Verantwortung nur ein abstraktes Prinzip ist – das heißt ein rationelles, reflexionslogisches Gebot, dem das Wesentliche fehlt. Eine Verantwortung vor dem göttlichen Prinzip besteht bei ihm nicht. Noch die Griechen hatten das Recht ursprünglich als personifizierte Göttin der Gerechtigkeit im Griff: Unrecht zu tun, kam auch dann nicht infrage, wenn es keiner bemerkt hätte – denn die Göttin nimmt es auf alle Fälle zur Kenntnis.

Auch das Gewissen rationalisiert Kant: Es wird durch die Vernunft „genötigt". Im Jargon kantischer Philosophie lautet das: „So wird das Gewissen als subjectives Princip einer vor Gott seiner Taten wegen zu leistenden Verantwortung gedacht werden müssen."[385]

Wenn auch rational gebunden und losgelöst vom wesentlich geistigen Inhalt, gewinnt Kant brisante Aktualität durch seine Aufrüttelung der Menschen zum verantwortlichen eigenen Denken. Wir kennen diese Devise:

> *„Aufklärung ist der Ausgang des Menschen aus seiner selbstverschuldeten Unmündigkeit. Unmündigkeit ist das Unvermögen, sich seines Verstandes ohne Leitung eines anderen zu bedienen. Selbstverschuldet ist diese Unmündigkeit, wenn die Ursache derselben nicht am Mangel des Verstandes, sondern der Entschließung und des Muthes liegt, sich seiner ohne Leitung eines anderen zu bedienen.*

Sapere aude! Habe Muth, dich deines eigenen Verstandes zu bedienen! ist also der Wahlspruch der Aufklärung." [386]

Die Verantwortung gründet auf juristischen und moralischen Inhalten. Als Voraussetzung ihrer Umsetzbarkeit benötigt sie die Freiheit. Ihr Blickwinkel ist prospektiv wie retrospektiv, sie gilt also dem verantwortungsvollen Handeln der Vergangenheit genauso wie dem verantwortungsvollen Auftrag für die Zukunft.

Ausgebremst scheint sie durch den Determinismus. Hier bestehen philosophische Richtungen, die alles vorbestimmt sehen. Dann könne auch niemand zur Verantwortung gezogen werden. Zur Zwischenstufe milderte der Kompatibilismus diese absolute deterministische Version. Hier kommen die Position physischer Bestimmtheit und mentaler Willensfreiheit zusammen (*cum – pati*).

3. Verantwortung ohne Götter und Sittengesetz

a) Nietzsche: Die Umwertung und der Übermensch

Wir kommen nun in eine dritte Stufe der Verantwortungsentwicklung. Am Anfang stand die Verantwortung als Auftrag der Götter mit dem klassischen Beispiel des Dekalogs. Es folgte die Eigenverantwortung, wenn der Mensch seine eigenen Richtlinien sucht und auf die Stimme des Gewissens hört. Worauf gründeten diese beiden Pfeiler der Verantwortung? Auf das Götterwort – wir könnten auch die Offenbarung dazu sagen und die Weisungen der Evangelien einbeziehen – und das Sittengesetz, das seinen Kodex aus der Vernunft und der Moral aufbaut.

Nun schreitet der Mensch im Zuge seines Erwachsenwerdens in eine neue Phase. Wir könnten sie im Rahmen der gesamten Menschheitsentwicklung die Phase der Pubertät nennen: zunächst die Kindheit wohlbehütet unter Götterwort, dann die Jugend mit der Stimme des moralischen Gewissens und der Vernunft. Was folgt nun? Das in Frage Stellen aller Werte und Normen. Philosophischer Repräsentant dieser Richtung ist Friedrich Nietzsche. Er behauptet: Es gibt kein Sittengesetz, kein Gott sorgt für uns. Wenn nun das Jenseits wegfällt, worauf gründet der Mensch seine Verantwortung? Auf ihn selber. „Der Mensch wird verantwortlich für alles Lebendige", sagt Nietzsche. Und er folgert konsequent: Wer an eine höhere Instanz glaubt, die den Menschen richtet, begeht einen „Irrthum der Verantwortlichkeit".[387]

Diese Selbstverantwortung muss der Mensch nun übernehmen, sagt Nietzsche, da ihm die „zwei Trostmittel, das Platos und das Muhameds, dahin gefallen sind".[388] Damit fasst er den Idealismus, das Bestehen einer Transzendenz, und die Religion in einem zusammen. Beides sei für den aufgeklärten Menschen weggefallen. Keiner könne mehr an der „Hypothese eines Gottes oder ewiger Werthe" sein Gewissen erleichtern. Die Menschheit brauche Gesetzgeber neuer Werte und neuer, noch nie erreichter Fruchtbarkeit.

Dann übernehme der neue Menschentyp die Verantwortung. Weil dieser Mensch über den bisherigen Entwicklungsstufen des geführten Menschseins auf einer höheren Stufe unter eigener Leitung stehe, sei das auch der Übermensch. Darauf konstruiert Nietzsche seine Philosophie in einer „Umwertung aller Werte". So könne das „von der Sittlichkeit der Sitte losgekommene autonome übersittliche Individuum" entstehen. Damit sei der „schauerlichen Herrschaft des Unsinns und Zufalls, die bisher Geschichte hieß, ein Ende" gemacht.[389]

b) Sartre und der Existenzialismus

Schwieriger gestaltete sich die Frage, wann ein Mensch in der Lage ist, die Verantwortung zu übernehmen, seit die Moderne die göttliche Idee Platons und die Teleologie des Aristoteles in Zweifel gezogen hatte. Der Stellenwert des Ich rückte in den Mittelpunkt.

Sigmund Freud[390] gliederte das Ich in seiner Psychoanalyse in drei Bereiche. Den ersten, das „Es", beschied er auf den „vegetativen Teil der Psyche", das Unbewusste mit seinen allgemein menschlichen Trieben und Begierden. Darüber setzte er das „Über-Ich", quasi ein ideales Ich, das die Leitung übernahm, die Aufgabe des Gewissens ausübte und von den Autoritäten des Elternhauses herstammte. Dazwischen stand das Ich, das die bewussten Erfahrungen aufnahm und zwischen unpersönlichem, vegetativem Ich und Über-Ich vermittelte, also zwischen Unbewusstsein und Elterndoktrin. Ist also das Elternhaus verantwortlich für die Fehlentwicklungen?

Alles eine Frage der Perspektive, auch die Wahrheit über das eigene Ich, fanden amerikanische Sozialwissenschaftler wie George Herbert Mead (1863 – 1931) heraus.[391] Er teilt das Ich in die drei Bestandteile „Me", „I" und „Self". „Me", „mich", also ihn selbst kann er verstehen lernen, wenn er überprüft, wie ihn die anderen, die Gesellschaft nach ihren Normen beurteilt. Im „I", „Ich", sieht er sich selbst bestätigt in dem, was er seiner Meinung nach auch selber denkt und fühlt.

Es ist die Reaktion aus der Beurteilung der anderen. Hierzu zählen auch die Erwartungshaltungen der anderen. Wie bei Freud gleicht das dritte Glied die beiden anderen aus, das „Self", „Selbst". Es schafft die Einheit von „I" und „Me". In die Fachsprache ging diese Ich-Bewertung im Rahmen des „Symbolischen Interaktionismus" ein.

Ob nun die Anlagen prägen oder die Einflüsse der Umgebung, die Verantwortung hat der Mensch nach der Devise des Aristoteles „Unwissenheit schützt vor Strafe nicht" zu tragen. Aber auf welcher Basis? Wenn ihm das kein Gott vorschreibt, wenn das kein Sittengesetz verbindlich fordert. Dann steht der Mensch in seiner irdischen Existenz in der Verantwortung, sagte Nietzsche. Die gleiche Wertung nimmt der Existenzialist Jean-Paul Sartre[392] vor.

Die Freiheit erachtet er nicht als Geschenk der geistigen Welten an den Menschen. Auf das irdische Dasein geworfen, sei er verurteilt dazu, sagt er. Also trage er auch „die Verantwortung für alle Handlungen in der Welt".[393] Fast stoisch, mit geisteswissenschaftlichen Anklängen hört sich sein Plädoyer an: Der Mensch sei das Subjekt, das Für-sich, das den Zustand der Welt als sein eigenes Produkt hinnehmen müsse. Die Übernahme der absoluten Verantwortlichkeit sei die Konsequenz der totalen Freiheit. Und weiter wörtlich „Was mir zustößt, stößt mir durch mich zu, und ich kann weder darüber bekümmert sein, noch mich dagegen auflehnen, noch mich abfinden."[394]

Der Mensch könne sich seinem Schicksal nicht entziehen, sagt Sartre und fährt fort: „Sofern letztlich meine Geworfenheit, das heißt meine Faktizität, lediglich darin besteht, dass ich verurteilt bin, vollständig für mich selbst verantwortlich zu sein." (955)

Das gibt ihm aber auch den Blick auf andere frei, für eine Humanität. Generell gilt nach Sartre: Die Verantwortung ist für den Menschen eine Bürde.

Uns stellt sich die Frage, wenn wir sie auf die beiden Polaritäten zuspitzen: Welche Bürde ist schwerer, die für Verantwortung auf Grundlage der Götterweisung und des Sittengesetzes oder die auf Grundlage des individuellen persönlichen Maßstabs?

Hier tut sich ebenfalls eine klassische Differenz auf, die des Existenzialismus und des Essentialismus. Worum handelt es sich? Was ist der Unterschied? Was bedeutet Existenz? Was bedeutet Essenz?

Essenz, abgeleitet vom lateinischen Verbum „esse", „sein", ist also das, was im Innersten ist. Der Kern des Seins, das Wesen, die οὐσία. Kant nannte es das „Ding an sich", in Platons Philosophie steht es transzendent ganz oben als die Idee. Sie ist als geistige Entität zeitlos und ungeworden, ein philosophisches Apriori, das immer schon da war. Erst wenn dieses Wesen aus der jenseitigen Transzendenz in das materielle Diesseits tritt, gewinnt es ein Dasein, hat es Werden und Vergehen, ist es Phänomen, herausgetretenes Phänomen, also ek-sistent.

Der Essentialismus beinhaltet die „Essenz", das Wesen. Platon nannte sie die Ideen, Hegel war überzeugt von dem in allem wirkenden Weltengeist. Die Geisteswissenschaft versteht darunter die Hierarchien, also Engelswelten und die Elementarwesen.

Demgegenüber fängt hier der moderne Existenzialismus erst an. Wie Sartre sagt, wird etwas in die Existenz geworfen, ist einfach so mal da, um dann seine Essenz aufzubauen. Das bildet den generellen Unterschied der geistbeinhaltenden Philosophien, wie es die Scholastik war, und der modernen Weltanschauung, wie sie die Naturwissenschaft definiert. Empfand man in der Scholastik noch die Realdistinktion zwischen Wesen und Sein, befasst sich der Materialismus ausschließlich mit wesenlosen Objekten.

Unter all den Realitäten der Welt sind nach der Geisteswissenschaft Rudolf Steiners nur die Wesen, die ein Bewusstsein haben, in der Lage, „wirklich" zu sein, also mit Bewusstsein zu wirken, sodass sie wissen, was sie tun. Nur sie sind also in der Lage, Verantwortung zu übernehmen.

4. Kosmologische Sicht: Kann das Jenseits für das Diesseits zur Verantwortung gezogen werden?

a) Die Theodizeefrage

Hätte der Mensch nun kein Bewusstsein, wäre er aus dem Schneider, und könnte alles den Hierarchien zuschieben. Diesbezüglich ereiferten sich Generationen von Philosophen darüber, ob die Götter oder Gott da oben, falls es sie gibt, nicht die Verantwortung für das da unten haben. „Wer hat Schuld an Übel, Krankheit, Leid?", fragten sie.

Nicht die Götter sagten die alten Weisen. Eine Dokumentation davon finden wir bereits im Buch der Weisheit Salomons, der den Menschen aufträgt, Folgendes zu wissen: Wodurch einer sündigt, dafür wird er auch bestraft werden.

(*„Ut scirent, quia per quae peccat quis, per haec et torquetur.“* ἵνα γνῶσιν, ὅτι, δι’ ὧν ἁμαρτάνει, διὰ τούτων κολάζεται.[395])

Dagegen hielten die Kritiker den Hiob des Alten Testaments: „Es war ein Mann im Lande Uz, der hieß Hiob. Der war fromm und rechtschaffen, gottesfürchtig und mied das Böse.“[396] Darauf wird er von Satan in Versuchung geführt, an seinem Glauben zu zweifeln. Er verliert all sein Hab und Gut, wird von Krankheiten heimgesucht und vertraut trotz allem auf Gott. Diese Hiobsbotschaften mit folgendem Leid treffen den Menschen auch unverschuldet, will das Beispiel zeigen. Wozu sollte das gut sein?

Generell weiß die Geisteswissenschaft über Sinn und Wahrheit des Leids, das heute so unverständlich erscheint, aufzuklären. Schon die Antike wusste über das Erhebende des „tragischen Helden“ und des Anblicks des Leids, wie Rudolf Steiner zur griechischen Tragödie ausführt: „ … es stellt sich heraus, dass der Mensch vom Anblick des Leidens gehoben und erbaut wurde, dass er das Leid hat untergehen sehen im Tode und aus dem Tode heraus sich die Gewissheit ergeben hat, dass es einen Sieg gibt über Schmerzen und Leiden, ja selbst über den Tod.“[397]

Wie die „Hiob-Tragik“ veranschauliche, müsse dem Leiden keineswegs als Ursprung das Karma, das eigenverschuldete Fehlverhalten vorausgehen. Es werde auch „selbst erster Ursprung“, „so dass das, was aus ihm hervorgeht, eine vollkommenere Phase menschlichen Daseins, menschlichen Lebens darstellt“.

Aus Leid und Krankheit lernen – Hegel würde sagen, das Leid aufheben, um zu Höherem emporzusteigen –, das können nicht alle akzeptieren. Zunächst ist es auch einfacher, einen Schuldigen zu suchen, dem man die Verantwortung über eigenes Leid zuschiebt. Daraus entstand der Theodizeegedanke. Das Wort leitet sich von θεός (*theos*, Gott) und δίκη (*dike*, Recht) ab. Es drückt den Zweifel darüber aus, wie ein allmächtiger und allgütiger Gott so recht sprechen könne, dass auf der Welt das Böse und das Übel den Menschen traktieren.

Die Argumente für die daraus folgende theismuskritische und atheistische Sicht legte schon der griechische Philosoph Epikur[398] zugrunde, als er sagte: „Entweder will Gott die Übel beseitigen und kann es nicht, oder er kann es und will es nicht, oder er kann es nicht und will es nicht oder er kann es und will es." Wenn er nicht könne, sei er schwach und kein Gott. Wenn er nicht wolle, sei er nicht gütig. Wenn er aber könne und wolle, woher dann all das Übel und Leid?[399]

Auch Leibniz[400] stieg in diese Debatte ein, veröffentlichte im Jahre 1710 aber die ersten „Essais de Theodicée" anonym, da er nicht als Herausgeber von theologischen Büchern in Erscheinung treten wollte. Die Ausführungen entsprachen seinen Gesprächen, die er mit der preußischen Königin Charlotte[401] im Schloss Charlottenburg geführt hatte. Die Inhalte nahmen auch Einfluss auf die deutsche Aufklärung. Leibniz erörterte dabei Gottes Gerechtigkeit, die Freiheit des Menschen und den Ursprung des Bösen. Sein berühmtes Fazit mündet in das Lob, unter einer Vielzahl von möglichen Welten habe der Schöpfer die beste von allen geschaffen. Die sei nicht reparaturbedürftig.

So hat das „malum", das Übel, nach Leibniz seinen Grund in der Welt, allein schon deshalb, da eine Welt ohne „malum" auch nicht besser wäre. Die Erfahrung lehre nämlich, dass aus Schlechtem häufig Gutes folgt. Das drückte einige Jahrhunderte später Goethes Mephisto im „Faust" in seiner berühmten eigenen Charakterisierung aus als „Ein Teil von jener Kraft, die stets das Böse will und stets das Gute schafft."[402]

Nach Leibniz ist das *„malum metaphysicum"* nun einmal mit der Welt verbunden. Er unterscheidet zwischen dem „physischen Übel" (*malum physicum*) wie Naturkatastrophen, dem „übersinnlichen Übel" (*malum metaphysicum*), das vom Jenseits auferlegt ist, und dem moralischen Vergehen (*malum morale*) als Fehlverhalten des Menschen. Der Mensch brauche für seine Entwicklung einen Widerspruch. Ein Problem für die Menschen entstehe natürlich, wenn sich aus dem *„malum metaphysicum"* ein Schicksal für den Menschen entwickelt. Der Schöpfer lasse das Leid zur Realisierung höherer Zwecke zu. Der Mensch habe eine Grunddifferenz zwischen Schöpfer und Welt zu akzeptieren. Die Realisierung eines *„summum bonum"*, eines „höchsten Gutes", lasse sich eben nur über Hemmnisse umsetzen.

Zweifel dagegen meldeten der junge Goethe und Voltaire unter dem Eindruck der Erdbebenkatastrophe von 1755 in Lissabon[403] an. „Keineswegs väterlich", meinte Goethe im Rückblick – er hatte die Meldung als Sechsjähriger erfahren –, habe der Schöpfer da gehandelt, indem er „die Gerechten mit den Ungerechten gleichem Verderben preisgab".[404]

Der Theodizeestreit über die göttliche Verantwortung blieb bis heute ungelöst. Kant äußerte sich über „Das Misslingen aller Versuche in der Theodizee." (103 – 124)[405] Die „menschliche Vernunft" sei „unvermögend, Einsicht" in die „höchste Weisheit und Güte des allmächtigen Gottes“ zu nehmen. Der Theodizeefrage fehle es an der Basis. Das Problem sei theoretisch nicht zu lösen, sondern der „praktischen Vernunft“ zu überantworten.

b) Die Reinkarnation fordert Verantwortung

Hilflos steht die moderne Theologie dem Problem gegenüber. Sie könnte eine Brücke zum Verständnis und zur Wahrheit der Verantwortung schlagen, wenn sie beachtete, was Rudolf Steiner schon vor über 100 Jahren sagte. Steiner nannte Reinkarnation und Karma die Grundwahrheiten, die der Mensch der Zukunft wieder begreifen müsse. Die Voraussetzungen, unter denen der Mensch in die Welt trete, bewiesen das schon: „Denn zwei Menschen entwickeln sich unter den gleichen Einflüssen der Umgebung, der Erziehung usw. in ganz verschiedener Art. Deshalb muss man zugeben, dass sie mit ganz verschiedenen Anlagen ihren Lebensweg angetreten haben.“ [406] Seine physischen Anlagen habe der Mensch von seinen Ahnen übernommen, wie der Löwe von seinen Löwenvorfahren. Ganz anders liegen die Verhältnisse für die Seele. Der Mensch trete nicht mit unbestimmten, sondern mit bestimmten seelischen Anlagen in das Leben. Diese bestimmen den weiteren Lebensweg, wie er in der Biographie zum Ausdruck komme. Der geistige Mensch müsse eine Wiederverkörperung desselben geistigen Menschen sein, wie er sich in vorigen Inkarnationen aufgebaut hat. So könne sich ein Genie wie Mozart, der bereits als Knabe ein einmal gehörtes längeres Musikstück nachher aus dem Gedächtnis aufgeschrieben hatte, nicht innerhalb eines einzigen Lebens entwickeln. Dafür brauche es eine längere Entwicklung über mehrere Inkarnationen hinweg.

Die Einsicht in diese kosmischen Zusammenhänge führt zu einem Verständnis eigener und allgemeiner Lebensbedingungen im Rahmen des menschlichen Schicksals. Heinz Grill erläutert dazu:

> *„Die Reinkarnationslehre aber gibt aus dem früheren Dasein dem Menschen eine Geburt vor oder erklärt diese zumindest und eröffnet eine, wenn auch schwierige, aber doch großartige Sicht über die Gerechtigkeit, über das universale dharma*[407] *des Menschseins … Eine spirituelle Lehre, wie sie in dem tiefen philosophischen Hinduismus lebt, glaubt an jene evidente Wahrheit, dass keine Geburt an einer falschen Stelle und unter falschen Voraussetzungen und mit falschen Eltern stattfindet. Sie ist durch das große Gesetz des karma*[408] *oder der Arbeit und ihres Vollzuges in ethischer und moralischer Hinsicht gegeben …"*[409]

Allein mit dem Herabstieg in das Erdenleben bringen wir eigene Verantwortung mit. Wir sagen ja zur neuen Herausforderung, wie es in einem Gedicht ausgedrückt wird[410]:

> *„Ehe ich in dieses Erdenleben kam*
> *ward mir gezeigt, wie ich es leben würde.*
> *Da war die Kümmernis, da war der Gram,*
> *Da war das Elend und die Leidensbürde.*
> *Da war das Laster, das mich packen sollte,*
> *Da war der Irrtum, der gefangen nahm.*
> *Da war der schnelle Zorn, in dem ich grollte,*
> *Da waren Hass und Hochmut, Stolz und Scham …*
> *Doch waren auch die Freuden jener Tage …*
> *Mir ward gezeigt das Schlechte und das Gute,*
> *Mir ward gezeigt die Fülle meiner Mängel.*
> *Mir ward gezeigt die Wunde, draus ich blute,*
> *Mir ward gezeigt die Helfertat der Engel.*

Da hört ein Wesen ich die Frage tun,
Ob ich dies zu leben mich getraute,
Denn der Entscheidung Stunde schlüge nun.
Und ich ermaß noch einmal alles Schlimme –
‚Dies ist das Leben, das ich leben will!' –
Gab ich zur Antwort mit entschlossner Stimme
war's, als ich ins neue Leben trat
Und nahm auf mich mein neues Schicksal still.
So ward ich geboren in diese Welt.
Ich klage nicht, wenn's oft mir nicht gefällt,
Denn ungeboren hab ich es bejaht."

Vor diesem Hintergrund erfährt die Verantwortung eine ganz andere Dimension, wie Heinz Grill an der oben zitierten Stelle weiterführt:

> *„Wenn wir uns eine sorgfältige innere Empfindung über das bisher Gesagte aneignen und die Reinkarnationslehre als einen realen, zugehörigen, motivierenden, uns tragenden Teil des Lebens denken, erleben wir uns selbst in einer ganz anderen Eingebundenheit zu der Materie. Die eindringliche Anerkennung jenes Gedankens, dass uns vor diesem Leben schon andere Leben in genau logischer Entwicklungsfolge vorausgegangen sind, bringt uns zu einer besseren und geordneteren Selbstreflexion und Selbstbegutachtung. Wir blicken auf unser Leben und sehen es als einen Teil, der durch uns und unsere bisher geleisteten Arbeiten, unsere bisher verrichteten Handlungen im genau bemessenen Maße entstanden ist." –*

Wir sind also selber für uns und unser Tun verantwortlich. Gleichzeitig sollten wir nach Heinz Grill mit diesem Bewusstsein aber auch „hinüber auf andere ... sehen" und in diesen Personen einen für sie ganz eigenen Werdegang anerkennen, der sie ebenfalls aus einem früheren Leben heraus motiviere. „Durch die Anerkennung der Reinkarnationslehre, durch ein Nachsinnen und ein Nachdenken über ihre Bedeutung, entwickelt sich ein relativ gut geordneter Standpunkt für das eigene Selbstbewusstsein und für die Achtung anderer in ihrem Werdegang."

c) Im Zugzwang ist allein der Mensch

Der gestresste Bürger der Postmoderne schiebt gerne die Verantwortung auf die Zeit. Wenn sie ausgehe, könne eben nicht mehr alles, wie es sein sollte, erledigt werden. Diesem Ausruf der Vielbeschäftigten (*occupati*) „Keine Zeit!" hielt der römische Philosoph Seneca[411] schon entgegen, dass sie in Wahrheit viel Zeit vergeuden. Seinem Schwiegervater Paulinus rät er, sich im vorgerückten Alter von den politischen Geschäften zurückzuziehen und seine Zeit mit würdigen Inhalten zu füllen.

„Nicht wenig Zeit haben wir, aber viel vergeuden wir", so Seneca in seiner Abhandlung über die „Kürze des Lebens".[412] Das Leben sei lang genug „und zur Vollendung der größten Taten reichlich bemessen, wenn es im Ganzen gut verwendet würde". Wenn es jedoch in Genuss und Nachlässigkeit zerrinnt, dann „merken wir erst unter dem Zwang des Todes, dass es vergangen ist, obwohl wir nicht bemerkten, dass es vergeht".

In den Briefen an Lucilius räumt der Philosoph ein, dass uns einiges an Zeit auch entrissen wird: „Dennoch ist der schändlichste Verlust der, der durch Vernachlässigung geschieht."[413] Seneca unterscheidet die Zeitvergeudung sogar mehrere Kategorien: Die schlecht handeln, denen entgeht der größte Teil des Lebens. Ein großer Teil der Zeit denen, die nichts tun. Denen aber, die Belangloses tun, entgleite das ganze Leben. Keiner sehe so leicht ein, was die Wahrheit der Zeit ist: dass er täglich stirbt (*qui intellegat se cotidie mori*).

Wie viele – vor allem unter dem Heer der Pensionisten – sind wohl heute betroffen, die ihre Zeit mit Oberflächlichem vergeuden, keine Verantwortung für sie übernehmen, weil sie die Wahrheit nicht kennen – und nicht wissen, dass sie täglich sterben?

Philosophie und Geisteswissenschaft mahnen uns zur Verantwortung für viele Bereiche, so auch für die Sprache. Eine bemerkenswerte Verbindung zwischen Sprache, Wahrheit und Ewigkeit stellt Heinz Grill her.[414] Zunächst gelte es zu bedenken: „Leise ist mit jedem Wort geboren ein neuerzeugtes Wesen." Das führe schließlich so weit, dass die durch die Kommunikation erzeugten Wesen nach dem Tod das Kleid der Seele bilden.

Einige praktische Tipps zum Umgang mit der Lüge vermittelt Rudolf Steiner.[415] Die bewusst aufgenommene Lüge wirke sich weniger schlimm aus, da sie der Astralleib über Nacht in den Kosmos mit hinaus nehme, dort zum Bewusstsein bringe und verbessere. Andererseits bleibe die unbewusst aufgenommene Lüge, die man offen gar nicht mitkriegt, die über einen hinter dem Rücken erzählt wird, nachts im Ätherleib und Körper.

Die Konsequenz ist schwer verständlich für nicht geisteswissenschaftlich geschulte Ohren: Geistige Wesenheiten fänden sie auf dem „Acker der Vorstellungsfrüchte des Tages" vor, wenn der Mensch schlafe. Der Eindruck wirke an der Zerstörung der Menschheit. Ein Abdruck bleibe im physischen

Leib. Diese Wesenheiten, die den Menschen nachts aufsuchen, lassen als Folge von Lüge und Heuchelei Elemente entstehen[416], die als Phantome das Umfeld durchschwirren und schädigen.

Sogar die Notlüge schaffe karmische Verbindungen. Der Angelogene und der „aus Not" Lügende blieben weiter verbunden, bis der Letztere dem Angelogenen einmal eine unangenehme Wahrheit sagen müsse. Durch Lüge gewinnen die Menschen gewisse Macht über andere, da in diesen die Lüge unbewusst weiter wirke. Bei der Lüge über einen Sachverhalt ströme die Falschaussage zur Sache, der Wahrheit entgegen. Das Aufeinandertreffen bewirke auf geistiger Ebene eine Explosion. Daraus entstehe ein grauenhaftes karmisches Wesen, das sich an den Verursacher hefte.

So erhält der Mensch im Namen der Wahrheit einen bedeutenden Auftrag für die Zukunft: die Verantwortung für seine Gedanken. Wer eine Unwahrheit sagt, dessen Ich ist ab dem Zeitpunkt weniger wert, mahnt Rudolf Steiner. Die Lüge drücke sich im Ätherleib aus und schwäche ihn. So ließe sich feststellen, dass Wunden bei Lügnern langsamer heilen.

Wir tragen Verantwortung für Gedanken, Worte und schließlich Handlungen. Hier führen Gewissensbisse auch zu Engpässen, wie sie die Wissenschaftler bei der Erforschung der Atomkraft verspürten. Im Kapitel „Über die Verantwortung des Forschers" notierte Werner Heisenberg[417]: „Tatsächlich hat Hahn[418] ja auch in Deutschland, wo immer er gefragt wurde, sich für die Anwendung der Uranspaltung nur auf die friedliche Atomtechnik ausgesprochen, er hat vom Versuch kriegerischer Anwendung überall abgeraten und gewarnt."[419] Hahn habe die Uranspaltung in Deutschland entdeckt, so Heisenberg weiter. Die Atomphysik habe sich auf einem hohen Niveau befunden.

Generell habe die Aufgabe darin bestanden, den Entwicklungsprozess zum Guten zu lenken, die Erweiterung des Wissens nur zum Wohl der Menschen auszunutzen, nicht aber diese Entwicklung selbst zu verhindern.

Nach dem Fall der ersten Atombombe sei Otto Hahn verzweifelt, berichtet Heisenberg, „dass seine größte wissenschaftliche Entdeckung jetzt mit dem Makel dieser unvorstellbaren Katastrophe behaftet ist". Er selber habe auch im Zuge des Fortschrittsglaubens des 19. Jahrhunderts immer an das Gute geglaubt: „An die Möglichkeit von Atombomben hat vor der Hahn'schen Entdeckung weder Hahn noch irgendein anderer von uns ernstlich denken können. Da die damalige Physik keinen Weg dahin sichtbar machte."

Verantwortung ausüben, bedeutet nach Rudolf Steiner, die Gesetzmäßigkeiten zu erkennen. Wenn eine Tat geschieht, dann gründet sie auf einen äußeren Verlauf – was sich abspielte. Daneben aber auch auf eine innere Bewegung, was die Handlung hervorrief, motivierte. Erst wenn wir um die sittlichen Begriffe und Ideale einer Handlung wissen, können wir sie richtig einstufen. „Dann ist unser Handeln auch unser Werk", sagt er.[420] Dann können wir eine Handlung verantworten, dann ist die Gesetzmäßigkeit nicht etwas, was außerhalb liegt. Dann beherrschen wir die Situation. Haben wir den Einblick nicht, stehen uns die Gesetze des Handelns als etwas Fremdes gegenüber. Dann beherrschen sie uns.

Wenn wir etwas tun und die Gesetzmäßigkeit nicht erkennen, ist das ein Akt der Unfreiheit. Wer die Gesetze seines

Handelns erkennt, ist sich seiner Freiheit bewusst – und kann somit auch Verantwortung übernehmen.

Eine erste wichtige Konsequenz daraus lautet: „Der Erkenntnisprozess ist ... der Entwicklungsprozess zur Freiheit." Nur wenn wir uns in diesem Rahmen bewegen, führen wir ein sittliches Leben. So weit zu kommen ist Aufgabe jeder Entwicklung – eines jeden Menschen wie der gesamten Menschheit.

Erkennen, Gesetzmäßigkeit, Wissen, Verantwortung, Freiheit, sittliches Leben – all das wird möglich, wenn es uns gelingt, „den Menschen als auf sich selbst gegründete, freie Persönlichkeit zu begreifen".

XI. Der moderne und der traditionale Mensch

In memoriam Julius Rößler

1. Tradition und Moderne

Die Kulturphilosophie vermag so manchen Schleier früher Entwicklungen zu lüften und Licht auf die Rätsel unserer kulturellen Erscheinungen werfen. Erstaunliche Erklärungen findet man darin beispielsweise zum „zweiten Tod des Menschen", zum „wahren Politiker als Brückenbauer", zum „großen und kleinen Krieg". Auf welch hohem Niveau sich diese Frühkulturen befanden, vermittelt uns neben anderem auch die Bhagavad Gita, die man die „Bibel der Hindus" nennt.

Die Deutsch-Europäische Studiengesellschaft würdigte den Kulturphilosophen Julius Evola als „großen Traditionalisten" und stellte den „zeitlosen Charakter seiner Weltsicht" heraus, erwähnte gleichzeitig aber auch seinen Bezug zum Faschismus, der historisch und zeitlich bedingt gewesen sei. Abgesehen von gesellschaftlich-politischen Zusammenhängen vermitteln seine spirituell-geistigen Einblicke in die Kulturentwicklung aller Völker eine wertvolle Erkenntnis, die uns auch den Blick auf die aktuelle Situation erhellt. So seien deswegen spezielle Exzerpte aus seinem Werk „Revolte gegen die moderne Welt", im Original „Rivolta contro il mondo moderno" (Rom, 1969), zur Thematik des „modernen und traditionalen Menschen" aufgenommen.[421]

Die Entwicklungspolaritäten der Menschheit fasst Evola auf folgenden Nenner:

> *„Alle unsere Betrachtungen werden sich immer wieder um den Gegensatz zwischen moderner Welt und traditionaler Welt, zwischen modernem Menschen und traditionalem Menschen bewegen, einem Gegensatz, der vielmehr ideeller als historischer Natur ist, also morphologischer und sogar metaphysischer Art."*

Unter „traditional" ist hier zunächst die wörtliche Bedeutung aus dem lateinischen *„tradere"*, „übergeben, überliefern", zu verstehen, also was den Menschen von Vorfahren, aber auch über Offenbarung aus transzendenten Welten zu wissen gegeben wird. Der traditionale Mensch, so Rößler weiter, habe eine differentere Zeiterfahrung als der jetzige gehabt: „Er hatte ein überzeitliches Empfinden in der Zeitlichkeit, und in diesem Empfinden erlebte er jede Erscheinung seiner Welt ..." So seien die Erfahrungen des frühen Kulturtypus über der Zeit gelegen, gekennzeichnet vom Kontakt mit der metaphysischen Realität, „die der Zeiterfahrung eine ganz andere ‚mythologische', gleichsam mehr rhythmische ... Form gibt".

Das klingt kompliziert, bezieht sich aber wieder auf das „Traditionale", also Übermittelte. Der Mensch hatte damals erfahren, dass über der Zeit ein Geschehen liegt, das letztlich ihn und auch die Zeit beeinflusst. Die Jahreszeiten verstand man nicht wie heute nur als physikalisch-zeitliche Aufeinanderfolge von Witterungsumständen, sondern als Götterwirken. Demnach sind moderne und traditionale Welt als „zwei gegensätzliche apriorische Kategorien von Kulturen" anzusehen, also zwei von vorneherein bestehende Verständnisformen der menschlichen Entwicklungsgeschichte. Julius Evola nannte das den „Kultur-Dualismus".

Die moderne Welt schneidet seiner Meinung nach gegenüber der frühen Kultur schlecht ab. Ihr Schicksal sei „das bedeutungslose Geschehen um einen Nebeldunst, der aufsteigt, sich zusammenballt, um dann zu vergehen, ohne den freien Himmel verdecken zu können". Heutige Methoden zerstören den Geist – Diese Tatsache gilt nach wie vor. Die moderne Gesellschaft muss sich nach Martin Heidegger nicht nur die Seins-Vergessenheit vorwerfen lassen, sondern auch Ignoranz und Diskriminierung spiritueller Erkenntnisse, mit Ausnahme der Duldung der bereits ebenfalls materiell eingestimmten Kirchen. Die traditionelle Kulturphilosophie geht einen Schritt weiter, wenn sie dieses „zerstörende und verunstaltende Werk" nicht dem Zufall überlässt. Diese Entwicklung wider das Geistige ginge „fast immer … auf dunkle Einflüsse und Anregungen" zurück, „deren sich ironischerweise gerade die ‚wissenschaftlichen' Geister, aufgrund ihrer Denkart, überhaupt nicht bewusst werden".

Das antike Weltverständnis sah demnach die traditionalen Wahrheiten „immer als außermenschlich" – Heute will man alles empirisch-naturwissenschaftlich erklären und muss dabei vieles unbeantwortet lassen. Das habe die Lehre der zwei Naturen hervorgebracht: Eine physische Ordnung und eine metaphysische Ordnung, eine sterbliche Natur und eine Natur der Unsterblichen, das übergeordnete Gebiet des Seins und jenes niedrigere des Werdens – ganz im Sinne des Philosophen Hegel. So kannte der frühere Mensch eine viel breitere Ordnung des Seins. Heute komme der Mensch höchstens zum Verständnis einer Wirklichkeit, die nicht über Zeit und Raum hinausreiche. Den Blick darüber hinaus – eben die Metaphysik – diskreditiert die Moderne als „spekulative Idee" und „religiöse Dogmas".

2. „Das Recht von oben" – die wahre Autorität

Gemäß dieser differenzierten Sicht änderte sich auch das Verständnis für die Autorität. Grundsätzlich erkannte die Kulturtradition, „dass jede Autorität falsch ist, jedes Gesetz ungerecht …, jede Institution sinnlos und hinfällig, wenn die Autoritäten, Gesetze und Institutionen nicht dem höheren Prinzip des ‚Seins' zugeordnet sind …"

Der Begriff der Autorität, der sich vom lateinischen *„auctor"*, den Autor, Urheber, Gewährsmann einer Thematik ableitet, erfuhr in der neuesten Gesellschaftsgeschichte eine abwechslungsreiche Entwicklung von diktatorisch bis antiautoritär. Interessante Aspekte vermittelt die Kulturphilosophie Evolas mit dem Hinweis auf die frühe „Autoritäts-Grundlage", die stets einen „metaphysischen Charakter" gehabt habe. Der *„Rex"*, König, hatte auch das Amt des *„Pontifex"*, des Brückenbauers. Seit jeher nennt sich der Papst so, doch heute glauben nicht mehr alle, dass er die Brücke zwischen dem Natürlichen und dem Übernatürlichen bauen kann. Aus dem „Mabinogion", der keltischen Mythologie der Druiden und Barden, gelte die Devise: „Wer unser Führer ist, sei auch unsere Brücke." Die Hauptaufgabe der wahren Herrscher bestand in der pontifikalen Vermittlung. Dafür mussten sie außermenschliche Eigenschaften aufweisen. Schon Zeus übergab den „göttlich geborenen Königen" die Θέμις (*Themis*), das „Recht von oben", im Gegensatz zum politischen Gesetz, νόμος (*nomos*): „An der Wurzel jeder weltlichen Gewalt stand also eine geistige Autorität." Der König galt somit nicht als normaler Mensch, sondern als sakrales Wesen. Noch bei Aristoteles lesen wir: „Die Könige haben ihre Würde dadurch, dass sie die Priester des gemeinschaftlichen Kultes sind."[420] Der Gedanke an die übernatürliche

Macht offenbarte sich in den Krankenheilungen, die für die römischen Kaiser Hadrian und Vespasian überliefert sind.

Wie die Religionen auch sieht die Kulturtradition allen Anfang von oben, von einem Göttlichen ausgehend, also auch die politische Herrschaft. Die Macht gehe nie vom Volke aus. Diese Vorstellung beinhalte eine ideologische Perversion, typisch für die moderne Welt, und sei die Ursache dafür, dass die sozialen Formen einen steten Rückschritt verzeichnen, „immer tiefer sinken … bis zur kollektivistischen Welt der Massen und der absoluten Demokratie".

3. Der zweite Tod der „Nicht-Eingeweihten"

In den „Wegen im Jenseits" wird der Ahnenkult der alten Römer beleuchtet, die ihre „*Manen*" oder „Penaten" an den Hausaltären in Bildern aufstellten und ehrten. Der Begriff des zweiten Todes erfährt zunächst eine Erklärung mit der ägyptischen Tradition. Den Ausdruck „zweimal gestorben" verwendeten die Ägypter für das „Nach-Tod-Gericht", wenn nach dem Gericht eine Verurteilung der Seele stattfinde und der Betroffene von Am-mit, dem „Fresser der Toten", einem Ungeheuer der Unterwelt, verschlungen werde.

Denen gegenüber erwarben diejenigen ein unvergängliches und transzendentes Leben, die „über den zweiten Tod triumphiert hatten". Sie hatten vor dem Tod ihr Leben einer Wandlung mit transzendentem Sinngehalt unterzogen und erwarben für das Jenseits dadurch einen „unsterblichen Leib", einen „Glorien-Leib" oder „Auferstehungsleib". So könne die Seele nach dem Tod zwei Wege gehen, den „Pfad der Götter", der zu den Himmeln, auf Inseln, Walhall oder Asgard führte, oder in den Hades, die Unterwelt. Die olympischen[423] Götter standen den chtonischen[424] Göttern gegenüber.

Die zeitlebens „Nicht-Eingeweihten“, die ihr Leben mit oberflächlich-materiellen Äußerlichkeiten zubrachten, werden nach griechischer Überlieferung im Hades zur Danaiden-Arbeit verpflichtet. Der Mythos berichtet von den Δαναΐδες, *Danaïdes*, den fünfzig Töchtern des libyschen Königs Danaos, die bis auf eine in der Brautnacht ihre Ehemänner töteten. Zur Strafe mussten sie in der Unterwelt Wasser in ein durchlöchertes Fass schöpfen, das nie zu füllen war. Diese sinnlose Tätigkeit hatten die Seelen der Menschen auszuführen, die sich auch während ihres irdischen Lebens mit Unwichtigem befassten und sich nicht in die spirituelle Transzendenz erhoben.

Der Ausgangspunkt für jede Entwicklung steht nach diesem traditionellen Schema fest: „Am Anfang jeder wahren Kultur steht ein ‚göttliches‘ Faktum (jede große Kultur beruht auf den Mythen, von Göttern gegründet zu sein).“ Mensch und Natur allein als auslösender Faktor seien zu gering. Aber auch andersherum gelte diese Wertigkeit: Wenn ein Volk den Kontakt mit der Welt des „Seins“ verliere, „was ihr wesentlichstes Element darstellt“, dann „fallen die gemeinschaftlichen Organismen … schicksalshaft in die Welt der Zufälligkeit herab … Sie sind dem Irrationalen, dem Unbeständigen, dem ‚Historischen‘, also dem Wirken ausgeliefert, das von unten und von außen bedingt ist“. – Diese Bestandsaufnahme erweist sich mit kritischem Blick auf unsere gegenwärtige Gesellschaft heute als voll zutreffend: Von jeder Transzendenz, Spiritualität und Geistigkeit abgeschnitten, verstrickt sich der Bürger der materialistischen Moderne wie ein Don Quijote im aussichtslosen Windmühlenkampf.

Weiter wird die Entwicklung des Königtums beschrieben, das auf eine niedrige Ebene abgesunken ist, „wo immer es von seinem geistigen Amte abfiel und einen politisch-materiellen Absolutismus und Zentralismus aufbaute, indem er sich von jeder Bindung sakraler Autorität freimachte": „Der Absolutismus ist eine kurzlebige Illusion ... und bereitet den Weg für den Aufstieg des Volkes, des *demos*, zum entweihten Thron."

Auch beim Rittertum hätten sich die Grundwerte Ehre, Wahrheit, Mut und Treue im Laufe der Jahrhunderte vermaterialisiert. „Nachdem das Rittertum untergegangen war, verlor auch der Adel in Europa das geistige Element als Bezugspunkt für seine höhere ‚Treue' und wurde zu einem Teil einfacher politischer Organismus, wie es eben auch mit den Aristokratien der Nationalstaaten geschah, die auf die mittelalterliche Kultur folgten ... Nach dem Untergang der königlichen Spiritualität konnte auch der Untergang des Adels nicht ausbleiben."

4. Der „Große Heilige Krieg" und der „Kleine"

Kampf und Krieg versteht der Traditionsmensch auch anders als der moderne. Die Germanen behielten Walhalla als Sitz der Unsterblichen den Göttern und gefallenen Helden vor. „Der Krieger wechselt mit dem heroischen Tod von der Ebene eines materiellen, irdischen Krieges auf die eines metaphysischen Kampfes universaler und transzendenter Natur. Das betraf nach den Forschungsergebnissen des Kulturphilosophen sogar die islamische Welt, die einen

„Großen Heiligen Krieg“ (*Jihadul akbar*) gekannt habe und einen „Kleinen Heiligen Krieg“ (*Jihadul acgar*). Dabei wird der große Krieg innerlich und spirituell ausgetragen, der kleine ist der materielle gegen äußerliche Feinde, besonders die „Ungläubigen“. Der erste also eine Angelegenheit der Seele, der zweite des Körpers.

Den „Großen Heiligen Krieg“ führt der Mensch gegen die Feinde, die er in sich selbst trägt, „gegen seine niedrige Natur und was ungeordnete Triebkraft und irdische Bindung ist“. Evola zitiert hier die Bhagavad Gita: „Verwirkliche, was jenseits des Verstandes steht, stärke dich durch deine eigene Kraft, töte den Feind in der Gestalt der Begierde, der so schwer zu besiegen ist.“ So soll der Kämpfer den Widerstand leistenden inneren Feind, „den Ungläubigen in uns“ niederschlagen. Dann erreiche er innere Befreiung, Wiedergeburt, sogar die Befreiung von der Wiedergeburt und seinen Frieden.

Insofern zeichnet diesen Krieg ein sakraler Charakter, da die Krieger „auf Gottes Wegen“ kämpfen. Dieser Krieg muss ein Leben lang zur Entwicklung ausgefochten werden – eine Parallele steuert der Kirchenlehrer Augustinus bei: „*Quamdiu vivimus, pugnamus.*“ („Solange wir leben, solange kämpfen wir.“)[425] So wurde bei den Kreuzrittern die Lehre „*vita est militia super terram*“, „das Leben ist Kriegsdienst auf Erden“, innerlich wie äußerlich gültig.

Die Moderne verlor diesen Bezug längst, stieg auch hier „auf die Ebene wilder Instinkte“ herab, sodass sie „nicht über dem Menschen, sondern unter ihm stand“. Das Aufflammen solcher Instinkte beweisen aktuelle Kriegsherde, wenn sich dann bislang eingeschworene Pazifisten und „Peace“-Aktivisten mit wehenden Fahnen für Waffenlieferungen starkmachen. Die Friedensbewegung kann nicht alle überzeugen. Hätte sich nicht längst die Erkenntnis durchsetzen müssen, dass die Menschheit gemäß ihrem Entwicklungsstatus auf Bewusstseinsebene über den Einsatz von Brachialgewalt erhaben sein müsste? Den aufgeklärten Bürger dürfen die billigen Argumente der Medien, dass die eine Seite „mörderische Waffen", die andere hingegen nur „schweres Gerät" beisteuere, nicht blenden.

Der Kulturphilosoph Evola folgert:

> *„... weil allein das technische und industrielle Potential der absolut ausschlaggebende Faktor geworden ist, da es also in der heutigen Welt um nichts anderes mehr geht, ist das Sprechen von ‚Werten' und Recht reine Rhetorik. Aber gerade eine solche Rhetorik mit großen Phrasen und heuchlerischem Verkünden von Prinzipien wird als zusätzliches Werkzeug im Dienst eines hässlichen Machtwillens mobilisiert."*

5. Elementarwesen contra kollektives Unterbewusstes

Der Kulturphilosoph kommt weiter auf die Wahrheit des Mythos zu sprechen. Was die Moderne heute als poetische Fabulierungen belächelt, die von den Alten auf die Natur draufgesetzt worden seien – also all die Nymphen, Sylphen, Dryaden, Undinen und so fort. Gegenüber dieser materiellen, naiven Interpretation und Ablehnung der Moderne bekräftigt die Kulturphilosophie die „gesamte traditionale Mythologie" als notwendigen Prozess für unser Bewusstsein, „dessen Ursprung in realen Beziehungen ... mit der

Überwirklichkeit liegt". Hegel habe geahnt, dass das Fehlen dieser einstigen Wahrheit auf die „Ohnmacht der Natur" deute. Evola: „ … so täuscht sich der moderne Mensch sehr, der sich rühmt, endlich frei und erleuchtet zu sein, und der all das verlacht, was in der traditionalen Antike dieser andersartigen Beziehung zwischen Ich und Nicht-Ich entsprang, wenn er glaubt, dagegen wirklich gefeit zu sein." Wenn er glaube, nicht mehr Opfer der Naivgläubigkeit an Elementarwesen und Geister zu sein, sei er gerade Gefahren anderer Gestalt auf den Leim gegangen. Er verfiel dem „kollektiven Unbewussten", „emotionalen Strömungen, Massensuggestionen und Ideologien mit viel schlimmeren und weniger wünschbaren Folgen als jenen, die man in anderen Epochen feststellen kann und auf andere Einflüsse zurückgehen".

Die Frage, ob es mit der Menschheit bergab oder bergauf gehe, beantwortet die Kulturphilosophie anders als die Moderne. Heute gilt als einziges „wissenschaftliches" Modell die Evolution, die dem Menschen eine Höherentwicklung aus der grauen Ur- und Steinzeit in die digitale Moderne nahelegt. Völlig entgegengesetzt sahen das die Alten, die bekanntlich von einem Goldenen Zeitalter sprachen. Diesen Involutionsprozess berichten nicht nur die Edda mit ihrer Götterdämmerung (*ragna rökkr*), sondern auch die griechisch-römischen Mythen. *„Aurea prima sata est"* reimt der römische Dichter Ovid in seinen Metamorphosen (I 89 ff.). Das erste sei das goldene Zeitalter gewesen, und er fährt fort: „Schwerter waren da nicht; und keiner Krieger bedürfend, lebten die Völker dahin in sanfter, sicherer Ruhe … ungepflügt trug auch des Bodens Früchte die Erde … bald von Milch und bald von Nektar gingen die Flüsse, gelber Honig tropfte aus grünender Eiche hernieder".[426] Der griechische Dichter Hesiod führt in seinem Opus „Werke und Tage“ ein goldenes, silbernes, bronzenes und eisernes Zeitalter an. Die Hindu-Überlieferung umfasst die vier Zyklen des *„satya-yuga“*, des Zeitalters der Wahrheit, bis zu unserem bereits abgelaufenen *„kali-yuga“*, dem dunklen, geistlosen.

Rudolf Steiner bringt es auf folgenden Nenner: Im Goldenen Zeitalter habe der Einfluss der Götter auf die Menschen direkt gewirkt. Im Silbernen erfolgte eine Verbindung über das Hellsehen. Die Menschen hätten die Götter noch im Hintergrund gemerkt. Im Ehernen Zeitalter gab es nur noch die Erinnerung an die Götter. Im finsteren Zeitalter, also unserem *„kali-yuga“*, wurde der Zusammenhang mit den Göttern abgeschnitten.

6. Technik und Maschine: der Gott der Moderne

Die Überlieferung kündet danach mehr von einer ursprünglichen Gemeinschaft der Menschen mit den Göttern als der Menschen mit den Tieren. Einen Beweis für die „Dekadenztheorie“ liefere die Sprachentwicklung. Das lässt sich heute noch leicht beweisen: Ob Sanskrit, Altgriechisch oder Latein, die alten Sprachen hatten hinsichtlich Grammatik und Inhalt ein sehr anspruchsvolles Niveau, mit dem unsere Alltags-, aber auch Literatursprache längst nicht mehr mithalten kann.

Der Mensch habe durch das Umdrehen der Entwicklung aber auch den Bezug zur „aristokratischen Vorstellung eines Kommens von oben“ verloren. „Aristokratisch“ benennt hier nicht den Adel, der ja ebenfalls ein offensichtliches Beispiel für den Niedergang der Entwicklung beisteuert, sondern in ganz wörtlichem Sinn des „Ariston“: des „Besten“.[427] „Das Beste kommt von oben“ erinnert an einen Beginn des Kosmos mit Licht und Geist. An Stelle dieser göttlichen Ordnungsvorstellung trat nach Ansicht des Kulturphilosophen „der demokratische Gedanke des Evolutionismus“, „der das Höhere vom Niedrigen ableitet, den Menschen vom Tier und die Kultur von der Barbarei“.

Was diese Kulturphilosophie hier wohl übersieht, ist die Erkenntnis der Geisteswissenschaft, dass der Mensch durch seine äußere Entwicklung lernt, ebenso die gesamte Menschheit. Verkannt hat sie die Bedeutung des Christentums. Höchste Bedeutung erlangt sie jedoch in der exakten Schilderung der detaillierten Entwicklungsstrukturen, die in ihrer Umkehrung der Werte von oben nach unten unweigerlich in unsere heutige Dekadenz münden mussten, diese plausibel erscheinen lassen und die Notwendigkeit einer überfälligen Kurskorrektur nahelegen.

Aufschlussreich geht Evola in die Darstellung des Goldenen Zeitalters. Die altindische Hochkultur sprach vom Zeitalter des Seins „und damit auch der Wahrheit im transzendenten Sinne“. Herauszuhören sei das schon aus der Bezeichnung *„satya-yuga“*, „wobei *sat* ‚sein‘ heißt, wovon wiederum satya, das Wahre, herzuleiten ist“. Eine Verbindung sei im römischen Saturn, des Gottes vom Goldenen Zeitalter, zu erkennen, in dem sich dieselbe indoeuropäische Wurzel *sat*, die ‚Sein‘ bedeute, wiederfinde. Göttergleich sollen die Menschen damals den Tod noch nicht gekannt haben. Die chaldäische Mythologie berichtet, dass der Tod erst in der nachsintflutlichen Zeit seine Herrschaft angetreten habe, „da die Götter den Menschen den Tod ließen und für sich das Leben bewahrten“.

Doch die „Wirklichkeit“, die „transzendente Erfahrung“, wurde zunichte. Die christliche Mystik habe es auch nicht zu verhindern gewusst, „dass Gott und die Götter, die Engel und Dämonen, die intelligiblen Wesenheiten und Himmel zu Mythen wurden, die das christliche Abendland auch nicht mehr als Symbole von möglichen, über der Vernunft liegenden Erfahrungen, überindividuellen Daseinsbedingungen und innersten Bereich des vollkommenen Seins erkannte“.

Die protestantische Lehre habe gar dem „Erfolg“ „zu einem Zeichen der Auserwähltheit“ verholfen, „was in einer Zeit, in der das hauptsächlichste Kriterium das wirtschaftliche ist, nur Reichtum und Wohlstand heißen kann“. Das drücke klar die Umkehrung der Werte aus. Schließlich gelangte der Mensch durch den Rationalismus, alles durch die „ratio“, Vernunft, zu erklären, zur Annahme, in sich selbst die Urteilsfähigkeit für alles zu haben, um dann „das anzubeten, was in ihm als menschliches Wesen die Grundlage jedes Urteils ist, nämlich die Vernunft“. Sie mache er zum Maßstab jeder Sicherheit, Wahrheit und Norm.

Der Rationalismus spielte nach Evola auch beim praktischen Aufbau der modernen Welt eine Rolle, „indem er sich im Rahmen der Wissenschaften mit dem Empirismus und dem Experimentalismus verbündet hat“. Das neue Wissenschaftsideal ziele ausschließlich auf das Stoffliche und erschöpfe sich daher in einem *künstlichen Gebilde:* „Es ist nicht mehr die Synthese einer geistvollen Intuition, sondern das Bestreben rein menschlicher Fähigkeiten, von außen her ‚induktiv‘ zu einer Einheit zu kommen … “

Das führt nach Evola zu keiner „tatsächlichen Erkenntnis“, enthülle keinen tieferen Sinngehalt, „der zu innerer

Freiheit oder geistiger Erhebung führen könnte". Diese „tote Erkenntnis von toten Dingen" mündet dagegen in die „unheilvolle Fähigkeit, künstliche, automatische, dunkel-dämonische Wesenheiten zu schaffen". Dem Rationalismus und der wissenschaftlichen Weltanschauung sei schicksalshaft die „Heraufkunft der Technik und Maschine, Mittelpunkt und Gott der neuen Menschenwelt", gefolgt.

7. Moderner Aberglaube ohne „Ewigkeitsempfinden"

So entstand der Aberglaube des gebildeten Menschen und des Wissenschaftlers: „Indem sie der Finsternis des ‚Aberglaubens' und der ‚Religion' entfloh und das Bild der naturgebundenen Notwendigkeit einbrachte, hat die Wissenschaft stufenweise und objektiv jede Möglichkeit einer subtilen Beziehung zu den geheimen Kräften der Dinge zerstört." In einer der transzendenten Dimension beraubten Welt verfalle jedes Gesetz hierarchischer Ordnung, mache sich eine „totale Zersplitterung des Menschen nicht nur in Fragen der Religion, sondern auch auf politischem Gebiet" breit. Dem „Aufstand gegen die geistige Welt" folge der „Aufstand gegen die weltliche Macht".

Als Verrat bezeichnet Evola, dass intellektuelle Fähigkeiten „in massiver Weise für Naturforschungen" angewendet wurden, dass sich die daraus entstehende „profane Wissenschaft" als die einzig wahre präsentiere, „sich im Angriff gegen Tradition und Religion mit dem Rationalismus zu einem Bündnis verband und sich vor allem dem Dienst der materiellen Bedürfnisse des Lebens, der Wissenschaft, der Industrie, der Produktion, der Überproduktion und der Lust nach Herrschaft und Reichtum verschrieb".

Die moderne Moral erkenne nur *den* Einzelmenschen als wertvoll an, der dem „geistlosen Kollektiv angehört". Sie brandmarke jede Entfremdung – das spüren wir auch heute noch bei der Diskriminierung derjenigen, die sich in Kontrast zum Kollektivdenken eine eigene Meinung erlauben.

Die moderne Lebensanschauung brachte nach dieser Kulturphilosophie den Übergang von einer Kultur des Seins zu einer Kultur des Werdens, „die Bewertung der rein zeitlichen Seite der Wirklichkeit in der Form der Geschichte ..." Es regiere die „Flucht nach vorne"[428] Eine „nicht klar umrissene, vernunftlose und immer schneller werdende Bewegung" habe sich von den Ursprüngen losgelöst und sei „im Zeichen des Evolutionismus und Fortschrittdenkens zum beherrschenden Motiv der modernen Zivilisation geworden". Bereits zu Beginn der Moderne habe die Menschheit die neuen Erfindungen und Entdeckungen, die Entwicklung der Naturwissenschaft und Technik als „Rauschmittel" genutzt, um den Blick vom darunter liegenden wesenhaften Sinngehalt abzuwenden. Das bedingte für den Menschen die Aufgabe des Seins und Verschmelzung mit dem Strom des Werdens, „der mehr und mehr über ihn hinauswuchs".

Dem Menschen gelingt nach Evola nicht mehr die „geistige Überwindung der Zeit", da er sich nicht mehr zum „Ewigkeitsempfinden" erheben könne. Der Zeit werde er heute nur noch scheinbar und mechanisch gerecht durch „technische Notbehelfe" und „Variationen des neuen ‚intensiven Lebens'". Der Kulturphilosoph zeichnet die Dekadenz sogar bis in die Entwicklung der Architektur nach, die vom einstigen Hauptthema des Tempels zur Festung und zum Schloss gewechselt sei, bevor sie nach Befestigung der Städte in Fabriken, seelenlosen Einheitsgebäuden und Mietskasernen des Massenmenschen verflachte.

Die Moderne habe die Werte auf den Kopf gestellt. Es gelte nicht mehr das Kommen von oben als Wahrheit, sondern das Kommen von unten, „dass die Kultur aus der Barbarei, die Religion aus dem Aberglauben, der Mensch aus dem Tier (Darwin), der Gedanke aus der Materie und alle geistigen Formen aus der ‚Sublimation'[429] oder Umstellung der Urmaterie, des Instinktes, der *libido*[430], sowie der Komplexe des ‚kollektiven Unbewussten' (Freud, Jung) entstehen ..."

Heute befinde sich der Alltagsmensch der modernen Zivilisation „unter dem Einfluss des Kollektiven". Er habe das Universale verloren – der Philosoph Martin Heidegger sprach von der Seinsvergessenheit. Im Gegensatz zu diesem dekadenten Status der Verflachung und Verallgemeinerung der *species homo sapiens* bestand nach Erkenntnis der Kulturphilosophie der erste Schritt zur Kultur immer schon darin, sich von der unterschiedslos grauen Substanz des Kollektiven abzuheben und durch die Hinwendung zu höheren Prinzipien und Interessen eine Persönlichkeit zu bilden.

Julius Evola hatte sich damit abgefunden, dass diese abendländische Kultur wohl erlischt wie ein Licht, das dann anderswo wieder entzündet wird. Nur verzweifelnd und kopfschüttelnd mag er wohl zur Kenntnis genommen haben, dass der moderne Mensch seinen Untergang gar nicht mitkriegt und ihm nicht zu Bewusstsein kommt, dass seine Kultur mehr als jede andere „auf dem losen Sand des Zeitlichen und Zufälligen" gebaut ist. Der Kulturphilosoph appelliert schließlich an die letzten Mitdenkenden: „Achten wir auf die einzige Sache, dass wir in einer Welt der Ruinen aufrecht stehen bleiben."

Das Auf und Ab der Entwicklung bezeichnet Rudolf Steiner als „das zyklische Gesetz der Menschheitsevolution".[431] Es bewege sich nicht „gleichmäßig aufsteigend", sondern verlaufe in Ebbe und Flut. Dabei gehe einiges voraus, suche anderes wiederum den Anschluss. Durch dieses Zurückbleiben von Evolutionsströmungen entstünden gegensätzliche Interessen in der Welt. So ergäben sich absteigende und aufsteigende Evolutionen.

Zu bedenken gelte es neben der „Auswicklung" der Prozesse, eben dem *„evolvere"* der Evolution, die Involution, die Einwicklung: Was im Keim ist, geht den umgekehrten Weg. Evolution nannte Rudolf Steiner die Expansion des Geistes im Äußeren des Stofflichen. Demgegenüber bilde die Involution das Zusammenziehen (*Contraction*) des Geistes im Innern des Seelischen. Die Evolution werde nur zusammen mit der Involution realisiert und umgekehrt. Zur Entwicklung gehört demnach auch die Freiheit. Sie sei grundsätzlich auf den Menschen ausgerichtet.[432]

So nehme der Mensch nach innen Einflüsse von außen auf, verarbeite sie ganz persönlich zu inneren Erlebnissen, um sich individuell zu entwickeln. Die zweite Entwicklungslinie geht von innen nach außen. Beides verhilft zu Entwicklung und Neuschöpfung. Darwin hingegen beobachtete für seine Deszendenztheorie vor allem die äußere physische Entwicklung, Impulse von außen, Kampf ums Dasein, Selektion. Das führte zum „Utilitätsstandpunkt"[433], der ja philosophisch als Utilitarismus bekannt ist und als Ziel für den Menschen das Nützliche, Angenehme, Zweckmäßige verfolgt.

8. Materiell-technischer Gipfel und moralisch-geistiger Absturz

So ist der Mensch ständig in Bewegung im Auf und Ab von Involution, Neuschöpfung und Evolution. Die einseitig lineare Aufstiegstendenz kam immer nur über kurze Zustände in die Verwirklichung. Heute stehen wir technisch, materiell und intellektuell ganz oben einer bislang nicht erreichten Kulmination des Menschseins. Wie sieht es aber mit unserer geistigen, moralischen und bewusstseinsorientierten Entwicklung aus? Wird da einer behaupten, wir stünden auch ganz oben?

Nachdem sich der Mensch auf seinen Abstieg aus den transzendenten Höhen hin weltentauglich gemacht hatte, blieb er noch in Kontakt mit der geistigen Welt und erlebte die ersten Hochkulturen. Für unseren abendländischen Raum stand die urindische Gesellschaft am Anfang. Sie wurde von einer uneigennützigen Priesterschaft geführt. Der Mensch gestaltete seinen Ätherleib[434] aus. In der folgenden urpersischen Kulturepoche arbeitete er am Astralleib[435]. Die Leitung war auf Priesterkönige übergegangen, für die Zarathustra als „erster Priester, erster Krieger und erster viehzüchtender Landwirt“[436] beredtes Zeugnis ablegt. Die Gesellschaft gliederte sich nach dieser Vorgabe in einen geistigen, rechtlichen und wirtschaftlichen Bereich.

Über Jahrhunderte und Jahrtausende veränderte der Mensch nicht nur sein körperliches Aussehen, sondern auch seine seelischen Eigenschaften. Der Betrachtung der Seele widmete Aristoteles ein ganzes Werk.[437] Bei Platon finden wir die Seele dreifach, trichotomisch, gegliedert. Die Geisteswissenschaft verbindet die Entwicklung dieser Seelenteile mit ihrer Reifung im äußeren Leben. Ein Hauptaugenmerk der ägyptischen Phase galt dann der Ausbildung der Empfindungsseele. Dieser Seelenteil nimmt die Einflüsse von außen auf, setzt damit auch die inneren Begierden, die Antriebe in Bewegung. Aristoteles nannte ihn das „Orektikon", vom Verbum „*oregein*", was „begehren" bedeutet. Kulturell hatten zur Zeit der Empfindungsseele bei den Ägyptern Könige und Pharaonen das Sagen unter Beratung von Priestern. Schon der Kulturhistoriker und Weltreisende Herodot staunte damals über die herausragenden Leistungen dieses Volkes und fragte die Bewohner, woher sie denn diese Fähigkeiten hätten. Sie antworteten: von den Göttern.[438]

Während der griechisch-lateinischen Kulturphase feilte der Mensch an seiner Verstandesseele. Er überarbeitete immer mehr das über die Empfindungsseele Aufgenommene, wandelte es in Gefühle um und nahm es verstandesgemäß auf. „*Kinetikon*" sagte Aristoteles dazu. Dahinter stecken die Fremdwörter Kino und Kinetik. Sie weisen uns auf das, was bewegt. Die Philosophie löste zur Entwicklungsphase der Verstandesseele die Mythologie ab. In das menschliche Ich schlich sich dabei aber auch der Zweifel ein. Die klassische Philosophie bildete alle Richtungen des Denkens aus von Logik und Idealismus bis zu Metaphysik, Atomismus, Agnostizismus, Skeptizismus, Nihilismus, Eudaimonismus, Ethik, Erkenntnistheorie und Sprachphilosophie. An oberster Stelle der römischen Disziplin standen die Tugenden (*virtutes*) als Leitbild menschlicher Entwicklung.

Ab dem 15. Jahrhundert übernahm zur Neuzeit die „germanische" Kultur mit dem Vorsatz, die Bewusstseinsseele auszubilden. Schon der Name besagt, dass der Mensch in Ausarbeitung dieses Seelenteils ein Bewusstwerden erreicht. Was zuvor über Empfindungen und Verstand angenommen wurde, sollte nun ins bewusste Erkennen metamorphosieren.

Die „Seele in der Seele“ nennt sie der Historiker und Jurist Karl Heyer (Anm. 16). Aristoteles hatte den Begriff „Dianoätikon“ dafür: „Das, was nachdenkt“. Weltliche Könige, Fürsten, Politiker herrschen. Auf dieser Ebene regiert nicht mehr das höhere Selbst, sondern das niedere Ego, wie es vor allem im „unechten Gottesgnadentum“ und „Fürstenabsolutismus“ zum Ausdruck kam und in den Pragmatikern der modernen Politiker seine Fortführung findet.

Die drei Etappen der Seelenreife schildert uns bereits die Kabbala, die sprichwörtliche Überlieferung des Judentums, die übersetzt so viel wie „Empfangenes, Geoffenbartes“ bedeutet. Hier wächst die Seele vom niederen *Nedesch*, zum höheren *Ruach* und höchsten *Neschama* hinauf, „um würdig zu werden der kommenden Welt, als Gottgeliebter.“ [439]

Diese weltgeschichtliche Entwicklung können wir auch im Menschen nachvollziehen. Er lässt mit dem 21. Lebensjahr seine Empfindungsseele reifen, mit dem 28. die Verstandesseele und ab dem 35. Jahr die Bewusstseinsseele.

Heute wird der Mensch nicht mehr wie bei seinen ersten Schritten in der Entwicklungsgeschichte geführt. Er verliert sich zunehmend aus Gemeinschaften und gesellschaftlichen Schranken, um seiner Individualisierung und Bewusstwerdung gerecht zu werden. Diese „soziale Atomisierung“ birgt nun allerdings die Gefahr der Vereinsamung. An der Weltenkrise erwacht die Bewusstseinsseele – so wird der moderne Mensch immer mehr von Krisen heimgesucht, bis er zur Bewusstwerdung seines Menschenstatus gelangt. Dazu sind die meisten zu lasch, stellte Schiller schon fest. Sie seien „durch den Kampf mit der Not viel zu sehr ermüdet und abgespannt“, um sich zum „härteren Kampf mit dem Irrtum“ aufzuraffen.[440]

Eine weitere Traditionsquelle aus alter Hochkultur entdeckte Europa erst im 18. und 19. Jahrhundert in der „Bhagavad Gita“. Diesen „Gesang des Erhabenen“ nannte man die Bibel der Hindus. Sie entstand im 2. Jahrhundert vor Christi Geburt auf Grundlage der „Veden“, eine religiöse Textsammlung aus „heiligem Wissen“. Diese Sanskritbezeichnung ist mit dem lateinischen „*videre*“ (sehen) verwandt und erinnert an das alte Hellsehen, aber auch grundsätzlich an „Wissen“. Dieses Lehrgespräch zwischen dem göttlichen Krishna und seinem Schüler Arjuna beinhaltet die Quintessenz dieses alten Wissens, allein das Bild des in der Kutsche lehrenden Wagenlenkers Krishnas und des vor ihm verzweifelnden Kämpfers Arjuna erhielt Symbolcharakter:

> *„Erkenne den Atman als den Herrn der Kutsche. Der Körper ist der Wagen, die Buddhi (Vernunft) der Wagenlenker und das Denken die Zügel. Die Sinne sind die Pferde, die Objekte die Wege.“* [441]

Nach dem Gelehrten Wilhelm von Humboldt[442] bot die „Bhagavad Gita“ die „tiefste philosophische Dichtung“.[443] In den „Veden“ kann noch der übersinnliche Ursprung erlebt werden, betonte Rudolf Steiner und sah darin das „Wunderbarste in der Entwicklungsgeschichte“, dass aus Geisteswissenschaft heute das wieder hervortrete, „was in jenen Zeiten mit anderen Mitteln erreicht worden ist“. Dann jedoch habe „immer mehr äußeres Wissen des materiellen physischen Plans“ dominiert. Noch heute vermittle ein „Stück Gita“, wenn man es wirken lasse, die „Atmosphäre der Weisheit“. Generell richtet sich die hier über Jahrhunderte tradierte Krishna-Offenbarung „an jeden …, der reif wird, den Weg der Seele nach aufwärts zu machen“.[444]

In diesen Schriften finden wir alte Weisheiten auf einer erhabenen Stufe, die sehr nahe schon an die Wahrheit heranführte und uns heute immer noch den rechten Weg zu weisen vermag. Hören wir nur einige Aspekte aus der „Gita“:[445]

> *„Und es ist auch nicht wahr, dass einer von uns je aufhören wird, hernach zu sein. So wie die Seele körperlich durch Kindheit, Jugend und Alter hindurchgeht, so geht sie auch weiter zum Wechsel des Körpers.“*

> *„Was wirklich ist, kann nicht das Sein verlieren, genauso wenig wie das, was nicht ist, ins Sein eintreten kann.“*

> *„Die verkörperte Seele wirft ihre alt gewordenen Körper ab und geht in neue Körper ein, so wie ein Mensch zerschlissene Kleider gegen neue wechselt. Waffen können die Seele nicht zerschmettern.“*

> *„Du hast ein Recht auf das Handeln, aber nur auf das Handeln an sich, niemals auf dessen Früchte. Lass nicht die Früchte zum Beweggrund deines Wirkens werden! Und sei nicht der Untätigkeit verhaftet!“*

> *„Wer in allen Dingen frei von Gemütsbewegungen bleibt, ob nun dies Gute oder jenes Übel ihn betrifft, und weder hasst noch frohlockt, dessen Einsicht ruht auf starkem Fundament.“*

Da hörten wir aus der Bhagavad Gita Anklänge an die Stoá[446], jene philosophische Richtung, die ihre theoretische Weisheit in die praktische stoische Ruhe umzusetzen lehrte. So lernen wir aus diesen Inhalten für Gegenwart und Zukunft. Der Mensch, der seine Zukunft meistern möchte, muss sich aufraffen, um sich selber zu führen. Er hat jede Bevormundung, ob sie nun vom Ehemann, vom Chef, vom Kollektiv der Gesellschaft, den Medien oder Politikern kommt, abzuschütteln. Dafür muss er sich – vom historischen Standpunkt aus – in eine erneute zweite „Aufklärung" begeben und den Start des *„Sapere aude!"* von Kant zum eigenen Denkansatz dauerhaft zünden.[447] Dann wird er zunächst feststellen, dass er sich sehr weit in der Materie festgebissen hat, dass er den Menschen als „nur irdisches Wesen" verkannt hat. Rudolf Steiner sprach von einer notwendigen „Auferstehung des lebendigen Denkens aus dem Grabe des toten Intellektualismus". Wenn der Mensch durch eigene innere Aktivität aus der ihn umhüllenden „dämonischen Geistlosigkeit" herausfindet, wird ihm das bewusstseinsorientierte Denken den Weg beleuchten, damit er über eine neue geistige Verbindung in ein lichteres Zeitalter gelangt. Dahin weisen ihm Katastrophen und persönliche Schicksalsschläge den Weg. Er darf sich aber nicht im Übergang an die äußere Welt verlieren. So wird er die Regentschaft der alten Könige beenden, um sich selber als eigener, ganz individueller König seines Daseins zu verantworten.

XII. Die Wahrheit der alten Mysterien – die Unwahrheit der modernen Philosophie

1. Bilderbewusstsein und abstraktes Denken

Gehen wir einmal an die Wurzeln, versuchen wir eine Brücke zu schlagen zwischen Philosophie, Wissen, Geisteswissenschaft und Wissenschaft. Seit wann gibt es das Wissen? Was ist Wissen? Wissen ist nur dann Wissen, wenn man sich des Wissens bewusst ist. Das setzt das Denken voraus. Seit wann denkt der Mensch – oder dachte er schon immer?

Das bewusste Denken reicht nach Rudolf Steiner bis auf 600 v. Chr. zurück, d.h. dass sich der Mensch seines Denkens bewusst wurde, Kausalität, Logik entwickelte, wie sie für unser Alltags- und Wissenschaftswissen heute selbstverständlich wurden.

Damals fand der Übergang vom alten Bilderbewusstsein zum abstrakten Denken statt. Diesen Schritt vollzogen bereits die antiken Griechen vorbildlich, sodass hier Philosophie möglich wurde. Rudolf Steiner sagt:

> *„Was man mit Fug und Recht ‚Philosophie' nennt, beginnt in Wirklichkeit mit der griechischen Philosophie. Wenn Aristoteles als der erste Philosoph bezeichnet wird und Plato noch als halber Seher angesehen wird, so geschieht das deshalb, weil Aristoteles der erste ist, der bloß aus der Quelle der Philosophie heraus schöpfen muss, nämlich aus*

der Quelle des Denkens in Begriffen. Das war natürlich alles lange Zeit vorbereitet; es war nicht so, dass er nun alle Begriffe erst selber hätte schaffen müssen; seine Vorläufer haben ihm in dieser Beziehung nicht unerheblich vorgearbeitet. Aber in Wahrheit gibt Aristoteles in einer gewissen Beziehung gerade das, was zum Beispiel Gegenstand der Mysterien war, zum ersten Male nicht in der alten seherischen Form, sondern er gibt alles, was er gibt, in der begrifflichen Form." [448]

Spätestens seit diesem Zeitpunkt wurde der Mensch abstrakt in seinen Vorstellungen. Das bedeutet ganz wörtlich – abstrakt kommt vom lateinischen *„abstrahere"*, „wegziehen" –, er zieht den Begriff vom Bild weg. Ein Relikt davon haben wir heute noch: Wenn wir einen Begriff denken – machen wir ein Beispiel: Denken wir an ein Flugzeug, an einen Baum, ein Auto, einen Kuchen, ein Buch –, was passiert?

Wir sehen zuerst das Bild. Den Begriff gibt uns unser Bewusstsein gleich mit, er ist gespeichert, weil wir nicht zum ersten Mal von einem Baum, Buch sprechen. So wurden aber auch Begriffe möglich, die wir abstrakt bilden und die wir andersherum in Bildern nicht verifizieren können. Denken wir an Gerechtigkeit, Liebe, System. Sehen wir da ein Bild? – Nein.

Damit gelangen wir an einen Punkt, der sich für die Philosophie auf die Ontologie auswirken sollte, aber auch auf die Epistemologie. Die Ontologie, die Lehre vom Sein, altgriechisch τὸ ὄν (*to on*), beschäftigt sich mit dem, ob und wie etwas ist. Die Epistemologie, die Erkenntnistheorie, fragt danach, wie man es erkennen kann. Und da haben wir ein klassisches fundamentales Problem der Philosophie, das sich in größtem Ausmaß im mittelalterlichen Universalienstreit entlud.

Ein ontologisches Problem war berührt, so der Historiker Norbert Schneider[449], der fortfährt: „Sind diese … Begriffsklassen an sich subsistierende Wesenheiten oder lediglich Gedankendinge?“ Also einfacher: Haben diese Begriffe wie „Gerechtigkeit“, „System“ „an sich“ Existenz, verfügen sie über eine „Bestand habende“, „Substanz habende“ (*subsistere*) Wesenheit? Oder sind sie nur leere Gedanken? So folgert Kant: „Das Transzendentalsubjekt ist reiner Reflexionsbegriff“ – nichts weiter.

Diese Begriffe nannte man Universalia, weil sie universal, nicht individuell galten, z. B. der universale Ausdruck „Menschheit“ im Gegensatz zum individuellen „Menschen“. Sind nun diese Begriffe Wesen im Sinne einer platonischen Idee, stellt sich die nächste Frage: Wo sind sie? Sehen können wir sie nicht, da sie ja nicht zu den „ausgedehnten“ körperlichen Dingen (*res extensae*, Descartes) gehören.

Platon würde sagen: In der Transzendenz, da sind die Ideen – und die Dinge im Irdischen nehmen an der Idee teil. Aristoteles würde entgegenhalten: Der Begriff ist in den Dingen selbst. Wenn nun diese abstrakten, von der irdischen Existenz weggezogenen Begriffe über eine eigene Entität verfügen und den irdischen Erscheinungen als Urbild dienen, wie die platonische Idee, so repräsentieren sie – rein ontologisch – das Wesentliche, die Realität schlechthin.

Demnach galt diese Ansicht lange als Begriffsrealismus und wurde mit der Realität gleichgesetzt. In der Erscheinung, im Phänomen, den Dingen und Lebewesen auf der irdischen Welt stand man dagegen der Irrealität gegenüber. Wer diese Meinung vertrat, galt als Realist.

In Gegensatz dazu traten die „Nominalisten", die in den Begriffen nur das leere Wort wahrhaben wollten. Die Scholastiker sagten dazu *„flatus vocis"*, „Lufthauch". Und ab sofort bekämpften sich nicht nur die Philosophen, sondern auch die Mönchsorden, so standen die Franziskaner hinter den Nominalisten, die Dominikaner hinter den Realisten. Für die Kirche wurde der Universalienstreit eine der ersten empfindlichen Niederlagen.

Zunächst hielt man sich noch an die Dreigliederung: *universalia ante res*, die Begriffe vor den Dingen, *universalia in rebus*, die Begriffe in den Dingen, und *universalia post res*, die Begriffe nach den Dingen – also dass nach der Erscheinung, der Existenz eines Dings die Benennung erfolgte und der Mensch sagte: „Das ist ein Baum." So standen lange noch die ersten beiden Varianten für den Realismus und die letzte für den Nominalismus. Das sollte sich bald ändern: Wilhelm von Occam, 1285 in England geboren, studierte in Oxford, ging zu den Franziskaner und wurde Anhänger des Nominalismus. Er lehnte es ab, Begriffe im platonischen Sinn als existente Ideen zu akzeptieren. Termini seien Gegenstände des Denkens und der Logik ohne eigene reelle Existenz. So kam er in Konflikt mit der Kurie, hatte gerade rechtzeitig in Pisa eine Begegnung mit dem deutschen Kaiser Ludwig den Bayern, der ihn nach München mitnahm und unter seinem Schutz lehren ließ.

Heute sind wir weit entfernt von der platonischen Idee als Realismus. Die Welt konvertierte im Zuge der Materialisierung zum Nominalismus: Nur die Materie, das empirisch Nachweisbare gilt als Realität.

2. Die Mysteriengeheimnisse

Wir haben nun einen kleinen Ausflug in das Land der Bilder und abstrakten Ideen gemacht. Die Philosophie also führte den Menschen weg von der Bildervorstellung hin zum abstrakten Begriff.

Da stellt sich die Frage: Warum nun fingen die Menschen zu denken an? Aristoteles erklärt dies mit der klassischen Feststellung: Διὰ γὰρ τὸ θαυμάζειν οἱ ἄνθρωποι καὶ νῦν καὶ τὸ πρῶτον ἤρξαντο φιλοσοφεῖν (*dia gar to thaumazein hoi anthropoi kai nyn kai to proton ärxanto philosophein*). Also, weil sie sich wunderten, was da alles ist und wie es ist, begannen die Menschen die Fragen philosophisch zu stellen. Sie wollten wissen, um es mit Goethes Faust in die kurze Formel zu fassen, „was die Welt im Innersten zusammenhält".

War die Menschheit also vorher dumm, bevor sie sich zur Philosophie hin entwickelte? Im Steiner-Zitat ist es bereits angeklungen. Sie orientierten sich daran, was Gegenstand der Mysterien war. Seit wann gibt es Mysterien?

Die Geisteswissenschaft nennt sieben große Orakelstätten auf Atlantis, die an geographisch ausgesuchten Orten lagen und als Einweihungs- und Orakelstätten galten. Sie führten also in höheres Wissen ein und gaben in Lebenssituationen Rat. Im Lehrunterricht stellen wir einen großen Unterschied zur Philosophie später fest. Die Vorlesungen eines Platon, Aristoteles oder Sophisten des antiken Athens durfte jeder besuchen, der die Gebühr bezahlen konnte. Zu den Mysterien hingegen wurde nur eine ausgesuchte kleine Schar aufgenommen.

Das μυστήριον (*mysterion*), Mysterium, kommt übrigens vom Griechischen μύειν (*myein*) in der Bedeutung von „schließen". Der Schüler erfährt etwas Geheimes, schließt Mund und Augen und sagt nichts weiter. Samothrake, Eleusis, Ephesus sind neben vielen anderen Namen berühmter antiker Mysterienstätten.

Auf Mysterienverrat stand in der Antike die Todesstrafe. Der Dichter Aischylos wurde angeklagt, er habe zu viel ausgesagt, und konnte sich mit Mühe von dem Vorwurf befreien. Rudolf Steiner erwähnt das in seinen Ausführungen über den Kult in den Mysterien bei den Griechen: „Aischylos[450] wurde vor Gericht gefordert, weil er Geheimnisse der Mysterien verraten habe, indem er sie auf die Bühne gebracht hat. Er konnte aber nachweisen, dass er gar nicht in die Mysterien eingeweiht war."[451] Demnach musste auch Sokrates sterben, weil man glaubte, dass seine Lehren aus den Mysterien heraus gegeben waren. Es wurde immer für den Verrat der Mysterien die Todesstrafe verhängt.

Über die Ausrichtung der Mysterienzüge von Eleusis gibt es einige Hinweise für das Festgeleit mit Priester, Hierophanten und bis zu 3000 Teilnehmern auf der heiligen Straße von Eleusis nach Athen. Ein Umtrunk schloss die Feierlichkeit. Zugrunde lag der Kult der Demeter, die in Eleusis ihr Heiligtum hatte. Die Mysterienstätte Eleusis kannte im antiken Griechenland jeder. Die Schulkinder lernten bereits den Mythos der Demeter. Der Mythos kommt vom griechischen Ausdruck μῦθος (*mythos*) für Wort, betrifft also alles, was wörtlich tradiert ist von der Sage bis zum Götterwort.

Da ist nichts Geheimes. Man wusste, Demeter, die Tochter des Kronos, hatte Zeus eine Tochter geboren, Persephone

(Proserpina). Auf sie, mit Spitzname Kore, das Mädchen, warf der Gott der Unterwelt, Pluto (Hades), ein Auge und entführte sie beim Blumenpflücken in die Unterwelt. Ihre Mutter Demeter, die Göttin der Fruchtbarkeit, fiel über den Verlust in große Trauer und ließ auf der ganzen Erde nichts mehr wachsen. Der Götterhimmel einigte sich auf ihren Protest hin zu einem Kompromiss. Zeus überredete Pluto persönlich, Persephone wieder in die Oberwelt zu lassen. Der gab seiner Liebe noch einen Granatapfel zu essen. Dieses Essen in der Unterwelt zwang sie, immer wieder zurückzukehren.

Also verbrachte Persephone künftig ein Drittel ihrer Zeit bei ihrem Gemahl in der Unterwelt. Die andere Zeit war sie bei ihrer Mutter oben, wo die Erde wieder grünte, doch nur so lange sie da war. Wenn sie wieder hinunterstieg im Herbst und Winter, wuchs nichts. Demeter war wieder versöhnt und saß im Olymp. Zur Erinnerung stiftete sie in Eleusis ein Fest.

Soweit der Mythos. Gehen wir nun einen Schritt tiefer in das Mysterium, das Geheimnis, das sich dahinter verbarg und den Mitgliedern der Mysterien vertraut war! Persephone repräsentiert die Seele des Menschen. Sie ist abwechselnd in der Unterwelt und in der Oberwelt. Das ist die „Ewigkeit der Seele und deren ewige Verwandlung durch Geburt und Tod hindurch“, was uns da im Bilde des Mythos dargestellt wird, so Rudolf Steiner.[452]

Wie Persephone von der göttlichen Mutter Demeter, so stammt die Seele vom Unsterblichen. Sie ist entführt und damit zur Anteilnahme am Vergänglichen bestimmt worden. Sie hat von der Frucht der Unterwelt genossen. So darf auch die menschliche Seele, gesättigt vom Vergänglichen, nicht dauernd in der Region des Göttlichen verweilen. Sie muss wieder in das Reich der Vergänglichkeit zurück. Rudolf Steiner folgert: „Die eleusinischen Feste waren ein laut sprechendes Bekenntnis des Glaubens an die Ewigkeit."

Es gäbe noch einige Beispiele für die Wahrheiten der Mysterien, die der Mythos ausdrückt, so der Minotauros. Die Athener mussten dem auf Kreta im Labyrinth hausenden Ungeheuer Tribut mit sieben Mädchen und sieben Buben liefern, die er verspeiste. Theseus verschaffte sich durch die Hilfe der Tochter des Minos, Ariadne, die den nach ihr benannten Ariadnefaden zur Orientierung spannte, Zutritt und Ausgang. Er tötete das Ungeheuer.

So weit das Symbol im Mythos. Die tiefere Wahrheit sah dabei den Menschen gegenübergestellt der Sinnlichkeit, ausgedrückt als Ungeheuer. Er opfert die Früchte seiner Persönlichkeit der Sinnlichkeit. Diese verschlingt sie, bis im Menschen der Überwinder erwacht, der sie überwältigt.

Welche Rolle spielt nun der Faden, über den er hinein- und herausfindet? – Das ist die Erkenntnis: „Die Erkenntnis", so Rudolf Steiner, „spinnt ihm den Faden, durch den er sich wieder zurechtfindet, wenn er sich in den Irrgarten der Sinnlichkeit begibt, um seinen Feind zu töten."

Platon bedient sich des Mythos bei der Beschreibung der Seele. Im Dialog „Phaidros" spricht Sokrates nach dem Aufweisen der Unsterblichkeit der Seele über ihre Beschaffenheit.[453] Wesen und Begriff der Seele definiert Sokrates als das, was von sich selbst bewegt unsterblich ist. Die Seele sei mit einem Pferdegespann zu vergleichen. Der Lenker habe eine schwierige Aufgabe, sie zu lenken, denn das eine sei brav, das andere störrisch. Wenn sich nun das gute Pferd durchsetzen kann, gelingt der Aufstieg zu den Göttern. Das bedeute, wenn sich die Seele darum kümmere, das ihr „Gebührende" aufzunehmen. Sie liebt es, wieder einmal im Himmel zu sein und wieder einmal das Sein zu sehen. Dann nährt sie sich und fühlt sich wohl beim Betrachten der Wahrheit.

Dann geht sie wieder zurück nach Hause. Das störrische Pferd, das sich nicht um das bemüht, worum es sich bemühen sollte, kommt nicht hinauf, auch nicht zur Anschauung des Seins. Sie erhält sich von Scheinnahrung und muss den nächsten Durchgang. Hier spricht Platon auch deutlich die Seelenwanderung an. Je nachdem wie sich eine Seele bemühe, werde sie sich zur nächsten Inkarnation in einem Philosophen, König, Bettler oder tierähnlichem Wesen wiederfinden.

Zum Mysterium gehört nicht nur das tiefere Wissen, sondern auch die Einweihung. Anklänge finden wir sogar im Evangelium, am deutlichsten in der Auferweckung des Lazarus. Emil Bock sagt zum „Weg des Mysten", er führe über mancherlei Prüfungen in den mystischen Tod, den dreitägigen todähnlichen Tempelschlaf, der mit einer Grablegung verbunden war".[454] Den Einzuweihenden rief der Hierophant, der Oberpriester, der die Heiligtümer aufzeigt wörtlich, ins Leben zurück. Der Eingeweihte erhob sich aus dem Sarg oder Grab. Seine Seele hatte die Schwelle zur geistigen Welt überschritten. Er hatte sich dadurch ein Heimatrecht im Jenseits erworben, war ein verwandelter Mensch und Träger eines erweiterten Bewusstseins.

Emil Bock verweist auf Bilder in den Katakomben, die Christus als Hierophanten darstellen, wie er zum Grab des Lazarus hin den Hierophantenstab ausstreckt und dieser herauskommt.[455] Das wurde ihm auch als Verrat an den Mysterien ausgelegt, und die Pharisäer munkelten, es sei besser, dass einer sterbe. Die Pharisäer waren vor ihrer Dekadenz zur Zeit Christi in einem esoterischen Orden vereint. „Pharisaios" heißt wörtlich „der Abgesonderte". Sie verstanden sich ganz speziell als „Wächter der messianischen Mysterien". Philosophisch-theologisch richteten sie sich an einer Eschatologie aus, an einem Wissen über die Endzeit. Ihre klassischen Gegner hießen die Sadduzäer, die eingefleischten Materialisten, die das Jenseits und die Auferstehung leugneten, paradoxerweise aber das Hohepriesteramt über Vererbung in ihren Familien ausübten. Eingeweihte waren im Übrigen auch die Heiligen Drei Könige, „Magoi" genannt.

Dazu gehören die Pythagoreer, die als erste von der μετεμψύχωσις (*metempsychosis*), der Seelenwanderung, sprachen, und die Druiden, über die Caesar in seinem „Gallischen Krieg" erzählt. Die Bezeichnung Druide stammt entweder vom Griechischen δρυς (*drys*), der Eiche, auf der sie ihre Misteln abschnitten, oder vom keltischen Adjektiv „drui" für „schlau, vorhersehend".

Caesar notierte über sie:

> *„Bei diesen versammelt sich eine große Zahl Jugendlicher um der Lehre willen, und sie stehen in großer Ehre. Sie müssen dann eine Menge Verse auswendig lernen, weshalb manche sogar zwanzig Jahre in dieser Schule zubringen. Sie halten es nämlich nicht für erlaubt, solche Dinge schriftlich zu verzeichnen, während sie sich in anderen Sachen und Geschäften des Staates und der einzelnen der griechischen Schrift bedienen. Dies geschieht, wie ich glaube, aus zwei Gründen: einmal, weil sie verhindern wollen, dass ihre Lehre unter das Volk kommt; und dann, damit nicht ihre Jünger, wenn sie sich auf das Geschriebene verlassen können, weniger Sorgfalt auf das Gedächtnis verwenden; denn*

die meisten Menschen vernachlässigen im Vertrauen auf das Geschriebene das sorgfältige Auswendiglernen und das Gedächtnis. Besonders davon suchen sie zu überzeugen, dass die menschliche Seele unsterblich sei und nach dem Tod von einem Körper in den anderen wandere; so, glauben sie, erhalte man einen Antrieb zur Tapferkeit, wenn man die Furcht vor dem Tod vergesse. Überdies lehren sie noch vieles über die Gestirne und ihren Lauf, über die Größe des Weltalls und der Erde, über das Wesen der Dinge und die Gewalt und Macht der unsterblichen Götter und weihen die Jugend in diese Lehren ein."[456]

Auch hier erfolgte eine Auslese. Hintergrundwissen in religiösen Inhalten vermittelte die Antike ausschließlich an Auserwählte. Erst mit dem Zerreißen des Vorhangs auf Golgatha, so Rudolf Steiner, wurde der Zugang zum Allerheiligsten, dem höchsten Wissen, durch Christi Opfer allen möglich, die sich um den Christus-Impuls bemühten. Schließlich wurden die geistigen Inhalte letztlich erst durch Rudolf Steiners Anthroposophie vor gut 100 Jahren in verständlicher Weise ohne Zugangsbeschränkungen an die Menschen herangetragen. Heute eröffnet Heinz Grill Einblicke in die geistigen Welten.

3. „Alle Menschen streben von Natur aus nach Wissen."

Was nun den Stellenwert der Philosophie anbelangt, dürfen wir sie mit Fug und Recht die säkularisierten Mysterienweisheiten nennen, die Nachfolgerin des Götterwortes, allerdings nicht getragen von geistigen Einblicken hinter den Vorhang der irdischen Phänomene, sondern durch die

Laokoon-Gruppe von Rhodos

auf Vernunft- und Verstandesbasis gebaute Logik – also im wörtlichen Sinn ebenfalls Geisteswissenschaft.

Der Übergang von einem geheim gehaltenen Mysterium zu einem öffentlich zugänglichen Wissen benötigte einige Zeit. Auf eine frühe Phase macht uns Rudolf Steiner aufmerksam[457]: Er versetzt uns zurück in den Trojanischen Krieg, durch den der alte Priesterkönigsstaat durch die Königsherrschaft abgelöst wurde. Das neue Prinzip der Klugheit eroberte den Platz des ursprünglich sakralen Wissens. Die weltliche Klugheit repräsentiert bei den Griechen allein schon

Odysseus. Als der πολύμητις Ὀδυσσεύς (*polymätis Odysseus*), der „vielkluge", der „listenreiche" wird er bezeichnet.

Die Ablösung der Spiritualität durch den Intellekt zeigt uns eine weltberühmte Skulptur, die Laokoongruppe. Das 1,84 Meter hohe Kunstwerk wurde im 1. Jahrhundert v. Chr. von rhodischen Bildhauern geschaffen und im Nero-Haus in Rom gefunden. Die Päpste stellten sie nach ihrer Neuentdeckung in die Vatikanischen Museen.

Der Priester Laokoon warnte seine Mitbürger von Troja vor dem Pferdegeschenk der Griechen. Doch die spirituelle Weisheit musste weichen. Er wurde von den Schlangen befallen, dem Symbol der weltlichen Klugheit seit der Paradiesesgeschichte, und musste sterben.

Die Philosophie bildete den Ausgangspunkt aller Wissenschaften, die sich aus ihr als Teildisziplinen einst absonderten. Heute noch hat sie das letzte Wort, weil sie den Fragen und Problemen der Menschen auf den Grund geht.

Wir haben beispielsweise Jura, die Rechtswissenschaften, die nach Gesetz und Paragraph das Leben regeln. Allein die Rechtsphilosophie geht tiefer als das positive Recht und fragt nach dem Naturrecht des Lebendigen. Wir haben die Physik mit ihren Naturgesetzen, wir haben die Mathematik mit ihren Zahlensystemen, doch nur die Philosophie der Mathematik fragt nach der Ontologie der Zahl: Ist sie nur ein transzendentales Denkwerkzeug im Sinne Kants oder hat sie ein eigenes Wesen? Dazu gäbe es eine Reihe von Beispielen.

Grundsätzlich fand schon Aristoteles heraus: „Alle Menschen streben von Natur aus nach Wissen.“[458] Und die Philosophie sei die Wissenschaft von der Wahrheit zu nennen. Gegenüber den Naturwissenschaften lässt er keinen Zweifel offen, wem der Vorrang gebührt:

> *„Wenn es nun neben den von Natur aus bestehenden Wesen nicht ein davon verschiedenes Wesen gibt, so dürfte wohl die Naturwissenschaft die erste Wissenschaft sein. Wenn es aber ein unbewegtes Wesen gibt, so ist wohl dies das frühere und die Philosophie die erste und allgemein, weil sie die erste ist. Und es dürfte wohl ihre Aufgabe sein, das Seiende zu betrachten, insofern es ein Seiendes ist, sowohl sein Was als auch das ihm Zukommende, insofern es seiend ist.“ (VI 1026 a)*

So verfügen wir heute über mehrere Wege, um an das Wissen heranzukommen:

Naturwissenschaften	→ materielle Erkenntnis, Empirie
Glaubensinhalte	→ Offenbarung (Evangelien, Apostel)
Geisteswissenschaft	→ Offenbarung (Eingeweihte)
Philosophie	→ Wissenschaft der Erkenntnisse heute und einst

Alles ist frei zugänglich, nichts mehr geheim im Gegensatz zu früher. Wichtig für die Zukunft wird der Brückenschlag der Naturwissenschaft zur Geisteswissenschaft. Und grundsätzlich gilt, dass uns die Philosophie mit ihren Fundamenten der Ontologie, Epistemologie, Logik, Ethik und Metaphysik die Bausteine liefert, mit denen wir dann auch unseren privaten Tempel der Geisteswissenschaft solide erbauen können. Den Wert der Philosophie fasste Rudolf Steiner einmal in folgenden Worten zusammen:

> *„Sie werden vielleicht zum Teil die Dinge … schwierig finden … Jedenfalls können Sie sicher sein, dass Ihnen das außerordentlich nützlich sein wird zur Fundamentierung der geisteswissenschaftlichen Wahrheiten. Sie werden es immer wieder finden, wenn Sie wirkliche philosophische Denkungsart in sich aufnehmen, dass Ihnen diese philosophische Denkungsart nicht nur das Verständnis für die Geisteswissenschaft im Allgemeinen, sondern auch für das, was man ‚esoterische Entwickelung' nennt, wesentlich erleichtern wird. Was man mit Fug und Recht ‚Philosophie' nennt, beginnt in Wirklichkeit mit der griechischen Philosophie."* [459]

Das gilt für die klassische Philosophie.

Die Vorzeichen heute haben sich wiederum geändert. Wir befinden uns in einem technisch hochgerüsteten Informationszeitalter flüchtiger Pseudowerte. Der moderne *Homo informaticus* ist laut einer Studie im Durchschnitt drei Stunden am Tag mit seinem Handy beschäftigt. Dabei liegt Deutschland an 16. Stelle im internationalen Vergleich.[460] Was aber sind seine Inhalte? Oberflächliche Informationen, Alltagsgeplauder, gebunden an die Materie.

Im Vergleich zu diesem vorher angesprochenen Wissen der Frühzeit und Antike scheint die Menschheit nicht recht viel weitergekommen zu sein. Die Kollektivmeinung drängte sich immer stärker in den Vordergrund, das Bemühen um geistige Inhalte zeichnet dagegen weniger Interessenten aus. Paradox nur, dass früher der Zugang zu Wahrheit und Wissen von der Obrigkeit oft verwehrt war, heute im Informationszeitalter viele Türen bis hin zum Internetportal offen stehen. So manch einer hält sich angesichts des Aufwands eigener geistiger Beschäftigung wohl lieber an den Dichter Heinrich Heine, der reimte:

„Wir wollen hier auf Erden schon
Das Himmelreich errichten.
Es wächst hienieden Brot genug für alle Menschenkinder…
Den Himmel überlassen wir
Den Engeln und den Spatzen.“[461]

Leichter als einstmals haben es heute allerdings die an geistigen Inhalten Interessierten. Der Zugang zu den modernen Mysterienschulen steht grundsätzlich allen offen – und sie müssen auch nicht mehr so viel auswendig lernen wie die Schüler der Druiden und unterliegen keiner Geheimhaltung. Jeder hat heute die Möglichkeit, nach geistigen Inhalten zu streben, doch die wenigsten tun es, Rudolf Steiner sprach immer von einem „kleinen Häuflein“, das jedoch größer werde.

4. Absturz und freier Fall ohne „Letztbegründung“

Wie sieht es nun mit der Philosophie aus? Im Sinne der allgemeinen Kurzsichtigkeit für Werte wird das Leben heute oft mit dem Sein gleichgesetzt.[462] In den modernen Naturwissenschaften und materialistischen Systemen dominieren physiologisch und evolutionistisch ausgerichtete Theorien. Danach ist das Leben eine Grundbewegungsform der Materie. Absterbendes und Totes sind Phänomene der Stoff- und Energieumläufe der Natur. Man setzt als Ursprung dieser

Entwicklung die biotische Evolution mit Bildung einfachster Organismen auf 3,5 Milliarden Jahren v. Chr. an. Diese Entstehungstheorie des Lebens nach dem berühmten Urknall-Schema wird mit organisch-chemischen Verbindungen aus anorganischen Stoffen erklärt.

Die Metaphysik, die einstige Königsdisziplin der Philosophie und Erbin des alten Mysterienwissens, blieb „fast bis zu Heidegger" in den 70er-Jahren des letzten Jahrhunderts dominierend und salonfähig. Der Materialismus stieß sie dann aber endgültig vom Thron. Schon vorher hatte man an ihrem Image gekratzt, vor allem Kant, der die Erkenntnisfähigkeit des Menschen auf die Empirie, die naturwissenschaftlich messbaren Parameter, reduzierte. Schlimmer waren seine Nachfolger, die eine metaphysikfeindliche Philosophie betrieben.

Die metaphysische Reflexion blieb anthropozentrisch fixiert, beispielsweise von der Sorge und Angst vor dem bevorstehenden Tod geprägt. Sie wandelte sich in Ethik, in praktische Philosophie, wo sie konsolatorisch wurde, stellte Norbert Schneider in seinem „Grundriss der Geschichte der Metaphysik" fest.

Also sie entwickelt Trostmuster wie schon Boethius[463], der um 500 eine Schrift „De consolatione philosophiae" verfasste. Der Stoiker Seneca sprach davon in „De brevitate vitae" und den „Epistulae morales". Über die Jahrhunderte suchte man die Seele als separierbare, inkurruptible Substanz anzuerkennen, eine Seele, die beim Zerfall des Körpers ein Weiterleben des Bewusstsein bewahrenden Lebens garantiert.

Doch damit machte der moderne Biologismus[464] im Dienste des Materialismus Schluss, wie Norbert Schneider folgert:

„Mit der Destruierung der substanzialistischen Seelenvorstellung durch die moderne Psychologie und mit der gehirnphysiologischen Theorie einer koinzidentiellen Koppelung der Bewusstseinsphänomene an neuronale Prozesse ist diese Zwei-Substanzen-Lehre nach vorherrschender wissenschaftlicher Auffassung in die Obsoleszenz[465] geraten."

Vor diesem Dogma kuschten die Professoren und Organisatoren der philosophischen Fakultäten mittlerweile weltweit: Die Philosophie wurde ihrer Essenz beraubt und auf die materielle Logik beschränkt. Was ihr einst als Wichtigstes galt, die Frage nach dem Urgrund aller Dinge, ist endgültig gestrichen und verpönt. Wer sie anspricht, gilt als von gestern.

Das führte so weit, dass sogar Kant heute im Widerspruch zu den aktuellen Tendenzen in Philosophie, Wissenschaft und Politik steht, wie der Kant-Experte Otfried Höffe feststellt.[466] Denn „der logische Positivismus und die analytische Philosophie bestreiten streng erfahrungsfreie Elemente und fordern ebenso wie der Strukturalismus einen Verzicht auf jede Letztbegründung".

Zur Erklärung: Der „logische Positivismus" wird auch „empirischer Positivismus" genannt. Er lässt in seiner strikt antimetaphysischen Haltung nur die empirische Materie als Maßstab gelten. Er wird untermauert vom Logizismus eines Gottlieb Frege und erkennt nur Aussagen an, die auf „Beobachtungssätze" zurückzuführen sind.

Die analytische Philosophie kooperiert mit dem logischen Positivismus und gestaltet sich durch die Alltagssprache. Das war nach dem Zweiten Weltkrieg die angloamerikanische Antwort auf die europäische Traditionsphilosophie. Sie lehnte jede Fragestellung in Richtung Transzendenz als sinnlos ab. Diese „Philosophie der normalen Sprache“ schaffte auch den Begriff zugunsten des „sprachlichen Ausdrucks“ ab und zerpflückte ihn analytisch auf seine Bestandteile.

Also: Eine „Letztbegründung“, warum etwas so oder so und warum es überhaupt ist, wurde von der Agenda der modernen Philosophie gestrichen. Die Essenz, das Wesentliche, das Herz der Philosophie fehlt dieser rein materialistischen Version der Moderne. Die Seinsvergessenheit, die Heidegger der Gesellschaft attestierte, wurde von den Fakultäten der Philosophie damit auch amtlich bestätigt.

Was lernen wir aus diesem Phänomen? Wir stehen nicht wieder am Anfang, aber an einer bedeutenden Schwelle zur Neuorientierung. Wie die antike Philosophie eines Platon die Anregung der Mysterien zu Hilfe nahm, so benötigt die Philosophie der Moderne die neue Erkenntnis durch die Geisteswissenschaft, um wieder zur Wahrheit vorzudringen.

XIII. Das Aufsuchen der Wahrheit

1. Das „Ding an sich“: Wesen oder Schall und Rauch?

Eine Binsenwahrheit ist es, dass die Wahrheit nicht dadurch zu entdecken ist, wenn wir nur etwas anschauen, hören, fühlen, also mit den Sinnen erfassen. Wie die Philosophen längst bemerkt haben, zählt die Kombination: das Wahrnehmen und das Erkennen. Wenn ein Amazonasindianer beispielsweise noch nie einen Kühlschrank gesehen hat und plötzlich einen zu Augenschein bekommt, verfügt er nicht über die Wahrheit dieses Gegenstandes. Das sinnliche Erfassen braucht den Begriff.

Ein weit komplizierterer Vorgang ist es, wenn wir die Umsetzung der äußeren Wahrnehmung in unserem Inneren nachvollziehen wollen. Wir hören den Vogel am Baum zwitschern – ein seelisches Erleben, das übrigens außerhalb unseres Körpers stattfindet. Über Sinne und Nerven wird die Wahrnehmung durch unsere innerleibliche Organisation weitergeleitet. Die Geisteswissenschaft erkannte, dass diese verarbeitete Information von außen auf den Astralleib gespiegelt wird, damit sie voll in unser Bewusstsein gelangt. Wir können sie sogar später wieder abrufen, da sie auch im Ätherleib abgespeichert wurde.

Der Wahrnehmungs- und Erkennungsprozess erfolgt über Bilder und Gedanken. Daraus können wir uns später, wenn wir uns an eine frühere Wahrnehmung erinnern, eine Vorstellung bilden, die ganz wörtlich, wenn wir die Augen schließen, vor uns „gestellt“ ist. Es gelingt uns sogar, Unbewusstes in das Tagesbewusstsein heraufzuholen. Dabei gehen wir vor wie der Mensch in der Frühphase, als er nur ein Bilderbewusstsein, aber kein Gegenstands- oder Begriffebewusstsein hatte: Vor uns taucht zunächst das Bild auf, dann erst finden wir die Gedanken und Worte dazu. Eine Erfahrung der Geisteswissenschaft besagt, dass bewusst Wahrgenommenes den Astralleib stärkt, unbewusst Abgespeichertes, das in unsere Tiefenorganisation hinuntersinkt, aber schwächt.

Schon im Mittelalter führten die Philosophen der Scholastik spitzfindige Debatten über den Stellenwert von Wahrnehmung und Begriff. Damals wie heute gilt: Man kann vieles wahrnehmen, mit Definitionen und Erklärungen „begreifen", hält man dann aber die Wahrheit schon in Händen? Inwieweit täuschen wir uns? Inwieweit werden wir getäuscht? Beredtes Zeugnis über den Wert von Aussagen, Benennungen und Erklärungen legt der Universalienstreit ab. Die Koryphäen der Scholastik, Albertus Magnus[467] und Thomas von Aquin[468], brachten es auf einen Nenner, wie Rudolf Steiner betont: „Welche Realität haben die abstrakten Begriffe?"[469]

Das „Universale" als philosophischer Begriff stammt vom lateinischen „*universalis*" im Sinne von „allgemein". So versteht man in den Sprachwissenschaften beispielsweise unter „Sprachuniversalien" „allgemein" gültige Eigenschaften, die alle Sprachen haben, dass sie aus Verba, Tätigkeitswörtern und Nomina, Hauptwörtern, aus Konsonanten und Vokale bestehen, dass sie nicht vererbt werden können, sondern erlernt werden müssen und so weiter.

Fassen wir die Universalie einfach als Begriff auf und nehmen als Beispiel eine Kuh. Wir sehen sie. Gleichzeitig zur Bildaufnahme schaltet sich das Denkvermögen ein und wir haben den Begriff Kuh, weil es wohl nicht die erste ist, die wir sehen. Wir erleben etwas, was dem Äußeren nicht anzusehen ist. Wo befindet es sich? Innen drin? Ja, sagen die Scholastiker, das sind die „*Universalien in re*“, der „Allgemeinbegriff“ in der Sache.

Hegel erweitert die Sicht: Der Begriff ist das „eigene Selbst des Gegenstandes, das sich als sein Werden darstellt“.[470] Der Begriff, die gesamte spekulative Theorie, sei nötig, damit „das, was ist, in seinem Sein ein Begriff sein kann“. Über die existentielle Wahrheit der Kuh, wie wir sie auf der Weide sehen, werden sich weder Realisten noch Idealisten streiten. Wie steht es aber um den Begriff? Platon würde sagen: Die Wahrheit dieser Kuh wäre nie zustande gekommen, wenn sie nicht von einer transzendenten Idee verwirklicht worden wäre.

Die Idee, den Begriff, sehen wir nicht. Wie steht es um seine Wahrheit? Sollen wir hier Goethe zitieren? „Gefühl ist alles; Name ist Schall und Rauch.“[471] Das sagten die Nominalisten schon zur Zeit der Scholastik. Schon Roscelinus[472] überraschte mit einer radikal materialistischen Sichtweise: Nur was die Sinne wahrnehmen, gibt es. Begriffe dagegen seien „*flatus vocis*“ („Schall und Rauch“). Auf der Synode von Soissons (1092) musste er widerrufen, weil er den Nominalismus auch auf die Trinität ausgedehnt hatte. Der Begriff der Dreifaltigkeit, meinte er, sei ebenfalls nur „*ars vocalis*“ (Wortkunst), „Schall und Rauch“. Wenn, dann gäbe es eben drei Götter nebeneinander – das hieß „Tritheismus“ statt „Trinität“.

Betrachten wir den Begriff, die Idee, vor seiner Verwirklichung in der materiellen Gestalt und hören dazu Rudolf Steiner: „In dem Universell-Wesenhaften, wie es vor seiner Verwirklichung in den Einzeldingen besteht, muss eine rein geistige Daseinsstufe gedacht werden. Für die Geisteswissenschaft sind die Universalia ante rem (*ante rem*: vor der Sache, der Materie, dem Ding) Ergebnis der übersinnlichen Anschauung."[473]

Und so funktioniert das praktisch: Will ein Schreiner einen Stuhl herstellen, muss er sich vorher Gedanken über seine Funktionen machen. Erst diese Idee auf geistiger Ebene verhilft ihm zur Umsetzung eines Stuhles in der Materie. Ist die Idee weiterhin Wahrheit? Weiter im Stuhl drin? Das fragten sich die Philosophen und kamen auch zu Kompromissen, dass dieser Allgemeinbegriff nichts mehr mit der sinnlich fassbaren Realität zu tun habe, sondern vom Verstand des Menschen geschaffen sei und somit nur „semantisch existent" sei, also als Symbol, Zeichen.[474]

Diese Problematik sei im wahrsten Sinne des Wortes liegengeblieben, so der Philosoph Nicolai Hartmann: „So haben die Meister der Scholastik im Universalienstreit eine Problematik des Allgemeinen und Individuellen in der Welt entwickelt, die zugleich die des Idealen und Realen sowie des Soseins und des Daseins mit umfasst. Auf ihrer Höhe brach sie ab, der große Streit kam nicht zum Austrag, die aufgerollten Probleme sind liegengeblieben, obgleich sie implicite in fast allen größeren Versuchen der Neuzeit enthalten sind."[475] In der Moderne habe man übersehen, „dass es hier um echte ontologische Fundamentalprobleme ging".

Noch deutlicher wurde Kant: Das „Ding an sich" sei nicht feststellbar. So zähle nur das Phänomen, also was sich uns nach außen hin zeigt. In der Neuzeit wurde dieser Nominalismus zur Doktrin der Naturwissenschaften. Das hatte nach Rudolf Steiner zur Folge: „Sie baute ein großartiges System von Anschauungen der sinnfälligen Welt auf, aber sie vernichtete die Einsicht in das Wesen der Ideenwelt." Der spirituelle Lehrer Heinz Grill folgert: „Mit all den materiell gegebenen Umständen" sei ein „verzaubertes Wesen" gegeben: „Die Materie ist nicht nur Materie, sondern es sind Wesen in der Materie gebunden und geben gewisse äußere atmosphärische Bedingungen wieder."[476]

Hegel bestätigt aus seiner philosophischen Sicht den Begriff, die Idee als ein inneres bewegendes und darin identitätsstiftendes Prinzip der Sache, ihr Wesen, ihre Subjektivität. Das verstehe man am leichtesten bei Begriffen wie Leben, Ich, Freiheit, die alle „nur zugleich mit der Sache" sind. Im Jahre 1914 schrieb in diesem Sinne Rudolf Steiner eine Widmung nieder:

Es freuet sich das Menschenauge
Am Schein der leuchtenden Sonne.
So freue sich die Seele auch
Am Gottesgeiste, der in allem lebt
Als die unsichtbare Sonne,
Die jedem Wesen liebend leuchtet.[477]

Ist das die Wahrheit? Haben wir die geistigen Wesenheiten also doch als tägliche unsichtbare Kollegen unseres Daseins? Die Wesen als Idee, bevor sie sich in der Materie *ante rem* verwirklichen, vor der Sache, dann als Begriff im Objekt *in re*, in der Sache, und im Nachhinein als Erinnerung, wenn wir die Vorstellung und den Gedanken wieder heraufrufen, *post rem*, nach der Sache.

2. Das Sein des Scheins und das Wesentliche

Begeben wir uns weiter auf die Fährte der Wahrheit, weisen uns die klassischen Philosophen und die Geisteswissenschaft den Weg nach dem Wesen. Das althochdeutsche „*Wesan*“ drückt das Verweilen an einem Ort aus. Schon im Altgermanischen soll die Infinitivform des „*sin*“ bestanden haben. Althochdeutsch klingen das „*Ih was*“ („ich war) an, das „*weset*“ („seid) und ein „*wesanti*“ als „seiendes“. Diesen Wesensbegriff hören wir auch aus dem Lateinischen in *Vesta* heraus, der Göttin des häuslichen Herdes, die uns das „Anwesendsein“ nachvollziehen lässt.

Nach Aristoteles ist das Wesen die erste Substanz, bei Platon steht es ganz oben als die Idee, das Urbild der Dinge im Geist. Auf den ersten Blick kompliziert scheint Hegels Definition: Das Wesen ist die einfache Unmittelbarkeit als aufgehobene Unmittelbarkeit.[478]

Das ist folgendermaßen aufzulösen: Wir treten als Subjekt einem Objekt gegenüber und befinden uns dadurch zwei „Unmittelbarkeiten“ gegenüber, die so heißen, weil sie einfach da sind ohne weitere Erklärung und Vermittlung. Diese zweifache Unmittelbarkeit besteht aus dem sichtbaren Physischen und dem unsichtbaren Wesen unseres Gegenübers. Wir sehen also einen Baum und haben einerseits das materielle Erscheinungsbild mit Ästen, Stamm und Laub, andererseits das Wesen vor uns. Das Erste, das somit unmittelbar vor uns steht, die Erscheinung, das Phänomen, ist uns sichtbar. Das Zweite, das Wesen, nicht. Also müssen wir eine Unmittelbarkeit aufheben, die der Physis, um an die einfache Unmittelbarkeit des Wesens zu gelangen.

Damit handeln wir ganz bildlich im Sinne der Wahrheit, der Alätheia, die, wie wir etymologisch erklärten, aufdeckt, den Vorhang hebt, um dahinter zu schauen. Und somit sind wir am „Wesentlichen". „Die Wahrheit des Seins ist das Wesen", betont Hegel und kritisiert damit Kant, der rein reflexionslogisch, also über Gedankenkombinationen, die Erkennbarkeit dieses Inneren, des „Dings an sich", anzweifelt. Das ist eine ontologische Frage, so Hegel, eine Frage nach dem Sein. Das eine nämlich bedingt das andere. Die Erscheinung ist das Erscheinen des Dings an sich. Gäbe es dieses auslösende Moment des zugrunde liegenden Wesens nicht, das erscheinen möchte, käme es zu keiner Erscheinung. Hinter dem Phänomen ist also die Ursache des Seins der Erscheinung.

Das unmittelbare Sein ist also zunächst das Unwesentliche, der Schein. Dahinter haben wir das aufgehobene Sein, das Wesen. Das Sein der Erscheinung existiert nicht selbständig, sondern nur in Relation auf seine Ursache, sein Wesen. Wir finden demnach immer zwei Unmittelbarkeiten auf, die des Phänomens und die der wesenslogischen Wirklichkeit.

Ein weiterer schwieriger Passus der Hegelschen Wesenslogik birgt die Aussage: „Sie [also die lebendige Substanz, die sich als Wissen entfaltet] ist als Subjekt die reine *einfache Negativität.*"[479] Substanz und Subjekt werden hier gleichwertig. Die Substanz hat ein ideelles Zentrum, eine ausdehnungslose und symbolische Einheit, das Wesen. Diese Substanz – nehmen wir als Beispiel das Holz des Baumes – entfaltet sich als Subjekt. Hier müssen wir unser geistiges Vorstellungsvermögen bemühen: Das Holz tritt quasi aus sich heraus und erkennt: „Ich bin ja nicht nur dieses Holz – ich bin ein Baum!" Das ist die reine, einfache Negativität, die Entzweiung des Einfachen. Den Vorgang nennt Hegel auch „ … die Reflexion im Anderssein in sich selbst" – das „ist das Wahre."

Der Geldschein bietet sich für eine differenzierte Betrachtung von Sein, Schein und Wesen geradezu an.[480] Das Wesen des Wesens ist zu bestimmen, das heißt allgemein Unterscheiden. Der Geldschein ist ein Stück Papier, an dem das Wesentliche nicht ist. Es handelt sich generisch[481] um einen Schein „an sich"[482]. Er tritt nach außen als Phänomen im „Für-andere-Sein" beispielsweise als blauer Schein mit Grafik und der Aufschrift „20 Euro" dem Betrachter entgegen. Das ist die erste Negation wie beim Holz: Die Substanzialität des Typus Schein wird sich bewusst, nicht bloß Stück Papier zu sein. Im Bewusstwerden beider Momente, der Scheine-Existenz und der Wert-Existenz, kommt es philosophisch ausgedrückt zum „An-und-für-sich-Sein"[483], dem Begriff des 20-Euro-Scheins, der in seinem Wesen den Wert von 20 Euro aufweist. Also: „Das Wesen ist Reflexion ..., worin das Unterschiedene schlechthin nur als das an sich Negative, als Schein bestimmt ist."[484]

So verstehen wir, wenn die Philosophie des Idealismus zu der Einsicht kommt, dass hinter allem Sein ein Anderes steht, etwas, ein Wesen, auf dem es beruht – ein Absolutes. Absolut deshalb, weil es vom Materiell-Irdischen losgelöst ist. Es teilt nicht den Werdecharakter des Seienden, dessen, was ist. Und das, was ist, das Seiende – in unseren Beispielen Baum, Geldschein – ist die Erscheinung des Wesens, das Phänomen. So kam es zur polaren Wertebestimmung: Das Phänomen, die Erscheinung ist das Vergängliche. Ihm gegenüber steht das Wesen als das Ewige, so Hegels Konsequenz: Das Absolute ist das Wesen. Alles fällt in diese Wertekategorie über den Weg der Dialektik. In der Reflexion, der Entzweiung seiner selbst, der Rückkehr in sich, wird das Wesen entdeckt. So birgt jedes Ding seinen Widerspruch. Es ist nicht das, wonach es ausschaut. Um sich zu erkennen, zu ergründen, muss es auf den Grund gehen. Hegel sagt „zugrunde gehen", um dann in der Erkenntnis seines Wesens neu zu erstehen. So ist die weise Philosophenregel bewahrheitet: *Omnis determinatio est negatio*, jede Definition ist eine Negation: In der Bestimmung wird das festgestellt, was es nicht ist.

Sind wir damit bei der Wahrheit angelangt? Wir wissen zumindest nach Vorgabe der klassischen Philosophie, wo wir zu suchen haben, wo wir sie finden können: Wir müssen den Vorhang lüften und hinter das Phänomen schauen, „das sich zeigt", hinter den äußeren Schein, um das Wesentliche zu finden.

3. Die Wahrheit als Momentaufnahme des Gewordenen

Den Begriff der Realität übertrug Meister Eckhart[485] von der lateinischen *„realitas"* (Realität) und der *„res"* (Ding) in die deutsche „Wirklichkeit". Für den in aristotelischer Logik geschulten Universitätsdozenten Eckhart galt selbstverständlich, dass *„res"* als da seiendes Ding, das uns als Phänomen erscheint, in der „Wirklichkeit" im Sinne der ἐνέργεια (*energeia*, wovon sich unsere „Energie" ableitet, die lateinische *actualitas*), in das tätige Sein übergeht, das „wirkt", also Wirkungen hervorruft.

Dieser Wirklichkeit entgegengestellt sieht Aristoteles die Potenz, die Möglichkeit, die er wiederum unterscheidet. Um zu Wirkungen zu kommen, braucht es eine aktive Potenz und eine passive Potenz. Unter der aktiven dürfen wir zum Beispiel einen Künstler verstehen, der sein Können verwirklicht. Die passive Potenz ist dagegen noch latent,

„verborgen drinliegend", so im Holz, aus dem sich gar manches fertigen lässt.

Bei der Beurteilung der Wahrheit begeht die Philosophie nach Rudolf Steiner häufig den Grundirrtum, die Sinneswelt als fertige Wirklichkeit anzusehen. Das sei eine Scheinwirklichkeit, da die Sinneswelt ohne Denken nur ein Aggregat von Empfindungen beinhalte. Zwischen Denken und Wahrnehmen, Idee und Erscheinung, bestehe eine tiefe Kluft. Diesen „Chorismos" debattierte man bereits an Platons Akademie, darunter die „Freunde der Ideen" (οἵ τῶν εἰδῶν φίλοι, *hoi ton eidon philoi*).[486]

Die Wirklichkeit ist dem Menschen also nicht von Haus aus gegeben. Er findet sie in zwei Hälften vor – wie die zwei Unmittelbarkeiten des Wesens und der Erscheinung bei Hegel –, die er verbinden muss. Darin besteht seine Freiheit, aber auch seine Leistung beim Auffinden der Wahrheit. Durch diese Beteiligung des Menschen am Auffinden der Wahrheit greift er gestaltend ein. Das bezeichnet man Anthropomorphismus.

Rudolf Steiner erklärt dazu:

> *„Der Mensch muss die Dinge aus seinem Geiste sprechen lassen, wenn er ihr Wesen erkennen will. Alles, was er über dieses Wesen zu sagen hat, ist den geistigen Erlebnissen seines Innern entlehnt. Nur von sich aus kann der Mensch die Welt beurteilen. Er muss anthropomorphisch denken. In die einfachste Erscheinung, z. B. in den Stoß zweier Körper bringt man einen Anthropomorphismus hinein, wenn man sich darüber ausspricht. Das Urteil: ‚Der eine Körper stößt den andern', ist bereits anthropomorphisch. Denn man muss, wenn man über die bloße Beobachtung des Vorganges hinauskommen will, das Erlebnis auf ihn übertragen,*

das unser eigener Körper hat, wenn er einen Körper der Außenwelt in Bewegung versetzt. Alle physikalischen Erklärungen sind versteckte Anthropomorphismen. Man vermenschlicht die Natur, wenn man sie erklärt, man legt die inneren Erlebnisse des Menschen in sie hinein. Aber diese subjektiven Erlebnisse sind das innere Wesen der Dinge. Und man kann daher nicht sagen, dass der Mensch die objektive Wahrheit, das ‚An sich' der Dinge nicht erkenne, weil er sich nur subjektive Vorstellungen über sie machen kann." [487]

Das „wirklich Geistige" spreche sich im Menschen selber aus.[488] Vorsicht ist natürlich bei den sogenannten Alltagswirklichkeiten geboten. Die vertraute Selbstverständlichkeit lässt uns vieles erkennen, wenn die oder jener zur Tür hereingeht, das oder jenes passiert, ohne dass wir Begriff und Namen erst hinterfragen müssen. Für die Erkenntnis der Wahrheit liegt die Gefahr dann im Erkenntnisautomatismus, dem allzu Vertrauten, das auch zu voreiligen Trugschlüssen führen kann.

Sinnesereignis und geistige Erkenntnis führen zur vollen Wirklichkeit. Dieses geistige Schaffen nennt Rudolf Steiner die höchste Tätigkeit des Menschen. Er sei dadurch im Weltgeschehen nicht müßiger Zuschauer, sondern Mitschöpfer … „das Erkennen ist das vollendetste Glied im Organismus des Universums".[489] Demnach ist die Wirklichkeit nie als etwas Fertiges in der Welt bereits vorhanden. Das deutete Goethe an mit den Worten „Alles Faktische ist schon Theorie." [490] Wenn der Mensch ein äußeres Faktum betrachte, offenbare sich im menschlichen Geist etwas Ideelles.

Dabei fallen die verschiedenen Perspektiven ins Gewicht. Vier Bergsteiger erzählen von ihren Erlebnissen am gleichen

Berg, der eine aus der Nordwand, der andere von der Süd-, der dritte von der West- und der vierte von der Ostseite. Die Beschreibungen hören sich an wie von vier verschiedenen Bergen und sagen doch die Wahrheit über den einen gleichen Berg aus. Der Verstand zerschneide die Wirklichkeit ganz individuell, folgert Rudolf Steiner, die Vernunft füge zusammen. Das Verstandesdenken sei an das physische Gehirn gebunden und befasse sich mit dem Gewordenem, dem Fertigen in der Welt. So gilt das bisher Gewordene nur als Teil des Ganzen, dem, was es einmal werden soll, und darf nicht als Wahrheit deklariert werden. Tote Wahrheiten sind also die Naturgesetze der physischen Welt. Alle Naturwissenschaft gleicht damit dem Sezieren von Leichen, der klassischen Obduktion des Gewordenen.

4. Die biologische Evolution: Wissen als Überlebensstrategie?

Den Philosophen fiel es schon immer schwer, exakt gültige Erkenntnis zu begründen. Stimmt das, was ich sehe, wahrnehme? Unterliege ich der Täuschung eines Phänomens, der Fata Morgana? Ist das Leben nur eine Illusion, ein Traum? Wie steht es um meine Gedanken, mein Erkenntnisvermögen? Kombiniere ich richtig? Trotz aller technischen Möglichkeiten steht die postmoderne Gegenwart des 21. Jahrhunderts in der Beantwortung der Grundsatzfragen des Daseins nicht recht viel klüger da, als zur Zeit eines Sokrates, Platon und Aristoteles.

Nur der Blickwinkel auf Kosmos und Welt änderte sich, wozu die Philosophen wesentlich beitrugen. „Die Philosophie der Gegenwart leidet an einem ungesunden Kant-

Glauben", stellte Rudolf Steiner fest.[491] Mit seiner „kopernikanischen Wende" drehte Kant nämlich alles um. Auf einen Nenner brachte das der Kant-Experte Otfried Höffe: „Nach einer philosophischen Tradition, die bis zu Parmenides und Platon zurückreicht, erkennt man das ‚eigentlich Seiende' nur dort, wo sich das Denken von jeglicher Beschränkung durch die Sinne befreit."[492] Das wahre Sein, bei Platon die Idee, öffne sich allein dem „reinen Denken", während das Wissen, das durch die Sinne vermittelt ist, bloß ein „uneigentlich Seiendes", „nur Erscheinung" erkenne.

Kant drehe diese Bewertung um: „Die durch die Sinne und dem Verstand vermittelten Erscheinungen sind der einzig objektive Gegenstand, das einzig für uns Seiende, während bloßes Denken zu keiner Erkenntnis fähig ist." Das, was es „an sich" gäbe, ohne dass wir es mit Sinnen und Verstand wahrnehmen können, z.B. das Wesen einer Sache, sei für uns nicht mehr greifbar. Das „Unbedingte", das also, was ohne selber eine Bedingung zu haben, dass es da ist, von Haus aus da ist, das könne zwar gedacht, aber nicht erkannt werden.

Mit diesem rigorosen Schnitt reduzierte Kant das für den Menschen Erkennbare auf die sinnlich wahrnehmbare, empirisch nachprüfbare Daseinswelt. Alles andere entziehe sich dem Erkennen. Diese Zäsur gilt heute noch: Der Wissenschaft mit ihren Experimenten bescheinigt die Öffentlichkeit, allen voran Politiker und Medien, aber auch die meisten Bürger unseres Zeitalters allgemeine Gültigkeit. Die Metaphysik auf ihrem geistigen Fundament dagegen verweisen heute schon die Fakultäten der Universitäten in die Ecke der Spekulation, sodass eine Kenntnis von ihr nur noch zu philosophisch Interessierten gelangt. Es geht in dieser Differenzierung nicht darum, das eine gegenüber dem anderen zu gewichten. Wie oft unterstrich Rudolf Steiner den hohen

Stellenwert exakter naturwissenschaftlicher Forschung nach aktuellen Kriterien! Dadurch allerdings, dass Kants Kritik der „reinen Vernunft“ und die daraus folgende wissenschaftliche Praxis die transzendente Forschung im Erlangen greifbarer und begreifbarer Ergebnisse in die zweite Reihe verwiesen haben, sank auch der Stellenwert der Metaphysik. Um sich der Wahrheit anzunähern, braucht es aber den vereinten Ansatz aus materieller und geistiger Basis.

Lediglich eine Fortsetzung davon ist heute die analytische Philosophie aus dem anglikanischen Bereich, die sich vor allem nach dem Zweiten Weltkrieg gegen die Kontinentalphilosophie aufstellte. Die neuen Antworten wollte man in umgangssprachlichen Aus-drücken finden. Die Philosophie richtete sich nach den empirischen Wissenschaften aus und warf der traditionellen Entwicklung „Kategorienfehler“ vor, den Kampf um Scheinprobleme, da ja doch alle metaphysischen Fragen sinnlos seien, Sprechakttheorien.

So nahm auch der „logische Positivismus“ der Moderne eine empirische und antimetaphysische Position ein. Anerkennen wollte man nur noch „Beobachtungssätze“. Aus der intersubjektiven Konvention erhoffte man Erkenntnisse der Wahrheit, also wenn mehrere Menschen (Subjekte) untereinander (*inter*) ihre Vorstellungen austauschen. Federführend war anfangs ab 1923 der „Wiener Kreis“, der im Austausch mit amerikanischen Philosophen stand und neben einer neuen Sachlichkeit die austromarxistische Richtung einschlug, die sich inzwischen durch das Scheitern des Marxismus selbst widerlegte. Auch hier Kants Postulat: Alles Wissen müsse auf materielle, sinnliche Wahrnehmungen zurückgeführt werden.

Das legt die Parallele von Nietzsches Frohlocken in der „Fröhlichen Wissenschaft“ nahe: „Das größte Ereignis, dass

Gott tot ist, beginnt bereits seine ersten Schatten über Europa zu werfen. Wir Philosophen und ‚freien Geister' fühlen uns bei der Nachricht, dass der ‚alte Gott tot' ist, wie von einer neuen Morgenröte angestrahlt, unser Herz strömt dabei über von Dankbarkeit, Erstaunen, Ahnung, Erwartung – endlich … jedes Wagnis des Erkennenden ist wieder erlaubt …" – Ist Gott wirklich tot, nur weil ihn die moderne wissenschaftliche Methode mit ihren Maßstäben und Kategorien nicht messen kann? Ist die Metaphysik, die klassische Philosophie nicht mehr relevant[493], weil sie nur transzendental über Logik und Gedanken nachzuvollziehen ist und nicht über die modernen Beobachtungessätze der analytischen Philosophie?

Im Gegensatz zu den modernen und postmodernen Philosophen hatte Kant die „natürlichen Fragen" nach dem Anfang der Welt und der Existenz Gottes gelten lassen. Bei ihrer Beantwortung verwickle sich die reine Vernunft, die Theorie, zwar in Widersprüche, die praktische Vernunft aber, die Moralphilosophie, brauche sie. Dazu sei das Wissen aufgehoben, um Platz für den Glauben zu haben, somit auch für die heute gemiedene „Letztbegründung".

Traditionell fasst Kant das Erkennen der Wahrheit nach der korrespondierenden Übereinstimmung von Gegenstand und Erkenntnis auf. Da aber die Kategorien, die Aussagen zu allem, im erkennenden Subjekt wurzeln, nicht in den Gegenständen, habe der Mensch keinen Zugang zum „Ding an sich".[494] Alles Erkennen habe Erscheinungscharakter. Das heißt, wir erlangen über ein uns gegenübertretendes Objekt, sei es ein Mensch, ein Baum oder ein Auto, nur Gewissheit durch unsere eigene Ausstattung mit den Sinnen und erfahren immer nur die „Wahrheit des Gegenstandes, wie er sich für uns darbietet, nicht wie er an sich ist".

Was über die empirisch messbare Erfahrung und Wahrnehmungsmöglichkeit hinausgeht – z. B. wohin die Seele nach dem Tod geht –, „jenseits der Gegenstände möglicher Erfahrung", dazu können wir keine gültige Aussage mehr treffen. Ob es ein Leben nach dem Tod gibt, darüber kann nach Kant kein Mensch etwas Gewisses sagen. Es sei jedoch genauso unlogisch, wenn jemand sagt, es gäbe kein Leben nach dem Tod. Denn woher will der das wissen?

Zu den grundsätzlichen Voraussetzungen, den berühmten „Aprioris", zählt nach Kant neben Raum und Zeit – wir denken generell im Rahmen von Raum und Zeit, können uns in die Dimension ohne Raum und Zeit nicht hineindenken – auch die Kausalität nach dem alten philosophischen Grundsatz *„Nihil sine causa fit"*, Nichts geschieht ohne Grund. Die nach Kant einer Regel unterworfene Folge von Erscheinungen, das Gesetz der Verknüpfung von Ursache und Wirkung schien durch die moderne Quantentheorie ins Wanken geraten, sodass sich für die Wahrheitserkenntnis der Determinismus, die Vorbestimmtheit, der klassischen Physik in einen Indeterminismus wandelte. Otfried Höffe zitiert hierzu Heisenberg: Durch die modernen Wahrscheinlichkeitsgesetze wurde das Kausalitätsprinzip nicht überholt, doch Ursache und Wirkung lägen im subatomaren Bereich anders.

Woher aber hat der Mensch überhaupt seine geistigen Kapazitäten, die ihn über Tier- und Pflanzenwelt hinausheben? In Beantwortung dieses Rätsels stieß die moderne Wissenschaft den Menschen ebenfalls vom Thron. Aus der einstigen „Krone der Schöpfung" wurde ein etwas weiter entwickeltes animalisches Wesen gleichrangig mit all den anderen Tieren. In der Auseinandersetzung um diese Wahrheiten liegen sich heute die transzendentale und die evolutionäre Erkenntnistheorie in den Haaren. Unter „transzendental", also das

Irdische überschreitend, versteht man das „alte Modell" der Erkenntnis als eine „uns verborgene göttliche Tätigkeit in uns".[495]

Die evolutionäre Version, die sich biologisch von Generation zu Generation „entrollende" Entwicklung, bezeichnet den „Erkenntnisapparat" des Menschen als ein Ergebnis der biologischen Evolution. Da entsteht und bleibt das Denken im Sinne Friedrich Nietzsches „perspektivisch, leibbedingt". Es fehlt nicht an Warnungen vor dieser Einseitigkeit, die neben anderen der Physiker, Psychologe und Philosoph Peter Janisch zitierte.[496] Die Evolutionsbiologie als Erkenntnistheorie zu etikettieren, könne auch zu Irrtümern führen, vor allem wenn die Erklärungen nur „in physikalischen Parametern" erfolgten. Wahrheit bemesse sich nicht allein aus Natur und Technik: „Unterscheidungskriterien zwischen Erkenntnissen und Nichterkenntnissen betreffen also immer Behauptungen und fallen demnach zusammen mit der Frage nach den Wahrheitskriterien von Aussagen." Die Evolutionsbiologen beschrieben die Evolution vom Urknall ausgehend, „als wären sie höchstpersönlich dabei gewesen".

Schon mit Aufgabe des geozentrischen Weltbildes und Etablieren des heliozentrischen, das die Sonne als Mittelpunkt des Universums sieht und bereits in der Antike von Aristarch von Samos begründet wurde, später von Kopernikus, verlor der Mensch seine Sonderstellung als Mittelpunkt der Schöpfung. Die evolutionäre Erkenntnistheorie nimmt ihm nun auch den göttlich-geistigen Status. Man spricht von der Kontingenz[497] der Struktur: Alles habe der Zufall arrangiert. Kein Fünkchen Geist wird dem Menschen mehr als A-priori-Fähigkeit zugestanden – alles biologisch. Die Fähigkeit des Erkennens wächst im Zuge der Durchsetzung ums Überleben. Ein Mutations-Selektions-Schema, also Auswählen und

Verändern, führe zur steten Anpassung. Daraus habe sich auch die geistige Fähigkeit des Erkennens aufgebaut.

Den Begriff der Koevolution prägten schon vorweg die Biologen mit einleuchtenden Beispielen. So produzieren Pflanzen Alkaloide, chemische Basisstoffe, zur Abwehr von Raupen. Die Raupen passen sich an, werden resistent gegen diese Alkaloide. Im nächsten Schritt produzieren die Pflanzen eine neue Version dieser Abwehrstoffe. Die Fähigkeiten im Kampf ums Überleben vererbten sich von Generation zu Generation. Demnach sei die evolutionäre Erkenntnis a priori ontogenetisch, also von Haus aus in Form der Vererbung dem Menschen gegeben, und zudem a posteriori phylogenetisch, im Nachhinein des Lebensgangs über die Verwandtschaft übernommen. Kant sprach von „angeborenen" und „präformierten" Fähigkeiten des Menschen. Die Streitfrage blieb seitdem unbeantwortet, ob der Mensch seine Erkenntniskapazitäten genetisch, durch Gene und Geburt, bereits vorgebildet und vererbt oder erst epigenetisch, nach der Geburt, im geschichtlichen und gesellschaftlichen Lernprozess erhält.

Für das Ergebnis, die Wahrheit, scheint es einerlei: Ob geistig, angeborener Intellekt oder empirisch, biologisch im Selektionskampf ergattert – empirische wie transzendentale Erkenntnis ist gleichermaßen „hypothetisch und fallibel", keineswegs mit absoluter Sicherheit.[498] Die „Biologen" unter den Erkenntnistheoretikern sollten aber bedenken, dass sich der Geist des Menschen mit all seinen kulturellen, wissenschaftlichen, philosophischen und literarischen Errungenschaften keineswegs nur am blanken Überlebenskampf ausrichtete. Nachdenken, Reflektieren ist für ein gesundes Gedanken- und Empfindungsleben unersetzlich. Der bereits zitierte Peter Krausser dazu: „Transzendentale Erkenntnistheorie, so muss man also sagen, kann niemals durch andere ersetzt werden ... Die transzendentale muss die empirische Erkenntnistheorie zu ihrer notwendigen Ergänzung und Kontrolle fordern!"

Die Anpassung wird wohl nicht zur „Chiffre des Dings an sich", wie es der österreichische Kulturwissenschaftler und Philosoph Thomas H. Macho ausdrückte und durch „Abkehrung vom transzendentalen Programm" einen „Rückfall in naive Dogmatismen" befürchtet. Die Gretchenfrage lautet vielmehr, ob nicht auch mit einem „immanentem *telos* der Evolution"[499] gerechnet werden müsse, also einer Zielgerichtetheit jeder Evolution zur Höherentwicklung und Vollendung. Für Aristoteles war dieses Ziel jeder Entwicklung selbstverständlich. Heute, da man den Boden des Vertrauens in eine höhere Führung unter den Füßen verloren hat, schreibt man alles Schicksal dem Zufall zu, tabuisiert den Tod und die Letztbegründung.

Wie Rudolf Steiner schon zur Urknallhypothese betonte, findet sich der Mensch in seinem Innersten mit der Veräußerlichung des Daseins auf die biologische Existenz und den Überlebenskampf nicht ab. Gerade die Erkenntnisfähigkeit ist dem Menschen gegeben, um die Vorgänge hinter den Kulissen zu ergründen. „Das ist das Wesen des Wissens", sagt er, „dass sich in ihm der in der objektiven Realität nie aufzufindende Weltengrund darstellt."[500] Dass das Denken an sich richtig ist, lasse sich weder empirisch noch logisch beweisen: „Der Beweis setzt das Denken voraus." Aber über das Denken sei der Mensch in der Lage, das Gegebene zu ordnen. Das Denken schafft die Synthese des Gegebenen (Erlebtes, Wahrnehmen) und des Erkannten (Begriff). Das Denken ist der Akt, wodurch die Erkenntnis vermittelt wird.

Im Gegebenen liegt etwas verborgen, was noch nicht erscheint, so Rudolf Steiner weiter. Es wird erkannt durch das Denken. Das gegebene Weltbild, was man alles um sich wahrnimmt, sei also unvollständig. Die zweite wesentliche Seite, der Begriff, werde durch das Erkennen enthüllt. Das Ich fühle den Drang, in diesem Gegebenen mehr zu finden, als was unmittelbar gegeben ist. Unsere Erkenntnistheorie liefere die Grundlage für einen im wahren Sinne des Wortes sich selbst verstehenden Idealismus. Sie begründe die Überzeugung, dass im Denken die Essenz der Welt vermittelt wird. Und mit Blick auf Kant folgert Steiner: Wer behauptet, dass denkende Erkenntnis an die Dinge nicht herankommen könne, kann das nur durch Denken tun, womit er sich selbst widerlege.[501]

Im Bewusstsein haben wir zweierlei Sein: ein sinnliches, dingliches, materielles und ein ideelles, geistiges. Grundsätzlich sei alles Geschehen an einem äußeren Verlauf und einer inneren Gesetzmäßigkeit zu unterscheiden. Das wichtigste Problem alles menschlichen Denkens ist nach Rudolf Steiner das: Den Menschen als auf sich selbst gegründete, freie Persönlichkeit zu begreifen.

In seinem Buch „Philosophie der Freiheit“ habe er gegen eine „wesenlose Metaphysik“ protestiert – die ist heute in der Philosophie dominierend. Damit wären wir wieder bei Platons Ideen oder den „intelligiblen Inhalten des Geistes“ von Gottfried Wilhelm Leibnitz, demzufolge universale Begriffe ewige Wesenheiten sind und eine höhere Realität besitzen als die sinnlich wahrnehmbaren Einzeldinge. Generell verfolgte nach Steiner das menschliche Denken „zu allen Zeiten das Ziel“, das Wirkliche „gegenüber dem Schein des Wahrnehmens“ zu erkennen.[502] Nicht der abstrakte Begriff enthalte die Wirklichkeit, „wohl aber die denkende Beobachtung, die weder einseitig den Begriff noch die Wahrnehmung für sich betrachtet, sondern den Zusammenhang beider".

Da können einen die Philosophen als „Begriffskünstler"[503] schon verwirren und die vermeintlich doch nicht so schwere Erkenntnissuche komplizieren, wie Rudolf Steiner aus einem kritischen Aufsatz Eduard von Hartmanns zu seiner philosophischen Position zitiert. Wenn drei Personen an einem Tisch säßen, wie viel Exemplare eines Tisches wären dann vorhanden? Der naive Realist, der nach der Devise geht, dass nichts existiere, was er nicht wahrnehmen kann, antwortet: Ein Tisch steht da. Drei sagt dagegen der transzendentale Idealist. Für ihn ist alles nur als Vorstellung, Erscheinung, also in der Transzendenz des Irdisch-Materiellen erfahrbar. Drei Personen haben seiner Meinung nach einen Tisch in ihrer Vorstellung – sonst ist da nichts.

Es gibt aber noch die Antwort: Vier Tische seien da, wenn drei Personen um einen Tisch herumsitzen. Die kommt vom transzendentalen Realisten. Drei Personen haben die Vorstellung von je einem Tisch, meint er, dazu kommt der Tisch als Ding an sich. Dasselbe Modell träfe auf zwei Personen in einem Raum zu. Sind zwei irdisch-materiell anwesend, sagt der naive Realist natürlich: zwei. Der transzendentale Idealist behauptet vier: In jedem Bewusstsein ist ein Ich und ein anderer. Sechs meint der transzendentale Realist, „nämlich zwei Personen als Dinge an sich und vier Vorstellungsobjekte von Personen in den zwei Bewusstseinen".[504]

Demgegenüber beschränkt Rudolf Steiner das Beispiel der zwei Personen an einem Tisch auch auf einen Tisch in Realität, da sich die drei Bewusstseinsinhalte der drei Personen im Wahrnehmen und Denken in einer übergreifenden geistigen und materiellen Wirklichkeit vereinen. Zu den zwei optisch sichtbaren Personen kommen allerdings vier Bewusstseinsbilder während der Denktätigkeit zum Ergreifen der Wirklichkeit hinzu.

5. Kommt zuerst die Henne oder das Ei?

Dabei blieb die Frage des Apriori, „Was war zuerst?“, für die Wissenschaften seit den Tagen des Aristoteles und Platon ungeklärt. Die Mathematik bildet einen Grundpfeiler moderner Erkenntnis. Offen ist, ob wir die Gesetze der Mathematik hervorbringen oder ob wir sie in den Phänomenen vorfinden. Jedenfalls liegt auch hier das Ergründen der Wahrheit im Kombinieren von Phänomen und Erkenntnis unter Berücksichtigung der Tatsache, nur die Momentaufnahme eines bisher Gewordenen auf seinem Weg des Werdens zum Ganzen, zum Wahren erfasst zu haben.

Generationen von Philosophen zerbrachen sich den Kopf über das A-priori-Problem: Kommt zuerst die Henne oder das Ei? Der scherzhafte Kommentar „zum Frühstück das Ei, zum Mittagessen das Huhn“ ist nicht anwendbar. Auch wenn nach Darwins Evolutionstheorie bereits gelöst sein soll, dass im konkreten Fall das Ei zuerst da war, da es aus den Laich-Eiern der an Land gegangenen einstigen Wassertiere hervorgegangen sein soll, bleibt die im wörtlichen Sinn präbiotische[505] Grundsatzfrage: Ob nun Huhn oder Ei zuerst, woher kommt es? Goethe bemerkt dazu: „War die Henne zuerst? Oder war das Ei vor der Henne? Wer dieses Rätsel löst, schlichtet den Streit um den Gott.“[506] Schon der englische Arzt William Harvey[507] soll die These aufgestellt haben: „Ex ovo omnia“ (Alles aus dem Ei).[508] Aus seinen Studien habe er gewusst, dass sich am weiblichen Ovar Eibläschen befinden, die für die Befruchtung eine wichtige Rolle spielen."

Auf die logischen Probleme transferiert gilt es den Unterschied zwischen Grund und Ursache zu ermitteln, um dann den Anfangspunkt zu klären. So ist es meist möglich, die Kausalkette der Ursachen aufzuspüren. Stirbt einer beispielsweise an Lungenkrebs, mag die Begründung darin liegen, dass seine Vorfahren ebenfalls von Lungenkrankheiten geplagt waren. So weit kommt die Wissenschaft der Medizin auch und legt möglicherweise noch den exakten Todesauslöser vor. Geht man dann aber an die Wurzeln zum Fundament und fragt weiter: Warum wurde dieser Mensch in eine Familie geboren, die von diesen Krankheiten gezeichnet war, sodass er ein leidvolleres und kürzeres Leben hatte als viele andere? Hätte er nicht auf dem Nachbarshof aufwachsen können, wo die Kinder „pumperlgesund" waren und hochbetagt starben?

Die Problematik ging in die Philosophie als Frage nach dem „zureichenden Grund" ein. Aristoteles, Leibniz, Kant widmeten sich ihr. Schopenhauer listete vier Aspekte auf vom Grund des Werdens im Verstand, dem Grund des Erkennens in der Vernunft bis zum Grund des Seins in der Sinnlichkeit und dem Grund des Handelns im Selbstbewusstsein. Die Streitfrage blieb, ob der eherne philosophische Grundsatz *„Nihil sine causa fit"* (Nichts geschieht ohne Grund) noch gilt. Leibniz war überzeugt, dass nichts ohne Ursache oder bestimmenden Grund (*raison déterminante*") passiert, dass es vielmehr etwas gäbe, „das dazu dienen kann, a priori zu begründen, weshalb etwas eher existiert als nicht existiert und weshalb etwas gerade so in einer anderen Weise existiert".[509]

Können wir überhaupt bis auf den Grund vorstoßen – Hegel würde sagen „zugrunde gehen"? Wissen wir denn, worum es geht, wonach wir fragen müssen? Der Gesprächspartner Menon[510] im gleichnamigen Dialog des Platon stellt Sokrates diese Frage: „Und auf welche Art willst du denn dasjenige suchen, Sokrates, wovon du überhaupt gar nicht weißt, was es ist?"[511] Sokrates nennt das einen „streitsüchtigen" Satz, „dass nämlich ein Mensch unmöglich suchen kann, weder was er weiß, noch was er nicht weiß. Nämlich weder was er weiß, kann er suchen, denn er weiß es ja, und es bedarf dafür keines Suchens weiter; noch was er nicht weiß, denn er weiß ja dann auch nicht, was er suchen soll".

Doch Sokrates erklärt uns in den platonischen Dialogen, dass wir ein Wissen über die Wahrheit in uns haben. Die Aussagen des antiken Philosophen harmonieren mit den Forschungen des Anthroposophen Rudolf Steiner. Der Mensch verfügt demnach über ein a-priori-Wissen, ein Wissen, das er von vorneherein (*a priori*) ohne Vermittlung und Erfahrung ins Leben mitbringt, quasi Ideen, Gedanken, die ihm unbewusst zur Verfügung stehen. Demgegenüber steht das a-posteriori-Wissen, das er sich im Nachhinein (*a posteriori*) seit seiner Geburt im Laufe der Erfahrungen des Lebens aufbaut.

Bei Rudolf Steiner finden wir das als ein Wissen genannt, das der Mensch unbewusst in sich trägt und aus den transzendenten Welten ins Irdische mitnehmen durfte. Das sind die Wahrheiten, die wir uns im Laufe unserer früheren Inkarnationen errungen haben. In puncto Wahrheit spricht er das deutlich aus: „Im Grunde steckt in uns – wenn er steckt – der Sinn für Wahrheit und Wahrhaftigkeit als ein Erbstück aus unserem vorirdischen Dasein."[512] Generell sei das Geistige aber auch um uns ständig herum: „Ja, diese Welt der

Geistigkeit, in der wir in unserem vorirdischen Dasein voll drinnenstecken, sie ist immer da. Wir brauchen nur unseren Arm auszustrecken: wir strecken ihn aus in die Welt hinein, welche die Welt der Geistigkeit ist, in der wir in unserem vorirdischen Dasein sind."

Platon erörterte als erster Philosoph den Apriorismus, der die Wissenschaft wie auch die Philosophie bis heute vor Rätsel stellt. Woher kommt dieses Wissen, das der Mensch als apriorische Erkenntnis von Haus aus in sich trägt, das er nicht lernen und erfahren muss? Er nannte es das Vor-Wissen (προειδέναι, *pro-eidénai*), das er über das innere Betrachten erfahren kann, das geistige Schauen. Das nennt Aristoteles übrigens die Theorie (θεωρεῖν, *theorein*).

Sokrates, Platons Lehrer, wendet sich mit seiner Maieutik, der Hebammenkunst, mit der er aus den Menschen das Wissen herausholt, gegen den subjektiven Relativismus der Sophisten. Diese behaupteten, wie vielfach heute nach der „demokratischen" und intersubjektiven Methode verfahren wird, jeder habe von seinem Standpunkt aus recht.

Sehr wohl divergieren alle in der Meinung, räumen Sokrates und Platon ein, haben aber ein verborgenes, allgemein gültiges Wissen über das, was eigentlich „ist", das Wesen. So lässt Sokrates im Dialog „Menon" einen Buben mathematisches Wissen „selbst in sich selbst heraufholen".[513]

Dieses Vor-Wissen bezieht sich nach Platon auf prinzipielles, essentielles Wissen, Wesenhaftes, wogegen das später erworbene empirische und kognitive Wissen sekundäre, abhängige Gegebenheiten betrifft. Demnach gilt für den Menschen: Was er nicht aus empirischen Wissen erfahren hat, entnimmt er einer inneren Erkenntnisquelle.

Diese Sicht Platons steht in enger Verbindung mit seiner Ideenlehre. Es geht um das „Schauen" des Allgemeinen, indem das „Verstreute" in die „Einheit der Idee" zusammengefasst wird. Das motivierte auch Sokrates zur Suche nach der Definition, dem Wesen einer Sache, eines Begriffs. Dabei musste der Blick vom Sichtbaren auf das Unsichtbare gewendet werden, das nur dem reinen Erkennen „zu schauen gegeben ist". Die „unsterblich genannten" schauen das, „was außerhalb des Himmels ist".[514]

Hier will uns Platon aus dem Munde des Sokrates das Heraufholen des verborgenen Wissens aus der Tiefe der Seele erleben lassen. Es handle sich um ein „ureigenes Wissen".[515] Von all diesen Erkenntnissen erfuhren wir bereits, „schon ehe wir geboren wurden", lesen wir in Platons „Phaidon" weiter. Das ganze Leben über wüssten wir sie, wenn wir uns ihrer bewusst wären. Denn wir besaßen sie vor unserer Geburt, vergaßen sie aber bei der Geburt, könnten uns später jedoch im Zusammenhang mit gewissen Fragen wieder an sie erinnern. Lernen sei also Wiedererinnern an das, was man vor seiner Inkarnation im Jenseits bereits erfahren habe.

Der Philosoph Nicolai Hartmann folgert: „Man gewinnt hiernach die Vorstellung, dass die Seele einem tiefen Brunnen gleicht; auf seinem Grund liegen die Schätze des reinen Wissens, der Mensch ahnt nicht, dass er sie besitzt, bis er, gezwungen durch Aporien[516], in die er gerät, hinunterlangt in das Dunkel der eigenen Tiefe und sie ans Licht heraufholt.[517] Nach Platon handelt es sich um ein „schon vorher bestehendes Sein", das in unserem Wiederfinden nicht verändert, sondern im wörtlichen Sinne der Wahrheit nur „aufgedeckt wird". Es handelt sich aber nicht um intersubjektive Apriorität, wenn Menschen durch Übereinstimmen (ὁμολογεῖν, *homologein*) die gleichen Ideen (λόγοι, *logoi*) in sich tragen, sondern um transzendente Apriorität. Platon: In uns ist die Wahrheit der seienden Dinge (ἀλήθεια τῶν ὄντων, *alätheia ton onton*). Der Mensch verliert sich leicht im Äußerlichen. Die Seele muss sich über diesen Zustand erheben, darf nur darauf vertrauen, was „an sich" ist. Dann könne sie die Verborgenheit der Gegenstände aufdecken, der wörtliche Vorgang der „*A-lätheia*" (ἀλήθεια). Zur Erkenntnis müsse sich der Mensch von den sinnlichen Dingen abwenden und dem Wesen, dem Ding in seiner ursprünglichen Grundgestalt, zuwenden. Im „Logos"[518] (λόγος, *logos*) wird die Idee erfasst, das Wesen: die Abkehr von den Phänomenen (φαινόμενα, *phainomena*) in das Innere der Seele (ψυχή, *psyche*) zu den Ideen (λόγοι, *logoi*) durch Wiedererinnerung (ἀνάμνησις, *anámnäsis*) und Hypothese (ὑπόθεσις, *hypothesis*).

Es gibt nur ein Reich der Ideen. Das umfasst zugleich die Ideen der Dinge und die Ideen der Seele. Hartmann folgert: „Nur wenn die Idee, die der Mensch durch innere Schau als die seinige findet, zugleich Urbild der Dinge ist, kann das Wesen der Dinge ihm durch sie offenbar werden." Und weiter: „An erster Stelle ist hier an den Phaidros-Mythos zu erinnern. Dieser Mythos besagt nicht, dass die Seele die Ideen von Anbeginn in sich habe, sondern dass sie ihrer im Zustande der Präexistenz zuallererst ansichtig wird. Im Chor (χορός, *chorós*) der Götter mitziehend, gelangt die Seele bis an den Fixsternhimmel, … wobei sie das außerhalb des Himmels zu schauen bekommt. Das Geschaute bringt sie mit, wenn sie zur Erde zurückkehrt, und behält es beim Eintritt in ein neues Erdenleben in sich. Dieses Geschaute ist es, worauf dann im Leben die Wiedererinnerung (ἀνάμνησις, *anámnäsis*) sie hinführt."[519]

Für diesen Blick auf das Wahre muss die Seele einen Kampf bestehen. Nicht jeder gelingt das: Die rücken ohne „Beschauung des Seiendes" wieder ab. Die Seele jedoch, die „sich darum kümmert, das Gebührende aufzunehmen“, die freut sich, wieder einmal das Seiende zu erblicken und sie nährt sich durch diese Beschauung des Wahren. Sie erblickt das „wahrhaft Seiende“, um dann wieder, „wenn sie sich daran erquickt hat“, „in das Innere des Himmels“ nach Hause zurückzukehren. Je nach Intensität der Schau gestaltet später die Seele ihre neue Inkarnation, ob als „Freund der Weisheit“, „König“, „Staatsmann“, „Gewerbetreibender“, „Freund der Mühen und Leibesübungen“ oder „Dichter“, „Landarbeiter“ oder auch als „Tyrann“ und nach eindeutigem Fehlverhalten weit tiefer: „Dann kann auch eine menschliche Seele in ein tierisches Leben übergehen.“[520]

Für diesen schwierigen Entwicklungsgang ist der „Sieg des Großen über das Kleine“ nach Heinz Grill immer wieder eine „herrliche Wahrheit“.[521] Die „göttliche Realität des ewigen Geistes im höchsten Selbst“ sei die Führungskraft, „die über das ganze Leben erhaben weilt“. „Jener Mensch, der sich immer mehr für die Existenz der geistigen Wirklichkeiten öffnet, wird unabhängig und frei, großmütig, edel und schön.“ Die Bitte darum drücke das Sanskritgebet aus:

Asato ma sat gamaya.
Tamaso ma jyotir gamaya.
Mrityor ma amritam gamaya.

Führe mich vom Nichtsein zum Sein.
Führe mich von der Dunkelheit in das Licht.
Führe mich von der Sterblichkeit zur Unsterblichkeit.

Im Nichtsein, in der Dunkelheit lebt der Mensch, wenn er ganz in seinem existenziellen Dasein, im äußerlichen Materiellen befangen ist. Zum Sein, zum Licht stößt er vor, indem der das geistige Sein, sein höheres Ich, sein Selbst erkennt und sich auch um die Fundierung dieser Kenntnisse bemüht. Adäquater im heutigen Sinn variiert Heinz Grill diesen Wunsch folgendermaßen: „Führe mich in die Verwandlung durch das schöpferische Sein. Führe mich in die Wirklichkeit des Gedankenlichtes, das die Symbiosen in mir überstrahlt ..."

Die Wahrheit repräsentiere nicht die eine oder die andere Welt, sondern beide zusammen: „Zwischen dem Licht und der Dunkelheit, zwischen dem Nichtsein und dem Sein und zwischen der Sterblichkeit und der Unsterblichkeit besteht eine immerwährende, einheitliche Verbindung." Sie sei der Ausdruck für das ewige Ganze, das der Mensch für seine Entwicklung benötige. Wir dürften nicht dem Fehler verfallen, so Heinz Grill, nur die geistige Realität als die einzig wahre und wirkliche zu bezeichnen: „Beide Welten gehören zusammen, die sogenannte sterbliche und die unsterbliche."

Diese Wahrheit wie schließlich auch jede andere Wahrheit kann einem Menschen so und so oft von außen gesagt oder gezeigt werden, letztendlich muss er sie in sich selbst verarbeiten und anerkennen. Dazu weist der „Augustinische Rationalismus" den Weg. Von Augustinus haben wir bereits das „Vernunftlicht" zitiert. Wenn wir es entzünden wollen, müssen wir uns dem „Tun der Wahrheit" widmen und „selber das zu allen Zeiten gleiche Grund-Problem des menschlichen Daseins aufs neue ... lösen".[522] In Krisenzeiten, heißt es da, werde der Mensch „irre an den äußeren Stützen" – das scheint gerade für unsere Zeiten zu gelten. Da gilt mehr denn je, dem „Tun der Wahrheit" durch eigene Forschung auf die Spur zu kommen und im Sinne des Augustinus aktiv zu werden: „Kein Leser findet nämlich diese Wahrheit in einem Buche oder in dessen Autor, sondern nur in sich selbst."[523] Das heißt nicht, wir sollen geistvolle Bücher wie

Menschen meiden. Sie sind uns eine Quelle der Erkenntnis, doch die letzte Entscheidung, ob wir sie auch zu unserer Ansicht machen, treffen wir. Seitdem wir leben, fügen wir unsere Meinungen nach ganz eigenem Schema aneinander. Da ist es dann nicht immer so einfach, Neues zu übernehmen und Altbewährtes fahren zu lassen.

Nach diesem Fazit möge Rudolf Steiner dem Leser das Schlusswort geben: „Die Anerkennung für seine Wahrheiten muss er einzig und allein in der Stimme seiner ehrlichen, nach Erkenntnis ringenden Seele suchen.“ [524]

Die Hoffnung, sie zu finden, dürfen wir nicht aufgeben, ob wir nun die Demokratiedemagogen entlarven wollen, die Ernährungsmanager, die Corona-Manipulierer, die Medienpropagandisten, Religionsfanatiker, Lügner, Nachredner, Meinungsverfälscher, Karrierepolitiker oder all die anderen – wir müssen uns wiederum nach Steiner den „unbesieglichen Glauben an die Wahrheit“ bewahren, „die sich durch die engsten Ritzen und Felsspalten den Weg sucht, wenn auch die entgegengesetzten Mächte gegen sie ankämpfen möchten …“ [525]

XIV. Epilog

Wir haben einen weiten Bogen gespannt, nachdem wir die nackte Wahrheit aus dem Brunnen steigen ließen: Die persönliche Wahrheit in der Dialektik des Lebens mit der klassischen Forderung des „Erkenne dich selbst!", die sogenannten Kollektivwahrheiten vom Urknall über das Schreckgespenst des Todes, die „Demokratie" und „Naturprodukte" bis zum „Biologismus in den Hallen der Philosophie", die Wahrheit in der Religion, *„in vino veritas"*, die Wahrheit der Sprache mit ihrem Gegensatz der Lüge, die Verantwortung, das „Ding an sich" hinter allem, das Sein des Scheins, das Apriori … und noch vieles könnte angefügt werden. Brachte uns dieser mühsame Weg der Erkenntnisbildung die Wahrheit? – die Wahrheit an sich nicht, würde Kant postum anmerken. Rudolf Steiner würde uns wohl gratulieren, dass wir damit ein Stück Freiheit gewonnen hätten. Unumstößlich gilt nämlich die von Heinz Grill präzis auf den Nenner gebrachte Aussage: „Die Wahrheit macht den Menschen frei." [526] Rudolf Steiner bestätigte: „Der Erkenntnisprozess … ist der Entwicklungsprozess zur Freiheit." [527]

Je mehr Erkenntnisse wir erringen und in unserem Bewusstsein reifen lassen, umso deutlicher formt sich uns das Gesamtbild. Oberste Prämisse ist, dass wir uns nach unserer persönlichen Vernunft richten, ohne uns von Kollektivdenkern, Medien und Politikern manipulieren zu lassen. Es gelte, endlich das *„Sapere aude!"* („Traue dich, selber vernünftig zu denken!") der Aufklärungsidee eines Kant umzusetzen. Solange der Mensch nicht selber anfängt, verantwortlich für sein Da-Sein zu denken, wird er immer scheitern.

Das sahen wir in der Französischen Revolution, die ihre hochstehenden Ideale von *egalité, liberté, fraternité* nur äußerlich materiell ausprobierte. Der Kanonendonner der ratio hallte weit hin über Europa, ließ so manche Königsthrone und Privilegien ins Wanken geraten und ein neues Verständnis im Sinne von Freiheit, Gerechtigkeit und Wahrheit aufblühen. Doch dieses Pflänzchen zertraten nicht nur die Soldatenstiefel, sondern die ganz materiellen Interessen der künftigen Bürger, Kaufleute, Bürokraten und Gelehrten. Das geistige Fundament fehlte. Wer wusste noch, dass die Aufklärungsdevise von der Brüderlichkeit und Gleichheit bereits die antike Stoa mit der Feststellung aufgestellt hatte: Wir stammen alle von demselben Vater, demselben „Weltengeist", würde Hegel sagen, und sind schon deshalb Schwestern und Brüder? Der materielle Profit ließ diese Erkenntnisse der Aufklärungsideale in Vergessenheit geraten und auf Bücher fixiert bleiben.

Genauso konnte der Marxismus seine Wahrheit nicht finden und war zum Scheitern verurteilt. Maschinen und Kapitalismus konnten dem Proletarier nichts geben, „was seine Seele mit einem menschenwürdigen Inhalt erfüllen könnte", so Rudolf Steiner.[528] So folgert er auch für die neuere Zeit, der gegenwärtige Organismus kranke an der Ohnmacht des Geisteslebens. Man habe „den Blick abgelenkt … von allem Seelischen und Geistigen und ihn nur hingerichtet … auf den rein ökonomischen Prozess".

Von der Wahrheit noch weiter entfernt scheint der *modus vivendi* der Moderne oder Postmoderne heutigen Datums. Wen interessierte sie zu „Corona-Zeiten"? Da wurde auf politischer wie medialer Ebene nur noch der „Experte" in Nachrichten und Talkshows zitiert, der sich unter die Panikmacher und Todesszenarioaktivisten einreihte. Freiheit und

Würde des Menschen wurden mit indirektem Impfzwang, Ausgangsverboten und in ihrer Wirksamkeit bis heute nicht erwiesenen Pandemieverordnungen ausgehebelt.

Die Energiekosten sind in aller Munde. Energiesparen interessiert die wenigsten, wenn sie nicht dazu gezwungen werden. Den Stromverbrauch der großen Rechenzentren, der Produktionsstätten für PCs, TV und Smartphones, die noch dazu wie die Mode ständig ausgetauscht und durch neue ersetzt werden, debattiert kaum einer. Da sollen wir noch E-Autos kaufen, noch dies und jenes. Zur Wahrheit der Problematik gehört aber nicht nur, zu überlegen, wo man denn all den Strom herkriegt, sondern auch, ob die Massenvergeudung in heutiger Zeit noch angebracht ist.

Die Werte sind in aller Politikermunde. Keiner durchleuchtet sie auf ihre Existenz und ihren Gehalt. Anstand und Moral sind bereits dem Relativismus zum Opfer gefallen. Die Meinungsfreiheit treibt das Kollektivdenken in die Ecke. Wer traut sich bei den steten Einflüsterungen der Massenmedien, ob privat, beruflich oder öffentlich, seine eigene Meinung – falls er sich so eine überhaupt noch leistet – zu äußern? Die Ironie der Geschichte der Pressefreiheit wird wohl erst eine kommende aufgeklärte Phase auftischen: Westliche Medien deuten bei jeder Gelegenheit auf diktatorische Maßnahmen anderer Staaten, die „Pressefreiheit gleichschalten" – und sehen nicht, dass sie sich im Westen längst selber gleichgeschaltet haben. Das lenkte sogar viele „Grüne" in die Gleichschaltung, die einst in der „Peace"-Euphorie strikt jede militärische Gewalt ablehnten, nun im Kollektivgeist auf Waffenlieferung und Aufrüstung pochen.

Letzteres Phänomen nach dem altbackenen Motto, „mit den Wölfen heulen" und „sein Fähnchen nach dem Wind hängen", müsste eigentlich jeden wachrütteln, der sich seine Gedanken selber zurechtlegt. Das Mitläufertum hat sich stets schlecht für den Werdegang einer Gesellschaft ausgewirkt. Spätestens seit „Corona" wurde es, nachdem es schon lange salonfähig war, zum Protomodell.

Eine Gesellschaft, die sich auf inhaltslose Werte, mediengesteuerte Meinung und inkompetente pseudodemokratische Politiker stützt, braucht keine äußeren Feinde mehr, weder von rechts noch von links, die scheitert einmal ganz von selber.

Die nächste, nämlich eine zweite, eine geistig-spirituelle Aufklärung ist notwendig: Denkt eigenständig, fördert euer Bewusstsein mit geistigen Inhalten – und zieht der nackten Wahrheit wieder ihre Kleider an![529] Dann wird sich gegenüber dem Kollektivdenken der Oberflächlichkeit ein neues Bewusstsein für ein freies Individuum aufbauen und wir dürfen allmählich sehen, wie sich Schillers Wahrheit aus „Wilhelm Tell" bewährt:

> *„Das Alte stürzt, es ändert sich die Zeit*
> *Und neues Leben blüht aus den Ruinen."*[530]

XV. Appendix

1. Die sprichwörtliche Wahrheit

Pravda vítězí. Die Wahrheit siegt.
(Wahlspruch des tschechischen Präsidenten)

Wo das Gute nicht lebt, suche die Wahrheit nicht.
(Aristoteles)

Das Wahre ist gottähnlich: Es erscheint nicht unmittelbar; wir müssen es aus seinen Manifestationen erraten.
(Goethe: Wilhelm Meisters Wanderjahre III, Aus Makariens Archiv)

In Zeiten, wo die Menschen schlechter werden und die wahre Lehre untergeht, steigt die Zahl der Gesetzesregeln.
(Buddha)

Omnis, qui est ex veritate, audit vocem meam.
Jeder, der aus der Wahrheit ist, hört meine Stimme.
(Christus: Joh 18,37)

Auch die gelesene Wahrheit muss man hinterher erst selber erfinden. Die Gehirnhöhlen sind voll Samen, für welche das Gefühl erst die Blumenerde und die Treibscherben bildet.
(Goethe zu Jean Paul, September 1798)

Es gehört Mut dazu, sich so zeigen zu wollen, wie man in Wahrheit ist.
(Søren Kierkegaard)

The Truth Is, There Is No Truth.

(Bob Dylan)

Ein Irrtum ist viel leichter zu erkennen, als die Wahrheit zu finden. Jener liegt auf der Oberfläche. Damit lässt sich wohl fertig werden. Diese ruht in der Tiefe. Danach zu forschen, ist nicht jedermanns Sache.

(Goethe: Maximen und Reflexionen,
Aus Kunst und Altertum 1823)

Eine Lüge ist bereits dreimal um die Erde gelaufen, bevor sich die Wahrheit die Schuhe anzieht.

(Mark Twain)

Schädliche Wahrheit, ich ziehe sie vor dem nützlichen Irrtum. Wahrheit heilet den Schmerz, den sie vielleicht uns erregt.

(Goethe: Vier Jahreszeiten 49)

Der Wein ist stark, der König ist stärker, die Weiber noch stärker, die Wahrheit am allerstärksten.

(Martin Luther)

Der eigentliche Obskurantismus[531] ist nicht, dass man die Ausbreitung des Wahren, Klaren, Nützlichen hindert, sondern dass man das Falsche in den Kurs bringt.

(Goethe: Maximen und Reflexionen,
Aus Kunst und Altertum, 1821)

Geschichte ist die Lüge, auf die man sich geeinigt hat.

(Napoleon I. Bonaparte)

Si vos manseritis in sermone meo, vere discipuli mei eritis et cognoscetis veritatem et veritas liberabit vos.

Wenn ihr in meiner Rede bleiben werdet, werdet ihr wahrhaft meine Schüler sein und die Wahrheit erkennen, und die Wahrheit wird euch frei machen.

(Christus: Joh 8, 31)

Immer die Wahrheit sagen bringt einem wahrscheinlich nicht viele Freunde, aber dafür die Richtigen.

(John Lennon)

Es war die Art zu allen Zeiten, (...) Irrtum statt Wahrheit zu verbreiten.

(Goethe: Faust I, Mephistopheles)

2. „Die Pensionisten des Geistes in der Sonnensphäre"

Nach dem irdischen Tod des Körpers begibt sich die Seele des Verstorbenen auf den Weg in das Kamaloka[532], das im Christlichen als Fegefeuer bezeichnet wird. Sieben Sphären gilt es da zu durchgehen. Sie dienen vor allem der Reinigung von den Makeln des letzten Lebens und schließlich einer Neuorientierung für eine weitere Inkarnation. Der folgende Text ist aus der „Seelsorge für die Verstorbenen" von Heinz Grill entnommen und schildert die Sonnensphäre.[533]

Auf die Venussphäre folgt nun schließlich die Sonnensphäre. Interessant ist es, wenn wir das ptolemäische Weltbild betrachten, das besagt, dass es drei übersonnige und drei untersonnige Planeten gibt. Die Sonne selbst trennt ein Oben und ein Unten voneinander. Diese Sonnensphäre ist nun ein wichtiger Knoten- und Kreuzpunkt für die Seelenentwicklung, die jede menschliche Seele nach dem Tode passieren muss. Manche Seelen müssen sich in dieser Region durch die Nachlässigkeit und Unterlassung wichtiger Erkenntnis- und Bewusstseinsschritte lange aufhalten. Das Gefühl, das sie in dieser Sphäre erwartet, ist im wahrsten Sinne Einsamkeit, Verlassensein, wirkliches Alleinsein. Das Ich, das Wesen des Innersten, erlebt hier in dieser Sphäre entweder mehr die Einsamkeit im eigenen Inneren oder die allseitige Produktivität im Aufgenommensein des ganzen Weltenkosmos. Einsam kann deshalb die Seele werden im Kosmos oder sie kann sich einfinden in produktive, kreative, ideenreiche, belebende, strahlende Allverbundenheit. Die Seele erfährt sich entweder in ihrer eigenen Inhaltslosigkeit und Unproduktivität oder sie erfährt sich in ihrer schöpferischen Vielheit und kreativen Ausdruckskraft. Die produktive Bewegtheit, die im Denken, Fühlen und Willen innerhalb der Erdentage bestand, schenkt nun in dieser Sonnensphäre das belebende, erfrischende und einende Aufgenommensein.

Das Nicht-Angenommensein in der Venussphäre bedingt sich durch eine bestimmte religiöse Neigung, die der monistischen Einstellung sehr eigen ist, die sich aber ganz besonders häufig sich fortsetzend in der Sonnensphäre bemerkbar macht mit einem inhaltslosen Gedanken- und Bewusstseinsleben. Ein inhaltsvolles Bewusstseinsleben entsteht durch die Stellung des Ich, die ausschlaggebend in der gesamten Ausrichtung für die Seelenkräfte und ihre Mobilität wird. Wenn das Ich wirklich im Menschen geboren wurde, so kann sich der Mensch selbst einen Inhalt für das Leben geben. Jener Mensch wird unabhängig und frei, er wird aus seinem Gefängnis der Einsamkeit losgesprochen. Das Ich ist es, das den Menschen zu einem ewigen Weltenbürger im Kosmos macht. Das Ich ist in Wirklichkeit die große Kraft, die alle Siegel und Schlösser des Eingekerkertseins in das Leibliche sprengen kann und den Menschen über die Einsamkeit in eine schöpferische Allproduktivität hineinbringt.

Rudolf Steiner spricht in seinen Ausführungen über das Seelenreich der Sonnensphäre und die Aufnahme des Christusimpulses. Im Allgemeinen seines Lebenswerkes erscheint diese Sonnensphäre als die eigentliche kosmische Christuswirklichkeit, die all jene Seelen nach dem Tode aufnimmt, die im Sinne des Christusgeistes wirkten. Der Unterschied zwischen Produktivität und passiver religiöser Gesinnung ist gleichzusetzen mit dem Unterschied zwischen einem Ich und einem Nicht-Ich. Es gibt Menschen im Leben, die ein inneres Bewusstsein für die Vorgänge in der Weltenschöpfung besitzen und in der Kraft ihrer Persönlichkeit sich so hinein in das Leben stellen, dass sie dem Leben fortwährend Inhalte und konkrete Aufgaben geben.

Ihr inneres Erleben, ihre innere Sonnenkraft im Herzen und ihre höhere seelische Empfindsamkeit sind lebendig und führen zu einem angenehmen Bewusstsein der Gegenseitigkeit, des Mitgefühls und der persönlichen Achtung. Wer dem Leben eigenständig durch seine produktive Auseinandersetzung Inhalte geben kann, ist bereits im Leben eine mikrokosmische Sonne. Nachdem er aber seinen Körper abgelegt hat, ist er noch fortdauernd eine wärmende Sonne für seine Mitmenschen. Er strahlt seine Seelenkräfte, seine seelische Kraft zurück auf die Erde und inspiriert die Menschen, die in seinem Umfeld gelebt haben. Er konnte seine Seelenkräfte, sein Denken, Fühlen und seinen Willen, rege beleben und konnte daraus sein Ich im freien Verhalten zu der Welt in Beziehung bringen.

Es ist möglich, von diesen Menschen, die produktiv sind, auch zu sagen, dass sie Menschen sind, die ihren Standort in der Welt gefunden haben. Sie sind zum sozialen und bewussten Miteinander fähig geworden. Ihr Ich, das höchste Glied des Menschseins, ist geboren. Sie haben ihren Gott im Inneren gefunden und können aus diesem Inneren heraus schließlich das Leben gemeinschaftlich, tolerant und produktiv steuern. Sie sind nicht mehr Konsumenten des irdischen Daseins, sondern sie sind schaffende, werktätige Mitarbeiter, die dem Leben Inhalte und neue Ideen einverleiben. Sie sind wahrlich Sonnenmenschen und prägen durch ihre Sympathie die Gemeinschaften und sozialen Verbindungen.

Sehr eigenartig erscheint innerhalb der Sonnensphäre der weitere Weg hinüber zu den oberen Planeten. Die Sonnensphäre ist genau in der Mitte zwischen den drei unteren und den drei oberen Planeten eingegliedert. Sie gibt innerhalb der astralen Wirklichkeit eine Schlüsselposition, da all jene Seelen, die in sie hineingehen, ihr karma erleben müssen und nun auf den weiteren Weg in den oberen Himmel warten. Wir stellen uns deshalb einmal die Frage, welche Erwartungen jene Seelen treffen, die im irdischen Dasein nur Konsumenten oder Pensionisten des Geistes waren.

Wir stellen uns die Frage, wie es all jenen Menschen ergehen wird, die eine Religion in materialistischer Weise benutzt haben und dem Leben keine Inhalte einverleiben konnten. Wie können diese Menschen in der Sonnenregion verweilen, wie können sie das Tor der Einsamkeit ihrer eigenen Seele bewältigen? Es ist eine große und wichtige Wahrheit, die hier zur Aussprache kommen muss, jene Menschen, die es versäumt haben, produktive Schritte im Leben zu leisten und ihre Pflichten mit konkreten Inhalten aus eigener Anschauung und eigener Bewusstheit zu erfüllen, können nun, nachdem sie abgeschieden sind, in ihrem kosmischen Aufenthalt diese Lernschritte nicht mehr wirklich nachvollziehen. Die Zeit der versäumten Lernschritte ist tatsächlich unabdingbar verloren. Das einzige Lernen, das diesen Seelen zu Hilfe kommen kann, ist die Seelsorge der Hinterbliebenen, die aktive Anteilnahme, Gedanken und Empfindungen von den Mitmenschen zu dem Totenreich. Lernen kann aber die Seele, nachdem sie abschieden ist, nur noch innerhalb der ihr zur Verfügung gestellten Möglichkeiten. Das Lernen ist aber nicht ein neues Gewinnen von Eindrücken und somit ist es nicht eine Entwicklung von unmittelbarer Produktivität und konkreter Lebensrealisation, sondern es ist vielmehr ein Reinigungs- und Loslöseprozess von schattenhaften, negativen, leidensvollen und materialistischen Verhaftungen. In der jenseitigen Region des Sonnendaseins müssen deshalb diese Seelen auf eine bestimmte Konstellation innerhalb der Planetensphäre warten, bis sie schließlich in die nächste Region, das ist die Marssphäre, aufsteigen können. Aus diesem Grunde ist das Erleben in dieser Sonnenregion des jenseitigen Kosmos ein bewusstes, typisch einsames Dasein, das mit sehr großer Geduld und Wartezeit verbunden ist. Wenn die Seelsorge der Mitmenschen aus eigener produktiver Schöpferkraft nicht den Menschen im Sonnendasein entgegengeht, so können die wartenden Seelen nicht leicht einen weiteren Weg in die höheren Himmel finden. Die Einsamkeit ist es, die das Erziehungsmittel im vierten kosmischen Raum darstellt.

3. Materie und Unendlichkeit

Nach Hegel hat die Materie die Negation schon deshalb in sich, weil sie endlich ist. Das bedeutet, ihre Existenz ist von Anfang an negativ bestimmt, da bereits mit ihrem In-Erscheinung-Treten feststeht, dass sie eines Tages nicht mehr ist. Interessant wird es, wenn man die Verbindung von Geistigem und Materiellem beachtet, wie das Thomas Sören Hoffmann in seiner „Hegel-Propädeutik" veranschaulicht.[534]

Das Kunstwerk, sei es ein Gemälde oder eine Skulptur, ist ganz offensichtlich an seine materielle Substanz, ob Öl, Leinwand, Holz, Marmor, gebunden und unterliegt der Endlichkeit. Diese Bestandteile werden sich irgendwann einmal auflösen und nicht mehr sein. Die Materie vergeht. Die Idee, der geistige Inhalt des Kunstwerks, dagegen kann fortdauern, so z.B. in der ständigen Interpretation des wahrhaften Selbst, des Wesens des Kunstwerkes, auch dann noch, wenn es rein äußerlich als Phänomen nicht mehr zu sehen ist.

So gewährleistet der anwesende geistige Gehalt dem materiellen Stoff, also für dieses Beispiel die Idee dem Kunstwerk, dass der Materialität keine positive Grenze gesetzt ist. „Positiv" ganz wörtlich „hingestellt". Das ist es nicht, sondern aufhebbar: Durch den Geist kann das Werk weiter bestehen. Das Werk bedroht deshalb auch kein „einfaches Anderssein" im Hegelschen Sinn. Das bedeutete, dass es im Wechsel von seinem momentanen Sosein in sein künftiges Anderssein in den Verfall geht. Der geistige Gehalt garantiert im Gegensatz dazu die Aufhebung: Das Werk wir aufgewertet. Er ist die Medialität für die Verwirklichung der Selbstbeziehung des Kunstwerks. Als Medialität[535] beschreibt bereits Aristoteles die Wirksamkeit eines Gemäldes beispielsweise, wenn es durch seine bildliche Darstellung eine vermittelnde Rolle vom natürlichen Original zum Betrachter einnimmt.

Einfach ausgedrückt, das Sein dieses Kunstwerks ist nicht dieses Holz, dieser Marmor, diese Leinwand, also ein „endliches Etwas", ein bestimmter Daseinsstatus negativer Prägung. Dieses Sein, ob Gemälde, Skulptur, macht seine Materie transparent für ein Anderes, ein Absolutes, das wiederum ganz wörtlich durch seine geistige Präsenz „losgelöst" ist vom Materiellen. Das Wesen des Kunstwerks besteht darin, seine endliche Gestalt zu negieren, um an die Stelle der Negation den Geist zu setzen.

Das Kunstwerk geht als Phänomen nach außen, um von allen bewundert zu werden. Dadurch, dass es aber seine endliche Gestalt negiert, aufhebt, kehrt es in sich, in sein Wesen zurück und stellt sein Sein wieder her. In diesem Vorgang negiert es die erste Negation. Die erste Negation ist das negative Bestimmtsein für den Verfall. Der wird durch das Feststellen des geistigen Inhalts negiert, also die Negation der Negation – die Wahrheit des Kunstwerks, die Wahrheit aller Materie. Dadurch gelangt das negativ endliche Sein des Materiellen zum wahrhaft unendlichen, zu seiner großen Bejahung, die sich über das unmittelbare Sein, das Werden, das Dasein und alles endliche Etwassein erhebt.

So benötigt nach Hegel wiederum auch der Geist die Materie, um zu sich selbst zu kommen. Beide wirken ineinander: „In Beziehung auf Realität und Idealität wird aber der Gegensatz des Endlichen und Unendlichen so gefasst, dass das Endliche für das Reale gilt, das Unendliche aber für das Ideelle gilt, wie auch weiterhin der Begriff als ein Ideales, und zwar als ein nur Ideelles, das Dasein überhaupt dagegen als das Reale betrachtet wird."[536]

Oder etwas prägnanter formuliert: „Der Geist ist die existierende Wahrheit der Materie."

4. Literaturempfehlungen

Sophokles: *Antigone*, Reclam Verlag, Stuttgart, Übersetzung: Wilhelm Kuchenmüller, 1974

Seneca: *Epistulae morales*, in: Seneca: *Von der Seelenruhe*, Carl Schünemann Verlag, Bremen, 1980

Friedrich Schiller: *Über die ästhetische Erziehung des Menschen*, Verlag Freies Geistesleben, Stuttgart, 2005

Emil Bock: *Das Evangelium*, Urachhaus, Stuttgart, 2009

Johann Peter Eckermann: *Gespräche mit Goethe in den letzten Jahren seines Lebens*, Insel Verlag, Frankfurt am Main, 9. Auflage, 2006.

Heinz Grill: *Materielles Werteempfinden und moralische Vollkommenheit in der Seele*, Lammers-Koll-Verlag, Niefern-Öschelbronn, 2006

Heinz Grill: *Die 7 Lebensjahrsiebte und die 7 Chakren*, Synergia Verlag, Roßdorf, 2019

Rudolf Steiner: *Die Geheimnisse der biblischen Schöpfungsgeschichte*, Rudolf Steiner Verlag, Dornach, 1984, GA 122

Rudolf Steiner: *Stichwort Lüge*, Rudolf Steiner Verlag, Basel, 2015

Rudolf Steiner: *Wahrheit und Wissenschaft*, Rudolf Steiner Verlag, Basel. 2011, GA 3

Ludwig Meindl: *Das Phänomen der Zeit*,
Stephan Wunderlich Verlag, Sigmaringen, 2021

Ludwig Meindl: *Der Mensch am Scheideweg*,
Stephan Wunderlich Verlag, Sigmaringen, 2018

5. Ein Dankeschön an:

Heinz Grill (Inspirator)
Stephan Wunderlich (Verleger)
Maria Meindl (Lektorierung)

Teilnehmer des Arbeitskreises „Wahrheit“:
Andrea Erhart-Leicht
Johannes Erhart-Leicht
Waltraud Gartenmaier
Gisela Hichert
Uta Kluge
Thomas Knoop
Erna Rosenberger
Marianne Roider
Rainer Steidle
Charlotte Suchland
Claudia Schindler
Wolf Dieter Vogel
Silke Vogel
Gabi Weindorf
Alfons Weindorf
Sabine Wagner
Bernd Zapf
Markus Zapf

6. Endnoten

1 Die „Propaganda“ stammt vom lateinischen Verbum *propagare* im Sinne von „verbreiten“.

2 Kennwort Apriorismus.

3 Geäußert auf einer Besprechung im Hause Unertl, Haag, am 13.4.2021.

4 Joh 18,38

5 Pontius Pilatus: v. 26 bis 36 n. Chr., Präfekt der Provinz Judäa.

6 Christian Fürchtegott Gellert: *Fabeln,* Taschenbuch von der Donau, Auf das Jahr 1824, Herausgeber: Ludwig Neuffer, Stettinische Buchhandlung, Ulm, S. 57.

7 Quintus Horatius Flaccus (65 – 8 v. Chr.): Römischer Dichter der augusteischen Klassik.

8 Horaz: Carmina I 24.7: *Incorruptaque Fides, nudaque Veritas.*

9 Brief Ludwig van Beethovens an seinen Verleger Nikolaus Simrock in Bonn (2.8.1794)

10 Asphalt stammt vom griechischen „nicht stürzend“ im Sinne von fest.

11 Hegel, zitiert nach Nicolai Hartmann in: *Die Philosophie des deutschen Idealismus,* Verlag Walter de Gruyter, Berlin, 1960, S. 339.

12 Indifferent: gleichgültig, unentschieden, hier im Sinne von unbeeinflusst.

13 Rudolf Steiner: *Philosophie und Anthroposophie,* Rudolf Steiner Verlag, Dornach, 1984, GA 35, S. 66 ff.

14 George Hebert Mead: *Geist, Identität und Gesellschaft – Aus der Sicht des Sozialbehaviorismus.*

15 Sueton: *Kaiserbiographien,* I, Goldmann Klassiker, Goldmann Verlag, München, 1973, S. 80 ff.

16 Seneca: *Trostschrift an Marcia, Ad Marciam de consolatione,* XI, Seneca: Ausgewählte Schriften, Stuttgart 1867, S. 5-53. Entstanden etwa zwischen 37 und 41 n. Chr. Erstdruck in: *Opera,* herausgegeben von M. Moravus, 1. Band, Neapel 1475. Erste deutsche Übersetzung durch M. Herr unter dem Titel *Ein Trostbüchlin zu der Martia* in: *Sittliche Zuchtbücher,* Straßburg 1536. Der Text folgt der Übersetzung durch Albert Forbiger von 1867.

17 Platon: *Apologie,* Platonis Opera I, Scriptorum classicorum bibliotheca Oxoniensis, 1973, 21d – 22a. Im Original: […] οὗτος μὲν οἴεταί τι εἰδέναι οὐκ εἰδώς, ἐγὼ δέ, ὥσπερ οὖν οὐκ οἶδα, οὐδὲ οἴομαι.

18 Platon: s.o., 29 a.

19 Von lateinisch *cardo,* „Türangel, Dreh- und Angelpunkt".

20 Unter Astralleib versteht man die feinstoffliche Leibeshülle des Menschen, die von der Sternenwelt beeinflusst ist – daher Astralleib vom griechischen ἀστήρ (astär) für „Stern". Er beinhaltet v.a. die Begierden, aber auch das Bewusstsein und wird vielfach mit der Seele gleichgesetzt.

21 Der Ätherleib bringt nach kosmischem Gesetz dem Menschen, aber auch Tier und Pflanze, die Lebenskräfte.

22 Cicero: *De officiis,* 1,15

23 Apostel Paulus: 1 Kor 13,13.

24 Rudolf Steiner: *Über die astrale Welt und das Devachan,* Rudolf Steiner Verlag, Dornach 1999, GA 88, S. 81.

25 Johann Wolfgang von Goethe: „Faust I", Prolog im Himmel, *Goethe Werke III,* Insel Verlag, Leipzig, 1998

26 χάος (cháos) bedeutet „gähnende Leere".

27 Rudolf Steiner: *Entsprechungen zwischen Mikrokosmos und Makrokosmos,* Rudolf Steiner Verlag, Dornach, 1987, GA 201, S. 200.

28 Emil Bock (1895 – 1959): Theologe, Anthroposoph, Philosoph.

29 Emil Bock: *Das Evangelium,* Urachhaus, Stuttgart, 2009, S. 948.

30 Anomia, zusammengesetzt aus Alpha privativum a- (ohne) und Nomos (Gesetz) Gesetzlosigkeit, Unordnung.

31 Hesiod: Theogonie.

32 Rudolf Steiner: *Vorträge und Kurse über christlich-religiöses Wirken,* II, Rudolf Steiner Verlag, Dornach, 1993, GA 343, S. 142.

33 Übersetzung durch Rudolf Steiner (1906), GA 269, S. 83.

34 Aus Rudolf Steiner: *Johannes-Evangelium,* Rudolf Steiner Verlag, Dornach, 1995, GA 103.

35 Vulgata: Übersetzung der Bibel in das Lateinische, mit der Hieronymus beauftragt wurde.

36 Septuaginta heißt 70. Die Übersetzung wurde so genannt, weil sie 70 Gelehrte aus dem Hebräisch-Aramäischen in das Griechische vornahmen.

37 Für alle, die sich näher in diese Thematik einlesen wollen, lohnt sich das Studium von Rudolf Steiners *Die Geheimnisse der biblischen Schöpfungsgeschichte,* GA 122 und *Die geistigen Hierarchien …,* GA 110.

38 Rudolf Steiner: *Die Schöpfung der Welt und des Menschen,* Rudolf Steiner Verlag, Dornach, 2000, GA 354, S. 12.

39 Rudolf Steiner: *Die Geheimnisse der biblischen Schöpfungsgeschichte,* Rudolf Steiner Verlag, Dornach, 1984, GA 122, S. 153.

40 Rudolf Steiner: *Geheimwissenschaft im Umriss,* Rudolf Steiner Verlag, Dornach, 1989, GA 4, S. 140.

41 Paulus: Hebräer 11.

42 Rudolf Steiner: *Die Schöpfung der Welt und des Menschen,* Rudolf Steiner Verlag, Dornach, 2000, GA 354, S. 26.

43 G.W.F. Hegel: *Wissenschaft der Logik,* I, Verlag Felix Meiner, Hamburg, 1967, S. 90.

44 Zitiert aus Otfried Höffe: *Immanuel Kant,* Verlag C.H. Beck, München, 1983, S. 143.

45 Rudolf Steiner: *Die Mission der neuen Geistesoffenbarung, Das Christus-Ereignis als Mittelpunktsgeschehen der Erdenevolution,* Rudolf Steiner Verlag, Dornach, 1975, GA 127, S. 186.

46 Der Ausdruck „Pensionisten des Geistes" stammt von Heinz Grill: *Initiatorische Schulung in Arco,* Lammers-Koll Verlag, Niefern-Öschelbronn, 2001, S. 46.

47 Georg Wilhelm Friedrich Hegel: *Die Naturreligion,* Felix Meiner Verlag, Leipzig, 1927, S. 36.

48 Rudolf Steiner: *Wie erlangt man Erkenntnisse der höheren Welten?,* Rudolf Steiner Verlag, Dornach, 2018, GA 10, S. 60.

49 „Die Zeiten ändern sich und wir ändern uns in ihnen."

50 Zitiert von Ulrich Johannes Schneider: „Situation der Philosophie, Kultur der Philosophen." in: *Deutsche Zeitschrift für Philosophie* 1/1996, Leipzig, S. 149.

51 Rüdiger Zill: „Staatsphilosophie“, in: *Frankfurter Rundschau* (14.5.1996).

52 Georg Klaus, Manfred Buhr (Hrsg.): *Philosophisches Wörterbuch,* Leipzig, VEB Bibliographisches Institut, 1964.

53 Beiträge von Sibylle Tscharr in einem Gespräch mit dem Autor auf einer geisteswissenschaftlichen Tagung in Italien am 25.9.2021.

54 Camilla Warnke: „Das Problem Hegel ist längst gelöst.“ in: Volker Gebhardt, Hans-Christoph Rauh (Hrsg): *Anfänge der DDR-Philosophie,* Berlin 2001, Online-Edition peter-ruben.de, herausgegeben von Ulrich Hedtke und Camilla Warnke, Berlin 2020.

55 *Große Sowjetenzyklopädie,* Bd. 43, Ausgabe Berlin, 1955.

56 Walter Ulbricht: Zum Kampf zwischen Marxismus-Leninismus und den Ideologen des Bourgeoisie. Aus seiner Rede vor dem 30. Plenum des ZK der SED. In DZPh 4 (1956) 5/6.

57 Guntolf Herzberg: „Lautes oder lauter Schweigen? Über die Schwierigkeiten der Philosophen, die DDR-Philosophie aufzuarbeiten“, in: *Die Welt* (11.5.1996).

58 Herzberg: s.o.

59 Sophokles (496 – 406 v. Chr.): Dichter der griechischen Klassik, der mit Werken wie *Antigone, Elektra* und *König Ödipus* Weltliteratur schuf.

60 Sophokles: *Antigone*, Reclam Verlag, Stuttgart, Übersetzung: Wilhelm Kuchenmüller, 1974, S. 22.

61 Johann Peter Eckermann: *Gespräche mit Goethe in den letzten Jahren seines Lebens,* Insel Verlag, Frankfurt am Main, 9. Auflage, 2006.

62 Marianne Roider: „Ein realer dramatischer Schicksalsverlauf“, Beitrag zum „Themennachmittag Wahrheit III“, 13.11.2021, Haag.

63 D. 41.2.12.1. Dialektik bedeutet Digesten, die Auszüge aus den Schriften römischer Juristen seit dem 1. Jh. v. Chr., zusammengestellt unter Justinian, 533 n. Chr.

64 Heinz Grill: *Materielles Werteempfinden und moralische Vollkommenheit in der Seele,* Lammers-Koll-Verlag, Niefern-Öschelbronn, 2006, S. 15.

65 Heinz Grill: *Die 7 Lebensjahrsiebte und die 7 Chakren,* Synergia Verlag, Roßdorf, 2019, S. 52 ff.

66 Psalm 139,16 (David).

67 Lk 12, 26.

68 Sokrates (469 – 399): Er hat nach Aristoteles die Philosophie vom Himmel auf die Erde geholt, begründete die Ethik und Stellung des Menschen im Kosmos.

69 Karl Jaspers (1883 – 1969): Vertreter der Existenzphilosophie.

70 Karl Jaspers: *Die großen Philosophen,* Bd. 1, 3. Auflage, München/Zürich 1981, S. 124.

71 Platon: *Phaidon*, in: Platonis Opera I, 57 a ff. University Press, Oxford, 1973.

72 Platon: *Apologia*, in: Platonis Opera I, 17 a ff. University Press, Oxford, 1973.

73 Emil Bock: *Beiträge zur Geistesgeschichte der Menschheit,* Verlag Urachhaus, Stuttgart, 2009, Bd. VI, S. 420 f.

74 Rudolf Steiner: *Geisteswissenschaft als Lebensgut*, Rudolf Steiner-Nachlassverwaltung, Dornach, 1959, S. 129.

75 Rudolf Steiner: *Geisteswissenschaft als Lebensgut*, Rudolf Steiner-Nachlassverwaltung, Dornach, 1959, S. 119.

76 Rudolf Steiner: *Das Geheimnis des Todes,* Rudolf Steiner Verlag, Dornach, 2005, GA 159, S. 349.

77 Auszüge aus den Vorträgen vom 15., 18., 19., 25.11.1917 in St. Gallen, GA 178.

78 Heinz Grill: *Initiatorische Schulung … Die Seelsorge für die Verstorbenen,* Lammers-Koll-Verlag, Niefern-Öschelbronn, 2001.

79 Rudolf Steiner: *Geisteswissenschaft als Lebensgut*, Rudolf Steiner-Nachlassverwaltung, Dornach, 1959, S. 177.

80 Rudolf Steiner: *Die Verbindung zwischen Lebenden und Toten,* Rudolf Steiner Verlag, Dornach, 1976, S. 26.

81 Original: „In paradisum deducant te angeli, in tuo adventu suscipiant te martyres … aeternam habeas requiem."

82 https://de.wikipedia.org/wiki/Leben_nach_dem_Tod (abgerufen am 5.1.2022).

83 Dietmar Pieper: „Der Himmel ist leer", in: *Der Spiegel,* Nr. 17, 2015, S. 40-48 (online – 20. April 2019).

84 „Knapp jeder Dritte glaubt an ein Leben nach dem Tod." in: *idea.de,* abgerufen am 18. November 2021 (deutsch).

85 Mt 16,18: πύλαι ἅδου, portae inferi.

86 Mt, Mk: τήν γέεvvαν του πυρός; gehennae ignis.

87 Tanach: Sammlung der Bibel in hebräischer Schrift, so Tora, Nevi'im, Ketuvim.

88 Heinz Grill: *Initiatorische Schulung … Die Seelsorge für die Verstorbenen,* Lammers-Koll Verlag, Niefern-Öschelbronn, 2001, S. 11.

89 Heinz Grill: *Initiatorische Schulung … Die Seelsorge für die Verstorbenen,* Lammers-Koll Verlag, Niefern-Öschelbronn, 2001, S. 15.

90 Heinz Grill: *Initiatorische Schulung … Die Seelsorge für die Verstorbenen,* Lammers-Koll Verlag, Niefern-Öschelbronn, 2001, S. 26.

91 Von „sistere", haltmachen, stehenbleiben.

92 *Eislers Handwörterbuch der Philosophie,* Mittler & Sohn, Berlin, 1922, S. 667.

93 Johann Wolfgang von Goethe: zitiert aus dem Fragment „Die Natur", Rudolf Steiner: *Geisteswissenschaft als Lebensgut,* Rudolf Steiner-Nachlassverwaltung, Dornach, 1959, S. 434.

94 Epikur (341 – 270): Griechischer Philosoph, stellte die Eudaimonie, das persönliche Lebensglück in den Mittelpunkt seiner Lehre und wurde wegen seiner Nähe zum „Hedonismus", Lustprinzip, auch missverstanden.

95 Cicero: *Tusculanae disputationes,* I, *Cato Maior* 18, 66.

96 Arthur Schopenhauer: *Die Welt als Wille und Vorstellung,* II., K. 41.

97 Heraklit (520 – 460): Griechischer Philosoph, brachte mit der klassischen Formel „panta rhei" („Alles fließt") seine Sicht vom grundlegenden „Werden" und „Gegensatz" („Der Krieg ist der Vater aller Dinge") auf einen Nenner.

98 Heraklit: Fragment Bewusstseinsseele 62.

99 Erläutert bei Thomas Sören Hoffmann: *Hegel – eine Propädeutik,* Marix Verlag, Wiesbaden, 2004, S. 120 f., 260 f., 306 f.

100 Vom lateinischen Verbum „ponere", „stellen, setzen, legen".

101 Vom lateinischen Verbum „dividere“, „teilen“.

102 Burkhard Wehner: *Die Katastrophen der Demokratie. Über die notwendige Neuordnung der politischen Verfahren.* Wissenschaftliche Buchgesellschaft Darmstadt, 1992.

103 Perikles (490 – 429): griechischer Staatsmann, prägte das „Perikleische Zeitalter“ in Politik und Kultur.

104 Die Eidesformel des deutschen Bundespräsidenten, Bundeskanzlers und der Bundesminister nach Art. 56 (und Art. 64) GG: „Ich schwöre, dass ich meine Kraft dem Wohle des deutschen Volkes widmen, seinen Nutzen mehren, Schaden von ihm wenden, das Grundgesetz und die Gesetze des Bundes wahren und verteidigen, meine Pflichten gewissenhaft erfüllen und Gerechtigkeit gegen jedermann üben werde. So wahr mir Gott helfe.“

105 Thukydides: „Gefallenenrede.“ II. Buch, zitiert in *Zeiten und Menschen*, Blutenburg-Verlag, München, 1978, S. 88.

106 www.reformforum-neopolis.de (abgerufen: 21.1.2022)

107 Platon: *Politeia* 473 d. Platonis Opera, University Press, Oxford, 1978.

108 Rudolf Steiner: *Die Kernpunkte der sozialen Frage*, Rudolf Steiner Verlag, Dornach, Schweiz, 1976, GA 23, S. 9.

109 Rudolf Steiner: *Die Kernpunkte der sozialen Frage*, Rudolf Steiner Verlag, Dornach, Schweiz, 1976, GA 23, S. 35.

110 Rudolf Steiner: *Die Kernpunkte der sozialen Frage*, Rudolf Steiner Verlag, 1976, Dornach, GA 23.

111 Zitiert aus: Thomas Sören Hoffmann: *Hegel, Eine Propädeutik*, Marix Verlag, Wiesbaden, 2004, S. 477 ff.

112 Rudolf Steiner: *Die Kernpunkte der sozialen Frage*, Rudolf Steiner Verlag, Dornach, Schweiz, 1976, GA 23, S. 37.

113 Rudolf Steiner: *Die Kernpunkte der sozialen Frage*, Rudolf Steiner Verlag, Dornach, Schweiz, 1976, GA 23, S. 51.

114 „Themennachmittag Wahrheit“ IV am 5.2.2022, Haag.

115 „Themennachmittag Wahrheit“ IV am 5.2.2022, Haag.

116 Heinz Grill: *Ernährung und die gebende Kraft des Menschen*, Stephan Wunderlich Verlag, Sigmaringen, 2013, S. 13.

117 Rudolf Steiner: *Ernährung und Bewusstsein*, Themen aus dem Gesamtwerk 7, Verlag Freies Geistesleben, Stuttgart, 2001, S. 16.

118 Ernährungsfragen behandelte Rudolf Steiner in Vorträgen aus den Jahren 1905, 1909, 1913 und 1923.

119 Rudolf Steiner: *Ernährung und Bewusstsein,* Themen aus dem Gesamtwerk 7, Verlag Freies Geistesleben, Stuttgart, 2001, S. 19.

120 Emil Bock: *Urgeschichte,* Urachhaus, Verlag Freies Geistesleben, Stuttgart, 2009.

121 Rudolf Steiner: *Ernährung und Bewusstsein,* Themen aus dem Gesamtwerk 7, Verlag Freies Geistesleben, Stuttgart, 2001, S. 55.

122 Ludwig Feuerbach (1804 – 1872): Philosoph und Anthropologe, wurde bekannt durch seine Kritik an Religion und Idealismus.

123 Mt 15,11 (Übersetzung Lutherbibel 1912)

124 Gender ist der englische Ausdruck für das soziale Eintaxieren des Geschlechts im Gegensatz zum biologisch Sexuellen.

125 https://www.mdr.de/geschichte/ddr/alltag/familie/frauentag-achter-maerz-102.html (Abgerufen am 23.3.2022)

126 „Frau- und Muttersein im 20. Jahrhundert - Anthroposophie ...“, in: https://www.anthroposophie-lebensnah.de › lebensthemen (Abgerufen am 23.3.2022)

127 Rudolf Steiner: *Philosophie der Freiheit,* Rudolf Steiner Verlag, Dornach, 1995, GA 4, S. 238.

128 Per se: an sich. Der „Mensch an sich“ zu verstehen wie die Gattung Mensch als Allgemeinbegriff, Universale.

129 Moses: Genesis 1,26.

130 Androgyn: männlich-weiblich aus „Anär“ (Mann) und „Gynä“ (Frau).

131 Rudolf Steiner: *Die Geheimnisse der biblischen Schöpfungsgeschichte,* Rudolf Steiner Verlag, Dornach, 1984, GA 122, S. 178.

132 Ovid: *Metamorphosen,* IV 328, Heimeran Verlag, München, 1980.

133 Aristophanes (444 – 380 v. Chr.): Klassiker der antiken griechischen Komödiendichtung, der auch Sokrates aufs Korn nahm.

134 Platon: *Symposion*, Platonis Opera III, 191 d, University Press, Oxford, 1979.

135 Simone Weil: „Intuitions préchrétiennes“ in: *Vorchristliche Schau,* München, 1959.

136 Sigmund Freud: „Jenseits des Lustprinzips“, in: Sigmund Freud: *Psychologie des Unbewussten,* Studienausgabe, Band 3, Frankfurt am Main, 1975.

137 Rudolf Steiner: *Aus der Akasha-Chronik,* Rudolf Steiner Verlag, Dornach, 1973, GA 11, S. 231.

138 Rudolf Steiner: *Mythen und Sagen, Okkulte Zeichen und Symbole.* Rudolf Steiner Verlag, Dornach, 1992, GA 101, S. 50.

139 Emil Bock: *Kindheit und Jugend Jesu,* Beiträge zur Geschichte der Menschheit V, Urachhaus, 1980, S. 9.

140 Emil Bock: *Kindheit und Jugend Jesu,* Beiträge zur Geschichte der Menschheit V, Urachhaus, 1980, S. 38 f.

141 Mt 1,1

142 Lk 3, 23

143 Emil Bock: *Kindheit und Jugend Jesu,* Beiträge zur Geschichte der Menschheit V, Urachhaus, 1980, S. 169.

144 Emil Bock: *Kindheit und Jugend Jesu,* Beiträge zur Geschichte der Menschheit V, Urachhaus, 1980, S. 113.

145 Mk 6,3.

146 Emil Bock: *Kindheit und Jugend Jesu,* Beiträge zur Geschichte der Menschheit V, Urachhaus, 1980, S. 122.

147 Arabisches Kindheits-Evangelium, Pseudo-Matthäus-Evangelium, Jakobus-Evangelium, Thomas-Evangelium.

148 MK 6,3.

149 Emil Bock: *Kindheit und Jugend Jesu,* Beiträge zur Geschichte der Menschheit V, Urachhaus, 1980, S. 140.

150 Rudolf Steiner: *Das Lukas-Evangelium,* Rudolf Steiner Taschenbücher, Rudolf Steiner Verlag, Dornach, 1987, S. 27.

151 Rudolf Steiner: *Die geistige Führung des Menschen und der Menschheit,* Rudolf Steiner Verlag, Dornach, 1987, GA 15, S. 75

152 Rudolf Steiner: *Spirituelle Seelenlehre und Weltbetrachtung,* Rudolf Steiner Verlag, Dornach, 1986, GA 52, S. 219.

153 Ludwig Meindl: *Das Phänomen der Zeit,* Stephan Wunderlich Verlag, Sigmaringen, 2021, S. 10 ff.

154 Emil Bock: *Die drei Jahre,* Urachhaus, Stuttgart, 2009, S. 191.

155 Siehe Kapitel IV, 1. „Offizielle Wahrheiten": „Weltenlüge" Urknall …

156 Heinz Grill: *Das Wesensgeheimnis der Seele,* Stephan Wunderlich Verlag, Sigmaringen, 2018, S. 418.

157 Rudolf Steiner: *Die okkulten Grundlagen der Bhagavad Gita,* Rudolf Steiner Verlag, Dornach, 1992, GA 146, S. 82.

158 Rudolf Steiner: *Die Grundimpulse des weltgeschichtlichen Werdens,* Rudolf Steiner Verlag, Dornach, 1988, GA 216, S. 62.

159 Aristoteles (384 – 322 v. Chr.): griechischer Philosoph. Begründer der Wissenschaft in zahlreichen Fakultäten wie Logik, Rhetorik, Naturwissenschaft, Botanik, Metaphysik, Sprache, Ethik, Ontologie. Er wirkte daneben als Erzieher Alexanders des Großen.

160 Cicero (106 – 43 v. Chr.): Politiker, Anwalt, Redner, Philosoph, glänzte unter anderem mit seiner klassischen lateinischen Sprache und der Vermittlung der griechischen Philosophie für Mittelalter, Neuzeit und Moderne.

161 Hylemorphismus aus „hyle", Material, und „morphe", die Form.

162 Seneca (1 v. Chr. – 65 n. Chr.): Philosoph, Politiker, Dramatiker, wirkte auf Mittelalter, Humanismus und deutsche Klassik.

163 Seneca: „Epistulae morales" in: Seneca: *Von der Seelenruhe,* Carl Schünemann Verlag, Bremen, 1980, S. 271.

164 Im Original: „… in hoc obnoxio domicilio animus liber habitat." Seneca: *Epistulae morales,* LXV 21.

165 Fünftes Jahrhundert v. Chr.

166 Hesiod: griechischer Dichter im 5. vorchristlichen Jahrhundert.

167 ex archäs.

168 Moses 1, 1-2 „Am Anfang schuf Gott Himmel und Erde. Und die Erde war wüst und leer" nach Luther.

169 πόλεμος πάντων μὲν πατήρ ἔστι, πάντων δὲ βασιλεύς (Polemos panton men patär estin, panton de basileus).

170 ψυχή τοῦ παντός (Psychä tu pantos)

171 René Descartes (1596 – 1650), Philosoph, Mathematiker, Naturwissenschaftler.

172 Rudolf Steiner: *Vergangenheits- und Zukunftsimpulse im sozialen Geschehen,* Rudolf Steiner Verlag, Dornach, 1980, GA 190, S. 102.

173 Rudolf Steiner: *Mein Lebensgang,* Rudolf Steiner Verlag, Dornach, 2000, GA 28, S. 324.

174 La Mettrie: „Sur le bonheur." Verlag L'Arche Paris 2000, in: *Über das Glück, Anti-Seneca,* LSR (Herausgegeben und [sehr frei] übersetzt von Bernd A. Laska), Nürnberg 1985/2002, S. 112 [171], zitiert unter https://de.wikipedia.org/wiki/Julien_Offray_de_La_Mettrie (abgerufen am 27.4.2022).

175 Julie de La Mettrie: *L'Homme-Machine,* S. 108.

176 Lukrez: *De rerum natura,* III 462, University Press, Oxford, 1974.

177 *Voltaire über den König von Preußen,* Memoiren, hg. u. übersetzt von Anneliese Botond (Titel der Originalausgabe: *Memoires pour servir à la vie de M. de Voltaire, écrits par lui-mēme*), Frankfurt/M. (Insel Verlag), 1981 (Erstausgabe 1967), Seite 42, 109.

178 Wie die folgenden Zitate unter https://de.wikipedia.org/wiki/Julien_Offray_de_La_Mettrie (abgerufen am 27.4.2022).

179 Rudolf Steiner: *Gegensätze in der Menschheitsentwicklung …,* Rudolf Steiner Verlag, Dornach, 1967, GA 197, S. 138.

180 Rudolf Steiner: *Die Geschichte der Menschheit und die Weltanschauung der Kulturvölker,* Rudolf Steiner Verlag, Dornach, 1968, GA 353, S. 292.

181 Rudolf Steiner: *Gegensätze in der Menschheitsentwicklung …,* Rudolf Steiner Verlag, Dornach, 1967, GA 197, S. 127.

182 Rudolf Steiner: *Exkurse in das Gebiet des Markus-Evangeliums,* Rudolf Steiner Verlag, Dornach, 1967, GA 124, S. 137.

183 Rudolf Steiner: *Heilfaktoren für den sozialen Organismus,* Rudolf Steiner Verlag, Dornach, 1984, GA 198, S. 69.

184 Zitiert aus: Ludwig Meindl: *Der Mensch am Scheideweg,* Stephan Wunderlich Verlag, Sigmaringen, 2018, S. 66.

185 Rudolf Steiner: *Geisteswissenschaft als Lebensgut,* Verlag der Rudolf Steiner-Nachlassverwaltung, Dornach, 1959, S. 422.

186 Rudolf Steiner: *Geisteswissenschaft als Lebensgut,* Verlag der Rudolf Steiner-Nachlassverwaltung, Dornach, 1959, S. 258.

187 Rudolf Steiner: *Grundelemente der Esoterik,* Rudolf Steiner Verlag, Dornach, 1972, GA 93 a, S. 66.

188 Veröffentlicht von Statista Research Department, 26.04.2011.

189 Rudolf Steiner: *Von Jesus zu Christus,* Rudolf Steiner Verlag, Dornach, 1988, GA 131, S. 139.

190 Paulus 1 Kor 15

191 Immanuel Kant: *Die Religion innerhalb der Grenzen der Vernunft,* 1794

192 Mk 12,18-27

193 Emil Bock: *Beiträge zur Geistesgeschichte der Menschheit. Paulus,* Urachhaus, Stuttgart, 2009, S. 324.

194 Joh 20, 1-17

195 Rudolf Steiner: *Das esoterische Christentum und die geistige Führung …* , Rudolf Steiner Verlag, Dornach, 1995, GA 130, S. 222.

196 Joh 20,19-27

197 Lk 24,13-35

198 Lk 24,36-49

199 Mk 9,31

200 Joh 20,29

201 Ludwig Ott: *Grundriss der katholischen Dogmatik,* S. 582

202 Thomas v. Aquin: *Summa theologiae,* Suppl. 83,1

203 Thomas v. Aquin: *Summa theologiae.* Suppl. 85,1

204 Paulus: 1 Kor 15,42-44

205 *Das Neue Testament* … Steyler Verlagsbuchhandlung, Kaldenkirchen, 1957

206 Rudolf Steiner: *Von Jesus zu Christus,* Rudolf Steiner Verlag, Dornach, 1971, GA 131, S. 169.

207 Franz M. Wuketis: „Hat die Biologie Kant missverstanden?" in: *Transzendentale oder evolutionäre Erkenntnistheorie?* Hg. Wilhelm Lütterfelds, Wissenschaftliche Buchgesellschaft, Darmstadt, 1987, S. 45.

208 Monistisch hier im engen wörtlichen Sinn „einzig, allein" in der Bedeutung, dass alles aus einem einzigen Grund hervorgegangen sei, der Materie.

209 Erhard Oeser: „Evolutionäre Wissenschaftstheorie", in: *Transzendentale oder evolutionäre Erkenntnistheorie?* Hg. Wilhelm Lütterfelds, Wissenschaftliche Buchgesellschaft, Darmstadt, 1987, S 51.

210 Gerhard Vollmer: „Eine kopernikanische Wende?" in: *Transzendentale oder evolutionäre Erkenntnistheorie?* Hg. Wilhelm Lütterfelds, Wissenschaftliche Buchgesellschaft, Darmstadt, 1987, S. 81.

211 Aus dem griechischen ἀμοιβή (amoibe) in der Bedeutung von „Wechsel", Einzeller ohne feste Form.

212 Peter Bieri: „Evolution, Erkenntnis und Kognition" in: *Transzendentale oder evolutionäre Erkenntnistheorie?* Hg. Wilhelm Lütterfelds, Wissenschaftliche Buchgesellschaft, Darmstadt, 1987, S. 130 f.

213 Apostel Paulus, Brief an die Galater (1,12), Nestle-Aland: *Novum Testamentum,* Deutsche Bibelgesellschaft, Stuttgart, 1984.

214 Der Katechismus hat seinen Namen vom Katechumenen (κατηχούμενος), „dem, der belehrt wird".

215 Zitiert bei Peter Selg: *Rudolf Steiner und das Credo der Menschen-Weihehandlung,* Verlag des Ita Wegmann Instituts, Arlesheim, 2017.

216 Joh. 1,1

217 Der Streit um das „Filioque" („und dem Sohn" aus „qui ex Patre Filioque procedit", „der aus dem Vater und dem Sohn hervorgeht") führte zur Trennung der westlichen und orthodoxen Kirche, die am Primat des Schöpfergottes festhielt.

218 Dogmatische Konstitution über die Kirche „Lumen gentium" Nr. 12.

219 „Cum autem venerit ille, Spiritus veritatis, deducet vos in omnem veritatem." Joh 16,13.

220 Rudolf Steiner: *Das esoterische Christentum und die geistige Führung der Menschheit,* Rudolf Steiner Verlag, Dornach, 1995, GA 130, S. 161 ff.

221 Bibel, Altes Testament: 1. Buch Moses.

222 Genesis 1 Moses 3,1

223 Heinz Grill: „Projizieren." 14.2.2020

224 Goethe: *Faust I,* Studierzimmer

225 Zusammengesetzt aus dem lateinischen „in" für „nicht, „cum" für „mit" und „mensura", „das Maß".

226 Rudolf Steiner: *Vorträge und Kurse über christlich-religiöses Wirken"* I, Rudolf Steiner Verlag, Dornach, 1993, S. 20.

227 Vom griechischen „monos" für „allein" und „genos" für „Abstammung".

228 Siegfried Wiedenhofer: „Erbsünde – eine universale Erbschuld? ...", in: *ThQ 162,* 1982, S. 30.

229 Hamartiologie vom griechischen „hamartanein" für „verfehlen". Bei Aristoteles der moralische Fehltritt des tragischen Helden.

230 Gunther Wenz: *Sünde, Hamartiologische Fallstudien,* Vandenhoeck & Ruprecht, Göttingen, 2013, S. 289.

231 Augustinus (354 – 430): Kirchenlehrer und Bischof in Hippo, heute Algerien.

232 Friedrich Schleiermacher (1768 – 1834): Theologe, Altphilologe, Philosoph, Begründer der modernen Hermeneutik.

233 Friedrich Schleiermacher: *Der christliche Glaube nach den Grundsätzen der evangelischen Kirche im Zusammenhang dargestellt,* 1830, Hg v. R. Schäfer, Berlin/New York, 2003.

234 J. H. Töllner „Von den Überresten des göttlichen Ebenbildes", zitiert in Günther Wenz.

235 Antitrinitarier: Aus „anti", „gegen", und „Trinität", „Dreifaltigkeit", also die Gegner des Dreifaltigkeitsdogmas.

236 Immanuel Kant (1724 – 1804): Philosoph der Aufklärung, berühmt durch sein Werk *Kritik der reinen Vernunft,* 1781.

237 So nannte man die Erbsünde zuerst, das originale, ursprüngliche Vergehen.

238 Zitiert bei Wenz, S. 147.

239 Ecclesia Catholica: Katechismus der Katholischen Kirche, 1997, Nr. 403.

240 „Auserwählte und Vorherbestimmte“.

241 „vorherwissend“

242 Verderbnis

243 Vom altgriechisch σωτήρ (soter) für „Retter“ und λόγος (logos), Wort, Lehre, also „nach der Erlösungslehre“.

244 Zitiert bei Wenz , S. 68.

245 Rudolf Steiner: *Die Philosophie des Thomas von Aquino,* Rudolf Steiner Verlag, Dornach, 1993, GA 74, S. 42.

246 Ursprung und Autor unbekannt, Quelle: https://de.wikipedia.org/wiki/Pelagius̤(Theologe), abgerufen 16.6.2021.

247 Georg Wilhelm Friedrich Hegel: „Vorlesungen über die Philosophie der Religion“ II, *Die Naturreligion,* Verlag Felix Meiner, Leipzig, 1927, S. 22 ff.

248 Von lateinisch „reducere“, „zurückführen“.

249 Vom lateinischen „emergere“, „auftauchen“, hier: dass plötzlich aus dem physischen Gehirn ein geistiger Gedanke auftaucht, so wie nach naturwissenschaftlichem Ermessen ja auch dem Tiermenschen der Urzeit von einer Sekunde auf die andere das Licht der Intelligenz aufgeleuchtet haben soll.

250 Hegel: s.o. Anm. 5, S. 27.

251 Joh 14,6

252 Joh 8,31

253 Joh 1,17

254 Joh 1,14

255 Rudolf Steiner: *Das Johannes-Evangelium,* Rudolf Steiner Verlag, Dornach, 1995, S. 78.

256 Joh 18,37

257 Mt 5, 48

258 Joh 14,6

259 Wulfila (311 – 383), Gote und Bischof der Goten, verfasste den „Codex Argenteus“, den Silbernen Kodex, die erste und einzige Bibel in germanischer Sprache.

260 Aurelius Augustinus (354 – 430): Kirchenlehrer, Bischof von Hippo; begründete die Lehre von der Erbsünde und Prädestination.

261 René Descartes (1596 – 1650): Philosoph des Rationalismus. Als Mathematiker begründete er das kartesische Koordinatensystem und die Differantialrechnung.

262 Augustinus: „Si enim fallor, sum", *De civitate Dei,* XI, c. 26.

263 Augustinus: *Confessiones,* VII.

264 Augustinus: *Confessiones,* X 1,1.

265 Erasmus von Rotterdam (1466 – 1536): Niederländischer Gelehrter des Humanismus.

266 Alkaios von Lesbos (630 v. Chr. – 580): Bekannt wurde er mit der nach ihm benannten Alkäische Strophe und seinen Schiffsgedichten, von denen er einige auf das Staatsschiff münzte.

267 Alc. fr. 366 Voigt.

268 Plinius der Ältere (24 – 79): *Historia Naturalis,* Plinius kam beim Ausbruch des Vesuv ums Leben.

269 Tacitus (58 – 120): Opera minora: *De origine et situ Germanorum,* I, Verlag University Press Oxford, 1975

270 Aulus Gellius (128): Jurist und Schriftsteller.

271 Aulus Gellius: Noctes Atticae 12, 11, 7.

272 Jan Hus (1370 – 1415): Theologe und Reformator mit Nationalbewusstsein aus Böhmen, wurde durch das Konzil von Konstanz auf dem Scheiterhaufen verbrannt.

273 3. Buch Esra 3, 12.

274 Jan Hus im Brief an Johann von Rabstein.

275 Rede zum Symposium über Meister Jan Hus Václav Havel am 17. Dezember 1999

276 Rudolf Steiner: *Das Johannes-Evangelium,* Rudolf Steiner Verlag, Dornach, Fünfter Vortrag, Hamburg, 23. Mai 1908, 1981, GA 103.

277 Dionysos: Gott des Weines, latinisiert Bacchus.

278 Uta Kluge: „Der Wein und seine geistige Bedeutung," Beitrag zum „Themennachmittag Wahrheit, III". 13.11.2021. Haag.

279 Joh 2,1-12

280 Joh 20, 29

281 Maria Meindl: „Ich bin der Weinstock, ihr seid die Reben," Beitrag zum „Themennachmittag Wahrheit IV", 5.2.2022. Haag.

282 Joh 15, 1-8

283 Joh 14,6

284 Hesiod (700 v. Chr.): Griechischer Dichter, schuf das Epos als Lehrgedicht, stellte unter anderem in der Theogonie das Werden der Götter und der Welt zusammen.

285 Homer (ca. 700 v. Chr.): „Nationaldichter" der Griechen, schuf die klassischen Werke der „Ilias" und „Odyssee".

286 Publius Vergilius Maro (70 – 19 v. Chr.): „Nationaldichter" der Römer, schuf mit der „Aeneis" die römische Geschichtstradition.

287 Publius Ovidius Naso (43 v. Chr. – 17 n. Chr.): Römischer Dichtung, der vor allem mit seiner „Ars amatoria" die klassische Liebesdichtung etablierte.

288 Pindar (518 – 445 v. Chr.): griechischer Dichter, Lyriker, in der Neuzeit vor allem von Hölderlin rezipiert.

289 Pindar: Olympische Ode X 4, *Pindari Carmina*, Bibliotheca Oxoniensis, Oxford, 1963.

290 Parmenides (520 – 460 v. Chr.): Vorsokratiker, Begründer der eleatische Schule.

291 Parmenides: B1

292 Zitiert bei Hegel: *Wissenschaft der Logik,* I, Felix Meiner Verlag, Hamburg, 1967 (S. 90)

293 Platon (427 – 348 v. Chr.): griechischer Philosoph, begründete die Ideenlehre. Der Platonismus bedeutet heute „metaphysischer Realismus", d. h. die geistige, unvergängliche Welt ist die wirklich reale.

294 Rudolf Steiner: *Philosophie und Anthroposophie,* Rudolf Steiner Verlag, Dornach, 1965, GA 35, S. 75.

295 Platon: *Menon,* 86 b1, Phaidon, 99 e6, Bibliotheca Oxoniensis, Oxford, 1974.

296 Platon: *Sophistes,* 234 c4.

297 Platon: *Phaidon*, 90 d 7; *Kratylos,* 386 c 3; *Staat,* 508 e 4.

298 Platon: *Kratylos,* 385 b2.

299 Platon: *Phaidon,* 114 e5.

300 Platon: *Politeia,* 503c – 505b, 505d – 506b.

301 Platon: *Politeia,* 505a – 509d.

302 Platon: *Politeia,* 514a1 – 517c6.

303 Glaukon ist einer der zwei Brüder Platons, der einer wohlhabenden Familie Athens entstammte.

304 Platon: *Politeia,* 473c-d.

305 Rudolf Steiner: *Einleitungen zu Goethes Naturwissenschaftlichen Schriften,* Taschenbuchausgabe, Stuttgart, 1962, S. 115.

306 Aristoteles: *Metaphysik,* I (A) 980 a, Reclam Universal Bibliothek, Stuttgart, 1970.

307 René Descartes, Philosoph, Mathematiker, Naturwissenschaftler (1596 – 1650)

308 Aristoteles: *Physik,* I 7, 190 a.

309 ἀξίωμα, „Wertschätzung, Urteil, als wahr angenommener Grundsatz", z. B. das Identitätsprinzip besagt, dass ein Gegenstand A genau dann mit einem Gegenstand B identisch ist, wenn sich zwischen A und B kein Unterschied finden lässt. Die Methode, durch die Identität erkannt wird, ist der Vergleich. Das Identitätsprinzip wird oft Gottfried Wilhelm Leibniz zugeschrieben und daher auch Leibniz-Gesetz (Leibniz' law) genannt. – Euklid, Inzidenzaxiom: für je 2 Punkte A ũ B gibt es genau eine Gerade g.

310 Aristoteles: *Metaphysik,* 1012b

311 Thomas von Aquin (1225 – 1274): Philosoph, Theologe, Kirchenlehrer.

312 Thomas von Aquin: *Quaestio de veritate,* I, 9

313 Thomas von Aquin: *Über Seiendes und Wesenheit (De ente et essentia),* Lateinisch-Deutsch. Mit Einleitung, Übersetzung und Kommentar. Ed.: H. Seidl, Felix Meiner, Hamburg, 1988, LXII.

314 Rudolf Eisler: Kant – Lexikon, Nachschlagwerk zu Immanuel Kant, 1930.

315 Thomas von Aquin: „Über das Seiende und das Wesen. De ente et essentia" in: *Edith Stein Gesamtausgabe,* Verlag Herder, Freiburg, Basel, Wien, 2010.

316 Platon: *Kratylos*, in: Platonis Opera I, Scriptorum Classicorum Biblioteca Oxoniensis, Oxford, 1973, S. 383 ff.

317 Etymologie: ἔτυμος λόγος (wahres, richtiges Wort)

318 Protagoras (490 – 411): Homomensurasatz: Ἄνθρωπος μέτρον ἁπάντων.

319 Platon: *Kratylos*, in: Platonis Opera I, Scriptorum Classicorum Biblioteca Oxoniensis, Oxford, 1973, 386 e.

320 Beiträge zur Rudolf Steiner Gesamtausgabe: *Sprache und Sprachgestaltung*, Nr. 53, 65/66, Dornach 1975/1979.

321 Emil Bock (1895 – 1959): Anthroposoph, Philosoph, Schüler Rudolf Steiners.

322 Emil Bock: *Urgeschichte*, Urachhaus, Stuttgart, 2009.

323 Sanskrit: altindische Hochsprache, die älteste Form ist die der Veden.

324 Rudolf Steiner: *Geisteswissenschaftliche Sprachbetrachtungen*, Rudolf Steiner Verlag, Dornach, 1981, GA 299, S. 69.

325 Rudolf Steiner: *Das christliche Mysterium*, Rudolf Steiner Verlag, Dornach, 1998, GA 97, S. 99.

326 Ludwig Wittgenstein: *Tractatus logico-philosophicus*, Edition Suhrkamp, Frankfurt, 2014.

327 Heinz Grill: *Die Entwicklung einer gehobenen, sympathischen Sprachkultur*, Lammers-Koll-Verlag, Niefern-Öschelbronn, 2007

328 Aristoteles: griechischer Philosoph (384 – 322 v. Chr.), Schüler Platons, beeinflusste und begründete viele Themen von Metaphysik bis Ethik. Er war Lehrer Alexanders des Großen.

329 Aristoteles: *Metaphysik*, Reclam Verlag, Stuttgart, 1970, 1051b.

330 Rudolf Steiner: *Lebendiges Naturerkennen, intellektueller Sündenfall …*, Rudolf Steiner Verlag, Dornach, 1982, GA 220, S. 105 ff.

331 Rudolf Steiner, Anm. zu GA 220, S. 115.

332 Den Ätherleib erwähnt bereits der Philosoph Aristoteles. Es handelt sich um ein den physischen Menschen umhüllendes feinstoffliches, übersinnliches Wesensglied, das er mit Tieren und Pflanzen gemeinsam hat.

333 Rudolf Steiner: *Vor dem Tore der Theosophie,* Rudolf Steiner Verlag, Dornach, 1990, GA 95, S. 23.

334 Angela Merkel in einer Rede im September 2016.

335 Charles-Maurice de Talleyrand-Périgord (1754 – 1838): französischer Staatsmann, Diplomat während der Französischen Revolution.

336 Max Horkheimer und Theodor W. Adorno: *Dialektik der Aufklärung*, S. Fischer, Frankfurt 1969, Nachdruck als Taschenbuch 1988.

337 Spr 21,6.

338 Immanuel Kant (1724 – 1804), Philosoph der Aufklärung, bekannt durch sein Werk *Kritik der reinen Vernunft* und der ethischen Forderung im *Kategorischen Imperativ*.

339 Otfried Höffe: *Kant, Beck,* München, 7. Aufl. 2007, S. 199 f.

340 Hariolf Oberer: *Kant, Analysen, Probleme, Kritik,* Band 3, Königshausen & Neumann, 1997.

341 Benjamin Constant (1767 – 1830), Schriftsteller, Politiker und Anhänger Napoleons. Er musste nach der Schlacht von Waterloo nach England fliehen.

342 Benjamin Constant: „Von den politischen Gegenwirkungen" (Fortsetzung), in: Karl Friedrich Cramer (Hrsg.): *Frankreich im Jahr 1797. Aus den Briefen Deutscher Männer in Paris, mit Belegen*. 1. Auflage, 2, sechstes Stück, Altona 1797, S. 123.

343 Von lateinisch „convenire", „übereinkommen", also Übereinkunft.

344 Hedonismus vom griechischen „ἡδονή" (Hedone), die Freude, Lust.

345 Friedrich Nietzsche (1844 – 1900): Klassischer Philologe und Philosoph.

346 Friedrich Nietzsche: *Über Wahrheit und Lüge im außermoralischen Sinn,* 1873, Werke in drei Bänden, München, 1954, Band 3.

347 Joh 8,44.

348 Diabolos: Von altgriechischen Διάβολος, dem „Durcheinanderwerfer", bekannt als Teufel.

349 Von griechisch „deka" für zehn und „logos" für Wort. Die 10 Gebote, Exodus 20, 2-17.

350 Rudolf Steiner: *Vor dem Tore der Theosophie,* Rudolf Steiner Verlag, Dornach, 1990, GA 95, S. 23.

351 Rudolf Steiner: *Kosmogonie,* Rudolf Steiner Verlag, Dornach, 2001, GA 94, S. 137.

352 Sabine Wagner: „Die Lüge im Kontext des Rechts", Beitrag zum „Themennachmittag Wahrheit I", 17.7.2021, Haag.

353 Hamartiologisch kommt vom Griechischen „hamartanein", „verfehlen", wie beim Schützen, wenn er nicht trifft.

354 Gunther Wenz: *Sünde, Hamartiologische Fallstudien,* Vandenhoeck & Ruprecht, Göttingen, 2013.

355 Rudolf Steiner: *Geisteswissenschaftliche Menschenkunde,* Rudolf Steiner Verlag, Dornach, 2011, S. 181.

356 Emil Bock: *Das Evangelium,* Urachhaus, Stuttgart, 2009, S. 948.

357 Heinz Grill: „Über das Lügen", in: *„Erziehung und Selbsterziehung",* Lammers-Koll-Verlag, Niefern-Öschelbronn, 2001, S. 105 ff.

358 Rudolf Steiner: *Stichwort Lüge,* Rudolf Steiner Verlag, Basel, 2015.

359 „Abschnürungen"

360 „Kamaloka", Ort des Begehrens, entspricht der religiösen Vorstellung des Fegefeuers.

361 Aristoteles: *Metaphysik,* II 993b, Reclam, Stuttgart, 2020.

362 Moses: 1 Moses 2, „Genesis"

363 Moses: Buch Exodus (20,2-17) und im Buch Deuteronomium (5,6-12).

364 Rudolf Steiner: *Die Zehn Gebote,* in: GA 108, S. 63 ff.

365 Bibel, Altes Testament: 1. Buch Moses.

366 Georg Wilhelm Friedrich Hegel: *Vorlesungen über die Philosophie der Religion II, Die Naturreligion,* Verlag Felix Meiner, Leipzig, 1927, S. 22 ff.

367 Euripides: *Orestes,* S. 396.

368 Paulus: Röm 9,1

369 Platon: *Apologia Sokratous,* 31 d. Platonis Opera, University Press, Oxford, 1973.

370 Heinz Grill: „Die Beobachtungen der wahren inneren Gefühle“ in: „*Der Zyklus des Rades*“.

371 Rudolf Steiner, *Anthroposophische Leitsätze,* GA 26.

372 Immanuel Kant: *Metaphysik der Sitten,* in: Werke, Bd. 6, Akademie Ausgabe, Berlin 1969 ff, S. 400 f.

373 Immanuel Kant: *Gesammelte Schriften,* Hrsg.: Bd. 1–22 Preußische Akademie der Wissenschaften, Bd. 23, Deutsche Akademie der Wissenschaften zu Berlin, ab Bd. 24 Akademie der Wissenschaften zu Göttingen, Berlin, 1900 ff.

374 Immanuel Kant: AA III, 75

375 Immanuel Kant: AA IV, 92

376 1788 erschienen.

377 Immanuel Kant: *Gesammelte Schriften,* Hrsg.: Bd. 1–22 Preußische Akademie der Wissenschaften, Bd. 23, Deutsche Akademie der Wissenschaften zu Berlin, ab Bd. 24, Akademie der Wissenschaften zu Göttingen, Berlin, 1900 ff., AA V, 3

378 Kant: Königsberg 1780.

379 Georg Wilhelm Friedrich Hegel: *Wissenschaft der Logik.*

380 Aristoteles: *Nikomachische Ethik,* III 7, 111 3b.

381 Kant: *Metaphysik der Sitten,* AA VI, 227

382 Kant: *Kritik der reinen Vernunft,* 2. Auflage, 1787, AA III 373.

383 „Woher kommt die Lüge?“

384 Benjamin Constant (1767 – 1830), Schriftsteller, Politiker und Anhänger Napoleons. Er musste nach der Schlacht von Waterloo nach England fliehen.

385 Kant: *Metaphysik der Sitten,* AA VI, 439.

386 Kant: „Was ist Aufklärung?“, in: *Berlinische Monatsschrift,* Dezember-Heft 1784.

387 Friedrich Nietzsche: *Menschliches, Allzumenschliches,* I 39, KSA 2/63.

388 Friedrich Nietzsche: *Nachlass,* Nov. 1882 – Febr. 1883 5 (1) 189, KSA 10/205.

389 Friedrich Nietzsche: *Jenseits von Gut und Böse,* Rowohlt, Reinbeck, 2006.

390 Sigmund Freud (1856 – 1939): Arzt und Neurophysiologe.

391 George Hebert Mead (1863 – 1931): *„Geist, Identität und Gesellschaft – Aus der Sicht des Sozialbehaviorismus."*

392 Jean Paul Sartre (1905 – 1980): Dramatiker, Philosoph, Religionskritiker, Hauptvertreter des Existenzialismus.

393 Jean Paul Sartre: *Das Sein und das Nichts,* 950, Rowohlt, Reinbeck, 2006.

394 Jean Paul Sartre: *Das Sein und das Nichts,* 951, Rowohlt, Reinbeck, 2006.

395 Weisheit Salomons, Sapientia Salomonis, 11,16.

396 Hiob 1

397 Rudolf Steiner: *Die Erkenntnis des Übersinnlichen in unserer Zeit,* Rudolf Steiner Verlag, Dornach, 1959, S. 69.

398 Epikur (341 – 371): Begründer des Epikureismus, der später wegen seines Umgangs mit der Lust häufig kritisiert und mit dem Hedonismus gleichgesetzt wurde.

399 Epikur: *Von der Überwindung der Furcht,* Katechismus, Lehrbriefe, Spruchsammlung, Fragmente.
Übersetzt von O. Gigon, München, 1991.

400 Gottfried Wilhelm Leibniz (1646 – 1716): Philosoph, Mathematiker, Jurist, Historiker, Universalgelehrter.

401 Sophie Charlotte (1668 – 1705): Königin in Preußen, pflegte Umgang mit Philosophen und Musikern.

402 Johann Wolfgang Goethe: *Faust,* I 1336. Körner Verlag, Stuttgart, 1949.

403 Die Naturkatstrophe mit Erdbeben, Großbrand und Flutwelle soll 100.000 Opfer gefordert haben.

404 Zitiert in Gunther Wenz: *Sünde, Hamartiologische Fallstudien,* Vandenhoeck & Ruprecht, Göttingen, 2013.

405 Zitiert in Gunther Wenz: *Sünde, Hamartiologische Fallstudien,* Vandenhoeck & Ruprecht, Göttingen, 2013.

406 Rudolf Steiner: *Theosophie,* Rudolf Steiner Verlag, Dornach, 2003, S. 69.

407 Dharma: das allgemein gültige kosmische Gesetz.

408 Karma: Der Begriff karma aus dem Wortstamm kr bedeutet Arbeit und beschreibt, was der Mensch in seiner jeweiligen Inkarnation auf Erden abzuarbeiten hat.

409 Heinz Grill: „Adhikara und der Sonnenstatus der Seele."

410 Das Gedicht wird oft ohne Quellenangabe Hermann Hesse zugeschrieben.

411 Lucius Annaeus Seneca (1– 65): Stoiker, Staatsmann, Erzieher Neros.

412 Lucius Annaeus Seneca: *De brevitate vitae,* Deutscher Taschenbuch Verlag, München, 1983.

413 Lucius Annaeus Seneca: *Von der Seelenruhe,* Carl Schünemann Verlag Breme, 1980, S. 222 ff.

414 Heinz Grill: *Die Entwicklung einer gehobenen, sympathischen Sprachkultur,* Lammers-Koll-Verlag, Niefern-Öschelbronn, 2007

415 Rudolf Steiner: *Stichwort Lüge,* Rudolf Steiner Verlag, Basel, 2015.

416 „Abschnürungen"

417 Werner Heisenberg (1901 – 1976): Physiker, der die Quantenmechanik zuerst formulierte.

418 Otto Hahn (1879 – 1968): Chemiker, entdeckte die Kernisomerie.

419 Werner Heisenberg: *Quantentheorie und Philosophie,* Reclam, Stuttgart, 2012, S. 81.

420 Rudolf Steiner: *Wahrheit und Wissenschaft,* Rudolf Steiner Verlag, Basel, 2012, GA 3, S. 98 f.

421 Julius Evola: *Revolte gegen die moderne Welt,* Ansata Verlag, Interlaken, 1982.

422 Aristoteles: *Der Staat der Athener,* Reclam Verlag, Stuttgart, 1970.

423 Auf dem Olymp residieren die zwölf olympischen Götter: Zeus, Poseidon, Hera, Apollon, Artemis, Athene, Ares, Aphrodite, Hermes, Hephaistos und Hestia.

424 Von χθόνιος (chtónios) der Erde zugehörig. Zu den chtonischen Göttern zählten die Titanen, Demeter, Hekate, Dionysos, Hades und die Kabiren.

425 Augustinus: *Sermo,* 128.

426 Übersetzung aus Ovid: *Metamorphosen,* Heimeran Verlag, München, 1952.

427 ἄριστος: „Von bester Qualität, ausgezeichnet, edel, vornehm", „Aristokratie": die „Herrschaft der Besten", im wörtlichen Sinn die optimale Regierungsform, aber nicht so, wie sie in der historischen Entwicklung ebenfalls der Dekadenz verfiel.

428 Zum Zeitproblem: Ludwig Meindl: *Das Phänomen der Zeit,* Stephan Wunderlich Verlag, Sigmaringen, 2021.

429 Sublimation: vom lateinischen „sublimare", „läutern" der chemische Begriff des Destillierens, aber auch des Übergangs.

430 Libido, -inis lat.: das Begehren, die Lust.

431 Rudolf Steiner: *Die soziale Grundforderung unserer Zeit – In geänderter Zeitlage,* Rudolf Steiner Verlag, Dornach, 1918. GA 168, S. 58.

432 Rudolf Steiner: *Geisteswissenschaftliche Menschenkunde,* Dornach, 1988, GA 107, Vortrag vom 17.6.1909.

433 Rudolf Steiner: *Soziales Verständnis aus geisteswissenschaftlicher Erkenntnis,* 1919, GA 191, S. 257.

434 Den Ätherleib erwähnt bereits der Philosoph Aristoteles. Es handelt sich um ein den physischen Menschen umhüllendes feinstoffliches, übersinnliches Wesensglied, das er mit Tieren und Pflanzen gemeinsam hat.

435 Unter Astralleib versteht man die feinstoffliche Leibeshülle des Menschen, die von der Sternenwelt – daher Astralleib vom griechischen ἀστήρ (astär) für „Stern" – beeinflusst ist. Er beinhaltet v.a. die Begierden, aber auch das Bewusstsein.

436 Karl Heyer: *Geschichte des Abendlandes,* III. Ravensburger Druckanstalt, 1957.

437 Für den Sprachinteressierten ist das Werk in der Reclam-Ausgabe altgriechisch und deutsch nachvollziehbar: Aristoteles: *Über die Seele,* Reclam, Stuttgart, 2015.

438 Herodot: *Historien* I, Heimeran Verlag, München, 1977, S. 199.

439 *Der Sohar, Das heilige Buch der Kabbala,* aus dem Hebräischen übertragen und herausgegeben von Ernst Müller, Diederichs Gelbe Reihe, Heinrich Hugendubel Verlag, Kreuzlingen/ München 2005, S. 127.

440 Friedrich Schiller: *Über die ästhetische Erziehung des Menschen*, Verlag Freies Geistesleben, Stuttgart, 2005, S. 51.

441 Katha-Upanishade (II. 3–4).

442 Wilhelm von Humboldt (1769 – 1859), Forschungsreisender und Universalgelehrter.

443 Zitiert in Rudolf Steiner: *Die Bhagavad Gita und die Paulusbriefe*, Rudolf Steiner Verlag, Dornach, 1982, GA 142, S. 13.

444 Rudolf Steiner: *Die Bhagavad Gita und die Paulusbriefe*, Rudolf Steiner Verlag, Dornach, 1982, GA 142, S. 110.

445 Zitiert aus Sri Aurobindo: *Bhagavad Gita*, Verlag Hinder + Deelmann, Gladenbach, 1988.

446 Im 3. Jahrhundert v. Chr. gründete Zeno in einer bunt bemalten „Wandelhalle" – davon der Name „Stoá" – Athens diese philosophische Richtung, die das Abendland mit ihren Antworten auf das Schicksal, auf die Notwendigkeiten des Determinismus und auf die kosmische Dimension für Mensch und Welt imponierte. Berühmte Vertreter waren Seneca und Marc Aurel. Kant und Friedrich II. waren vom Pflichtgedanken der Stoá beeindruckt.

447 Die Epoche der Aufklärung setzen die Historiker von 1720 bis 1800 an. Das Streben nach Wissen, Freiheit und Vernunft steht dabei im Vordergrund. Wichtige Ereignisse bildeten die Französische Revolution, der „Sturm und Drang" und die Romantik. Das Motto dazu gab Immanuel Kant mit dem Spruch „Sapere aude!" („Habe den Mut, dich deines eigenen Verstandes zu bedienen!")

448 Rudolf Steiner: *Die Beantwortung von Welt- und Lebensfragen durch Anthroposophie*, GA 108 (1986), S. 169.

449 Norbert Schneider: *Geschichte der Metaphysik*, Meiner Verlag, Hamburg, 2018, S. 73.

450 Aischylos (525 – 456): griechischer Dichter, Schöpfer von Weltliteratur wie *Sieben gegen Theben*, *Der gefesselte Prometheus*, die *Orestie*.

451 Rudolf Steiner: *Über die astrale Welt und das Devachan*, Rudolf Steiner Verlag, Dornach, 1999, GA 88, S. 205.

452 Rudolf Steiner: *Das Christentum als mystische Tatsache*, Rudolf Steiner Verlag, Dornach, 1995, GA 8, S. 95.

453 Platonis Opera II: *Phaidros* 245 ff., Oxford University Press, Oxford 1979.

454 Emil Bock: *Die drei Jahre,* Verlag Urachhaus, Stuttgart, 2009, S. 232.

455 Emil Bock: *Caesaren und Apostel,* Verlag Urachhaus, Stuttgart, 1999, S. 308.

456 Caesar: *De bello Gallico*, VI, 13

457 Rudolf Steiner: *Die okkulten Wahrheiten alter Mythen und Sagen. Griechische und germanische Mythologie. Über Richard Wagners Musikdramen.* (1904–1907) GA 92, S. 103.

458 Aristoteles: *Metaphysik* I (A) 980 a.

459 Rudolf Steiner: *Die Beantwortung von Welt- und Lebensfragen durch die Anthroposophie,* GA 108, S. 170 f.

460 https://www.heise.de/news/Datenanalyse-Deutsche-ueber-drei-Stunden-taeglich-am-Smartphone-6369952.html

461 Zitiert in https://www.deutschlandfunk.de/heinrich-heine-und-die-religion-den-himmel-ueberlassen-wir-100.html (abgerufen: 4.6.2023)

462 Zitiert aus Norbert Schneider: *Grundriss der Geschichte der Metaphysik,* Meiner Verlag, Hamburg, 2018, S. 504 ff.

463 Anicius Manlius Severinus Boethius (* um 480/485; † im Zeitraum von 524 bis 526 entweder in Pavia oder in Calvenzano in der heutigen Provinz Bergamo) war ein spätantiker römischer Gelehrter, Politiker, neuplatonischer Philosoph und Theologe. Seine Tätigkeit fiel in die Zeit der Herrschaft des Ostgotenkönigs Theoderich.

464 Der Begriff wurde um 1911 von dem Philosophen Heinrich Rickert eingeführt.

465 Von „obsolescere", alt werden, nicht mehr gebräuchlich sein.

466 Otfried Höffe: *Immanuel Kant,* C.H. Beck Verlag, München, 1983, S. 16.

467 Albertus Magnus (1200 – 1280): Universalgelehrter, Philosoph, Theologe, Bischof; Vereinte die Philosophie des Aristoteles mit der kirchlichen Lehre.

468 Thomas von Aquin (1225 – 1274): Philosoph, Kirchenlehrer.

469 Rudolf Steiner: *Die Philosophie des Thomas von Aquino,* Rudolf Steiner Verlag, Dornach, 1993, GA 74, S. 60 ff.

470 Zitiert aus Thomas Sören Hoffmann: *G.W.F. Hegel - Eine Propädeutik,* Marix Verlag, Wiesbaden, 2004, S. 220 ff.

471 Goethe: *Faust* I 3456.

472 Johannes Roscelin von Compiègne (1050 – 1124): Dominikanischer Theologe.

473 Rudolf Steiner: *Philosophie und Anthroposophie,* Rudolf Steiner Verlag, Dornach, 1965, GA 35, S. 91.

474 Vom altgriechischen σημαίνειν (sēmaínein) im Sinne von bezeichnen.

475 Nicolai Hartmann: *Kleinere Schriften,* II, Verlag De Gruyter, Berlin, 1957, S. 46.

476 Heinz Grill: „*Die Synthese von Geist und Welt,* Lammers-Koll-Verlag, Niefern-Öschelbronn, 2008, S. 113.

477 Rudolf Steiner: *Wahrspruchworte,* Rudolf Steiner Verlag, Dornach, 1998, GA 40, S. 325.

478 Georg Wilhelm Friedrich Hegel: *Wissenschaft der Logik,* II, Verlag Felix Meiner, Hamburg, 1963, S. 1ff.

479 Zitiert aus Thomas Sören Hoffmann: *G.W.F. Hegel - Eine Propädeutik,* Marix Verlag, Wiesbaden, 2004.

480 Zitiert aus Thomas Sören Hoffmann: *G.W.F. Hegel - Eine Propädeutik,* Marix Verlag, Wiesbaden, 2004.

481 Generisch: artbezogen.

482 Gegenständliches Ansichsein.

483 Im An-und-für-sich-Sein ist das Phänomen aufgehoben und wirkliches Wissen geworden.

484 Hegel: *Wissenschaft der Logik,* XI, 249, Verlag Felix Meiner, Hamburg, 1963.

485 Eckhart von Hochheim (1260 – 1328): *Magister* (Meister) der Theologie, Dominikaner-Prior, Lektor an der Universität in Paris.

486 Platon: *Sophistes,* 248 a, Platonis Opera, Oxford University Press, 1973.

487 Goethes Anschauungen stehen in dem denkbar schärfsten Gegensatz zur Kantschen Philosophie, merkt Rudolf Steiner in *Goethes naturwissenschaftlichen Schriften* an. Diese (Kants Philosophie) gehe von der Auffassung aus, dass die Vorstellungswelt von den Gesetzen des menschlichen

Geistes beherrscht werde und deshalb alles, was ihr von außen entgegengebracht wird, in ihr nur als subjektiver Abglanz vorhanden sein könne. Der Mensch nehme nicht das „An sich" der Dinge wahr, sondern die Erscheinung, die dadurch entsteht, dass die Dinge ihn affizieren und er diese Affektionen nach den Gesetzen seines Verstandes und seiner Vernunft verbindet.

488 Rudolf Steiner: *Einleitungen zu Goethes naturwissenschaftlichen Schriften,* Rudolf Steiner Verlag, Dornach, 1987, GA 1, S. 335.

489 Rudolf Steiner: *Wahrheit und Wissenschaft,* Rudolf Steiner Verlag, Basel, 2012, GA 3, S. 12 f.

490 Wolfgang von Goethe: *Naturwissenschaftliche Schriften,* IV, 2 Rudolf Steiner Verlag, Dornach, 1987, S. 355.

491 Rudolf Steiner: *Wahrheit und Wissenschaft,* Rudolf Steiner Verlag, Basel, 2011, GA 3, S. 9.

492 Otfried Höffe: *Immanuel Kant,* Verlag C.H. Beck, München, 1983, S. 137.

493 Relevant vom lateinischen „relevare", wörtlich „aufheben", übertragen „von Bedeutung sein". „Leva" heißt heute im Italienischen der Hebel.

494 Otfried Höffe: *Immanuel Kant,* Verlag C.H. Beck, München, 1983, S. 91.

495 Josef Simon: „Zur Möglichkeit der Erkenntnis" in: *Transzendentale oder evolutionäre Erkenntnistheorie?,* Hrsg. Wilhelm Lütterfels, Wissenschaftliche Buchgesellschaft, Darmstadt, 1987, S. 405.

496 Peter Janich: „Evolution der Erkenntnis oder Erkenntnis der Evolution?" in: *Transzendentale oder evolutionäre Erkenntnistheorie?,* Hrsg. Wilhelm Lütterfels, Wissenschaftliche Buchgesellschaft, Darmstadt, 1987, S. 210 ff.

497 Kontingenz vom lateinischen Verbum „contingit", „es glückt".

498 Peter Krausser: „Transzendentale und evolutionäre Erkenntnistheorie" in: *Transzendentale oder evolutionäre Erkenntnistheorie?* Hrsg. Wilhelm Lütterfels, Wissenschaftliche Buchgesellschaft, Darmstadt, 1987, S. 353.

499 Thomas H. Macho: „Implikationen des Paradigma der ‚Selbstorganisation',“ in: *„Transzendentale oder evolutionäre Erkenntnistheorie?“* Hrsg. Wilhelm Lütterfels, Wissenschaftliche Buchgesellschaft, Darmstadt, 1987, S. 197.

500 Rudolf Steiner: *Wissenschaft und Wahrheit,* Rudolf Steiner Verlag, Basel, 2012, GA 3, S. 97.

501 Rudolf Steiner: *Wissenschaft und Wahrheit,* Rudolf Steiner Verlag, Basel, 2012, GA 3, S. 94.

502 Rudolf Steiner: *Philosophie der Freiheit,* Rudolf Steiner Verlag, Dornach, 1995, GA 4, S. 246.

503 Rudolf Steiner: *Philosophie der Freiheit,* Rudolf Steiner Verlag, Dornach, 1995, GA 4, S. 270.

504 Rudolf Steiner: *Philosophie der Freiheit,* Rudolf Steiner Verlag, Dornach, 1995, GA 4, S. 264.

505 Zusammengesetzt aus der lateinischen Präposition „prae“ (vor) und dem griechischen Adjektiv „bios“ (Leben), also „vor dem Leben seiend“.

506 Johann Wolfgang von Goethe: *Gesamtausgabe der Werke und Schriften in zweiundzwanzig Bänden: Poetische Werke.* Cotta, Stuttgart, ohne Jahr, S. 878

507 William Harvey (1578 – 1657): Arzt und Anatom, der über den Kreislauf des Blutes forschte.

508 Zitiert aus https://www.degruyter.com/document/doi/10.1515/9783110881967-002/html (abgerufen 28.2.2022).

509 G.W. Leibniz: *Theodizee,* §44; zit. nach der dt.-frz. Suhrkamp-Ausgabe 1999, S. 273.

510 Menon (um 400 v. Chr.): Truppenkommandeur aus einer reichen und vornehmen Familie in Thessalien. Er fragte im platonischen Dialog „Menon“, ob die Tugend zu lernen sei.

511 Platon: „Menon“ in: *„Platon Sämtliche Werke 2“,* Übersetzung von Friedrich Schleiermacher, Rowohlts Klassiker, Hamburg, 1957, S. 22.

512 Rudolf Steiner: *Lebendige Naturerkenntnis, intellektueller Sündenfall und spirituelle Sündenerhebung,* Rudolf Steiner Verlag, Dornach, 1982, GA 220, S. 113 f.

513 Platon: *Menon* 85 D, Platonis Opera, University Press, Oxford, 1974.

514 Platon: *Phaidros,* 247 C, Platonis Opera, University Press, Oxford, 1974.

515 Platon: *Phaidon,* 75 E, Platonis Opera, University Press, Oxford, 1974.

516 Von „aporein“ in der Bedeutung „verlegen sein“, „nicht wissen“, zusammengesetzt aus dem „Alpha negativum“ zur Verneinung und dem griechischen Substantiv „poros“ für „Weg“, also wenn kein Weg mehr zur Erklärung führt.

517 Nicolai Hartmann: *Kleinere Schriften,* Band 2., S. 57. Verlag Walter der Gruyter, Berlin, 1957.

518 Logos: weit gefasster Begriff aus dem Griechischen mit Bedeutungen wie „Wort“, „Rede“, „Behauptung“, „Schrift“, „Thema“, „Rechnung“, „Berechnung“, „Überlegung“, „Beweis“, „Bedeutung“, „Vernunft“, „Denkkraft“, „Schlussfolgerung“.

519 Platon: *Phaidros,* 247 A ff., Platonis Opera, University Press, Oxford, 1974.

520 Platon: *Phaidros“* in: Platon Sämtliche Werke 4, Übersetzung von Friedrich Schleiermacher. Rowohlts Klassiker, Hamburg, 1958, S. 30.

521 Heinz Grill: *Initiatorische Schulung in Arco. Der Weinstock,* Edition Sarca, Soyen, 2001, S. 27.

522 Franz Körner: „Augustinus: Das Grund-Problem der Existenz,“ in: *Grundprobleme der großen Philosophen,* UTB Vandenhoeck, Göttingen, 1972, S. 172.

523 Aurelius Augustinus: *Briefe“* (Ep. 19), zitiert in cf. Anm. 247.

524 Rudolf Steiner: *Wie erlangt man Erkenntnisse der höheren Welten?* Rudolf Steiner Verlag, Dornach, 2018, GA 10, S. 108.

525 Rudolf Steiner: *Geisteswissenschaft als Lebensgut,* Rudolf Steiner Nachlassverwaltung, Dornach, 1959, S. 289.

526 Heinz Grill: Meditationsinhalt 137, Lundo, 7.5.2022.

527 Rudolf Steiner: *Wahrheit und Wissenschaft,* Rudolf Steiner Verlag, Basel, 2011, GA 3, S. 99.

528 Rudolf Steiner: *Die Kernpunkte der sozialen Frage,* Rudolf Steiner Verlag, Dornach, 1976, GA 23, S. 35.

529 II, 2: „Die nackte Wahrheit aus dem Brunnen.“

530 Friedrich Schiller: *Wilhelm Tell,* 4. Aufzug, 2. Szene.

531 Das Verdunkeln vom lateinischen Verbum obscurare

532 Kamaloka: Wörtlich „Ort“ (loka) der „Begierde“ (Kama), Sanskritausdruck.

533 Heinz Grill: *Initiatorische Schulung in Arco. Die Seelsorge für die Verstorbenen,* Lammers-Koll-Verlag, Niefern-Öschelbronn, 2001, S. 43 ff.

534 Thomas Sören Hoffmann: *Georg Wilhelm Friedrich Hegel. Eine Propädeutik,* Marix Verlag, Wiesbaden, 2004, S. 309.

535 Das Wort kommt vom lateinischen „medius“ in der Bedeutung von „in der Mitte befindlich“ und im Sinne von „vermittelnd“.

536 G.W.F. Hegel: *Wissenschaft der Logik,* I, Verlag Felix Meiner, Hamburg 1967, S. 139.

Zum Autor

Ludwig Meindl ist 1952 in Oberbayern geboren. Er hat Philosophie und Altphilologie in München studiert und war von Beruf Gymnasiallehrer. Er arbeitete auch als Journalist und ist heute vor allem als Referent und Autor zu geisteswissenschaftlichen Themen tätig. Seit 2000 weitete er seine privaten Forschungen auf die Anthroposophie Rudolf Steiners und das spirituell-philosophische Werk Heinz Grills aus.

Die Frage nach dem Sinn des Lebens bearbeitet er in seinem Buch „Der Mensch am Scheideweg – sind wir Kinder des Lichtes oder Söhne der Finsternis?“ Im Mittelpunkt der historisch-philosophischen Ausführungen steht das „Bild des Menschen im Wandel der Zeit“, eines Menschen, der in der Moderne Gefahr läuft, seinen Status als „Krone der Schöpfung“ zu verlieren und in die Sackgasse der oberflächlichen Veräußerlichung zu geraten.

In seinem Buch *Das Phänomen der Zeit* erörterte er gemäß der Feststellung Shakespeares „Time is out of joint“ („Die Zeit ist aus den Fugen“) die philosophische Problematik der Zeit: Was bedeutet Zeit, wie entsteht sie? Gab es eine „Zeit“ vor der Zeit? Jeder merkt, dass es schneller geht. Im Nu streichen Tage, Wochen, Jahre dahin – oder täuschen wir uns? Das Bewusstsein des Einzelnen hat erheblichen Einfluss auf die Zeit. Je mehr er den Zugang zu seinen seelisch-geistigen Dimensionen verliert, desto mehr läuft ihm die Zeit davon. Dauer besteht dagegen nur in der geistigen Welt. Je nach seiner geistigen Orientierung bestimmt der Mensch die Zeit mit.